跟著宇宙人發掘天賦、實現理想的職業百科

CHIKYU NO OSHIGOTO

寫給中小學生的
工作圖鑑

宇宙人とみつける仕事図鑑

Recruit Agent 監修
二村大輔 繪
104人力銀行職涯教育長 王榮春 審訂
林美琪 譯

多探索、多陪伴、多記錄
引導孩子認識工作世界，找到生涯發展方向

王榮春・104人力銀行職涯教育長・國立政治大學心理學博士

根據104人力銀行的統計資料顯示，只有30%的社會新鮮人投入職場的第一份正職可以超過一年。而勞動部公布的數據也顯示，20~24歲的失業率比全體職場工作者高出3倍。而媒體對台大學生做的調查也發現，有60%的學生想要重新選擇就讀的科系！

每個人都希望可以找到如魚得水、心想事成的好工作。但是在找好工作之前，我們往往忘記要先找對方向！因此，我們才會看到上述有點讓人心痛的數據。

我們曾經針對800多位的家長及老師做過調查，請教大家如何讓孩子未來的生活可以過得快樂精彩、對生涯的發展信心滿滿、覺得自己對社會有所貢獻。我們找到的三

個心法是「多探索」、「多陪伴」、「多記錄」。而《寫給中小學生的工作圖鑑》一書，剛好可以成為落實上述三個心法的引導手冊。

首先，在「多探索」的部分，本書以淺顯易懂、圖文並茂的方式，協助孩子探索每個職業的工作內容，也讓孩子掌握每個行業的工作場景。而家長可以「多陪伴」心法，與孩子一起共讀這本書。一則陪伴孩子探索工作世界，二則也讓自己對工作世界有多一點了解。最後在「多記錄」部分，我們建議家長除了引導孩子記錄書中喜歡的職業，也可以帶孩子探索真實的工作世界，並將體驗的心情與心得記錄下來，做為日後了解自己、認識各行各業的資料庫。

在陪伴孩子探索優勢天賦，找到生涯發展方向的同時，我強烈建議家長能以身作則，用正向積極的角度，選擇從事可以發揮才能、展現熱情的工作。相信愛上工作的你，對孩子的生涯陪伴，會更有力量！

作文題目
「未來的夢想」
下週一交

我好像⋯⋯

沒有夢想⋯⋯

好多同學都找到夢想了！
有的人要開飛機，
有的人要當考古學家⋯⋯

可是，那是好久好久
以後的事情啊！

為什麼他們可以堅定的說出
「我將來想做的工作就是這個」呢？

他們都是怎麼
找到夢想的呢？

我喜歡看漫畫，但我不會畫畫。
我對當太空人也很有興趣，
但要是當不上會很丟臉。
可是如果什麼都不寫，
又會被　　　老師罵……

啊——怎麼辦？
我知道了，就寫
「學校老師」吧！

我的夢想
當一位學校老師
為什麼呢？
嚓！

嗯……

再想想看好了。
擦掉重寫……

橡皮擦……

呼～

咦？
咦咦？
這裡是哪裡？

啊！好像又跑錯地方了！

咦？

啊？

咦？

你、你是誰？

我？
啊！
忘了
自我介紹。

你好！我是
哇布丁25號！

我是來自
「姆亞姆亞星球」
的宇宙瞬移士。

布丁……？

宇宙……瞬移士？

咦？你不知道「宇宙瞬移士」嗎？就是用「瞬間移動」的方式，在星球和星球之間出任務的人。對住在宇宙中的我們來說，這個工作很重要喔！

是喔！還是第一次聽到呢！感覺很厲害！

其實，我剛剛要從我們的星球前往度假星球。

WARP!!

我用了瞬間移動的方式……

請問這裡是「度假星球」嗎？

不是喔，這裡是「地球」！

是喔……

地球？？

什麼？糟糕……

不過，

KAKINI

這是什麼？

那是「柿種」，是一種米果零食。

哇～～……

喔……

你要不要吃？

咦？可以嗎？太感謝了！

我要帶回去吃。我得走了。

拜拜！地球小哥！

啊！

砰鏘

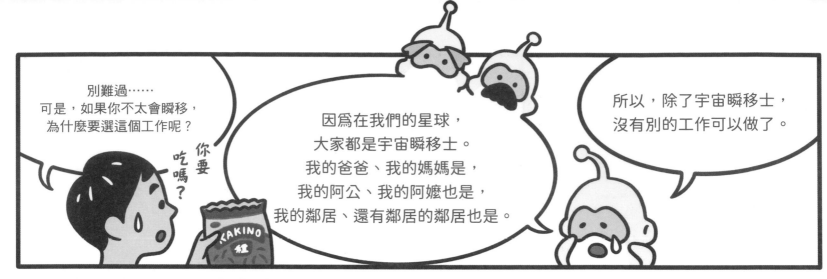

別難過……
可是，如果你不太會瞬移，
為什麼要選這個工作呢？

你要吃嗎？

因為在我們的星球，
大家都是宇宙瞬移士。
我的爸爸、我的媽媽是，
我的阿公、我的阿嬤也是，
我的鄰居、還有鄰居的鄰居也是。

所以，除了宇宙瞬移士，
沒有別的工作可以做了。

難道你們地球
不是這樣嗎？

這個嘛，每個地方可能不一
樣，在我住的日本，基本上
是有很多工作可以選擇的。

咿？竟然可以
選擇工作？
太神奇了！

那你是做什麼
工作的呢？

咔嗞

咔嗞

喔！你好，我叫夢男，
我目前是學生，
要去學校上課，
所以還沒有工作，

但是其他同學已經決定好
未來要做什麼
工作了……

可是，
我還不知道……

……

嗯……
那……

要不要我幫你找工作？

我對地球的工作挺有興趣的！

咦？可以嗎？

啊，已經吃起來了！

但是……

這個，能不能再多給我一點？

喔，可以呀！

宇宙人的「多一點」到底是？

太棒了！

要怎麼幫我找呢？

那個人在做什麼？

咦？不是在走路嗎？

我們去看看吧！

要看什麼呢？

窸窸窣窣

找到了！戴上這個和這個。

？

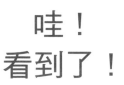

哇！
看到了！

哇布丁的特殊裝備 ❶

輕音樂一光音！

心聲耳機

戴上這個耳機，
就能聽到那個人的「心聲」，
知道他在想什麼。
有些星球太進步了，
那裡的宇宙人都不說話，
只用心電感應。
所以跟他們溝通，
就要靠這個耳機。

069

遊戲製作人

雖然預算和進度都很吃緊，
但終於過關了！最後報告時
我好像太過亢奮，希望沒有
嚇到大家，期待能做出電影
般的經典遊戲。

069

【遊戲製作人】

📝 遊戲製作的「最高層負責人」。決定要
做什麼類型的遊戲、使用什麼設備、什麼時
候開賣等，然後列出必要的預算，找齊工作
人員，訂定進度表，一邊盯著整體狀況，

✏️ 進入遊戲公司，擔
任遊戲總監或遊戲設計師，累積經驗並貢獻
獲得肯定後，即可

✨ ❶ 擁有追求魔
家嶄新的遊戲體驗
都更了解該遊戲的趣味，應用在銷售策略上
的「頂尖推銷能力」。

😄 全新企劃的遊戲暢銷大賣，立刻決定製
作續集的時候。

工作內容
具體顯示這份工作要做哪些事。

具備資格
簡要說明要怎麼做才能從事
這份工作。

特殊能力
成為這份工作的高手，通
常必須具備的能力。

難過的時候、開心的時候
從事那份工作，會有哪些「難
過」或「開心」的時候。

戴上這個觀測鏡，
可以看到那個人
職業的相關資料。
這個工具原本是用來
確認各種生物、
各種物質的資料，
我都拿來查詢我要瞬移的
目的地座標、地質、
氣溫、歷史、特性等。

哇布丁的特殊裝備 ❷

紫外線隔絕率100%

資料觀測鏡

我們只要像這樣多看一些工作，應該可以找到一個想做的工作吧？

真的呢！非常謝謝你！

可是，會不會耽誤你的工作？

不會的！助人為快樂之本啊！

對了，那你把「柿種」通通帶回去吧！

只是去看看的話……

哇——！♪

啊！還需要交通工具吧？

用這個……

來吧！

哇！

好強！

砰！

但我們不用飛碟，直接用瞬間移動不是也可以嗎？

瞬間移動……可是我還不太熟練！

我看了一下，這個星球上，好像真的有很多工作呢！

以我的能力，沒辦法全部看完，你有特別想看的工作嗎？

這個嘛……我對動畫工作很有興趣。

那就從動畫工作開始，快上來吧！

嗚～

有點怕怕的……

那小子真的沒問題嗎？

好！出發囉！

咻～～

目錄

包括各種工作場景的介紹喔!

關於本書

本書以日本環境為縮影,將職業進行分類及描述,為了讓孩子能更加理解臺灣的現況,本書在書末亦增加部分臺灣的職業補充資訊,讓孩子能更理解臺灣的現況,家長也能跟孩子們進行討論,而職業條件亦可能會隨時代或環境變化改變,孩子們可藉由本書隨時進行職業對照及社會觀察。書中的角色為虛擬宇宙人,其使用語言多是虛構外星語,以增加閱讀趣味性,例如 92 頁。

一起探索地球的各種工作吧!

※ 關於職業名稱有各種說法，為方便孩子理解，本書使用較常使用的稱呼方式。另，本書使用的是 2022 年 3 月的資料。

001 【動畫副導演】

📝 深度理解整部作品及登場人物的魅力所在，於各製作階段將這些魅力發揮到極限。先與導演、編劇確認方向性，然後製作設計圖，即「分鏡圖」。根據設計圖對作畫導演等人員下達詳細的指示，然後檢查完成圖。接下來，還要負責畫面的編輯，以及對聲優進行演技指導。

✏️ 進入動畫製作公司，從導演助手等基層做起，累積經驗。

✨ ❶ 讓登場人物的心情透過鏡頭明確表現出來的「分鏡定奪能力」。❷ 嚴格檢查各工作人員完成的作品是否達到理想目標的「檢查大魔神」。

😞 無法將自己想要的東西好好傳達給對方知道，以致畫出來的作品不如預期。

002 【動畫導演】

📝 確定作品方向，統合全體工作人員，地位宛如一艘船的船長。從企劃到作品的設計圖（即分鏡圖）、劇本、音樂、遴選聲優、後期錄音等工作，有些導演會親力親為，有些導演只會指示大方向，然後交給各專業人員去執行。

✏️ 進入動畫製作公司，累積動畫師等相關經驗後，一旦作品受歡迎、實力受肯定，就有機會成為導演。

✨ ❶ 將沒有人看過的東西在畫面上表現出來的「世界觀發明能力」。❷ 將想創作的意象傳達給其他工作人員的「想像共鳴能力」。

😞 太講究細節，沒辦法和工作人員達成共識。

003 【動畫師（原畫、動畫）】

📝 動畫就是將一連串僅些微不同的畫作連結起來，呈現出畫作在活動的樣子。接到導演、副導演的指示後，將這些動作一張一張畫出來。負責原畫的人就畫基本的原畫，負責動畫的人則繪製插入原畫與原畫之間，表現動作持續進行的畫。畫作能不能動得很流暢，取決於原畫，因此通常是先負責動畫，豐富經驗後就可以畫原畫。

✏️ 進入動畫製作公司。很多人是在動畫專科學校或藝術大學學習設計等相關基本技術後才進入動畫製作公司。

✨ ❶ 將所有人物的動作切割成一連串靜態畫面的能力。❷ 即便一樣是表現快樂的畫面，能分別畫出「30% 笑容」和「100% 笑容」的「情緒等級調節能力」。

😄 表現出複雜的動作，讓觀眾嘆為觀止。

004 【動畫編劇】

📝 在動漫作品中，故事是一切的基礎，而編劇的工作就是撰寫故事、人物與台詞、動作等，完成整部作品的劇本。編劇會先聽導演和製作人講述作品的主題、希望呈現出來的樣子，然後與導演一起討論，撰寫每一話的大綱。

✏️ 進入動漫製作公司，一邊累積執行製作的經驗，一邊撰寫自己的劇本，然後請導演、編劇看，直到編劇能力獲得肯定。

✨ ❶ 寫出生動的劇本，連隱藏在台詞背後的情緒都能表現出來。❷ 一方面尊重原作，一方面考量到動漫特有的時間運用方式的「原作→動漫改編能力」。

😄 聲優將台詞自然貼切的表現出來，以及因為劇本的設計，而讓人物更加立體鮮明的時候。

005 【作畫導演】

📝 檢查動畫師們完成的所有原畫、動畫，統合一部完整的作品。一部 30 分鐘的動漫，大約需要 300 張原畫及 4000 張動畫，作畫導演必須一張一張檢查，確認它們是否畫得正確、漂亮，動作是否自然，人物的畫法是否統一等。

✏️ 進入動漫製作公司，先當動畫師累積經驗，直到繪畫能力、品味獲得認可。不少人是動漫專科學校或藝術大學的畢業生。

✨ ❶ 要求畫作達到理想狀態的「品管把關能力」。❷ 不僅人物，連背景的小細節都不馬虎，完整表達作品的「氣氛展現能力」。

😞 因為時間不足而無法將畫作修改到盡善盡美時。

006 【動漫製作人】

📝 統籌整部作品製作工程的領導人。大致分成兩種，一種專門負責企劃與經營業務，例如考量要做成什麼樣的作品、找什麼樣的工作人員，籌措資金，設法讓作品大賣等。另一種專門負責製作業務，例如控管已定案的企劃進度及預算，統籌製作現場的各項工作等。

✏️ 進入動漫製作公司擔任執行製作，累積經驗後再晉升。

✨ ❶ 平時就很注意哪些人具備哪些能力，然後「將各種能力搭配起來」，以符合作品需要。❷ 大膽且細膩的掌控預算、嚴格且靈活的掌控進度的「管理能力」。

😞 共同合作的公司夥伴意見對立，彼此不願妥協。

007 【執行製作】

📄 觀察現場，讓動漫的製作工程順利進行。接到製作的委託工作後，就要掌控預算，並從上映日逆推，安排進度。還需將完成的原畫拿給導演、副導演確認，如有修改必要，就再拿回去給原稿負責人等，執行跨部門之間溝通的工作。

🔖 進入動漫製作公司。累積經驗後可擔任製作人、副導演、導演等職。

✧ ❶ 精準掌握導演指出的不妥處，知道如何修改並明確傳達給他人的能力。❷ 進度落後時，督促工作人員加緊趕工的「督促能力」。

😄 新作品的首播日，全體工作人員聚集在電視機前面觀看。

008 【動漫攝影】

📄 將完成的畫稿、背景、電腦繪圖等素材輸入電腦，加工合成為一部影片。經過這項作業，所有畫稿才開始變成會動的動畫。而且還要加上一些特效，例如繪畫無法表現的細膩光影、電腦繪圖製造的移動效果等，讓作品的完成度更高。之所以稱為「攝影」，是因為從前是利用相機拍攝圖畫來做成動畫的。

🔖 進入動漫製作公司。在動漫專科學校或美術大學上過動畫製作相關課程。

✧ ❶ 加上光影、風吹的效果，讓作品富有空氣感的「超現實能力」。❷ 時常研究如何讓影像作品的效果更好，然後將方法應用在工作上的「表現能力」。

😄 爭取到多一點時間，終於讓想做到的特效如願呈現在作品上。

009 【色彩設計】

📄 在只用線條畫完的「動畫」加上顏色。配合導演的希望及作品的主題決定整體的色調，並製作「色彩指定表」，決定主要人物的顏色等。根據這個指定表，考量時間、天氣、人物心情等而決定各場景顏色細節的人，稱為「色彩指定」，實際負責上色的人稱為「上色師」。

🔖 進入動漫製作公司，從上色師開始做起。在動漫專科學校或美術大學上過色彩相關課程。

✧ ❶ 用顏色闡述作品世界的「無限的調色能力」。❷ 同樣是紅色，也能依狀況不同而使用最貼切的紅色的「用些微差別表現不同氛圍的能力」。

😄 被原作者稱讚：「雖然和原作的色彩不一樣，但作為動漫，我覺得你選的顏色比較好」

010 【電腦繪圖設計師】

📄 電腦繪圖（Computer Graphic，簡稱CG），電腦繪圖設計師的工作領域很廣泛，例如廣告印刷品、網頁、電影、遊戲、動漫等。他們要在電腦上決定人和物的形狀，也要決定木頭、金屬、皮膚的質感等。

🔖 進入設計、影像、動漫等製作公司。在專科學校或美術大學上過相關課程。

✧ ❶ 雖是使用電腦繪圖，但終究必須具備「基礎繪畫能力」。❷ 在二次元世界製作三次元物體的「立體造型能力」。

😣 被主管訓示：「怎麼這樣？那個場景的CG味太重了！」

011 【原型師】

📄 要在工廠生產動漫人物的公仔或模型時，就要由原型師先做出「原型」當範本。原型師與廠商的負責人員溝通好姿勢、表情後，就開始畫設計圖，確認後便進入製作程序。有時會手工製作，有時則會使用電腦或3D列印。

🔖 進入玩具廠商或公仔製作公司。在專科學校或美術大學上過相關課程。

✧ ❶ 用3D表現出動漫無法表現出來的部分，即「看穿二次元謊言的能力」。❷ 滿足粉絲期待，讓公仔從任何角度看都完美，即「讓粉絲美夢成真的能力」。

😄 雖然人物的髮型很難用立體呈現出來，依然成功克服，完成精美的傑作。

012 【聲優（配音員）】

📄 負責幫動漫人物或外國電影配音。坐在錄音室的麥克風前面，一邊看著螢幕上的影像，一邊演出。有時要依作品演出完全不同的人格，有時要依導演指示改變聲音等，必須能精準的操控聲音。

🔖 在專科學校或培訓班學習，或是進入配音公司。不過，工作前須進錄音室接受試音遴選。

✧ ❶ 例如光用「我」這個字就能表現出各種情緒的「從聲音表現情緒的能力」。❷ 即便沒有影像，僅憑聲音也能讓人物彷彿浮現在觀眾眼前般的「用聲音製造存在感的能力」。

😣 無論怎麼配音，導演都說：「好像不太對呢？」

好厲害！

我從以前就一直很喜歡看動畫，但是我完全不知道動畫工作原來這麼複雜。

不是只有畫圖而已，還要有導演、專門上色的人……

嗯嗯，對呀！

動漫導演　色彩設計　作畫導演

這些人應該從小就想從事動畫工作吧？

這個嘛，要不要用資料觀測鏡看看他們從前的資料？

好啊，拜託你了！

真是沒想到，他們小時候好像沒有很愛動畫呢！

真的……那他們的夢想是什麼呢？

我將來要當職棒選手！

我絕對要當上漫畫家！

我想當一個甜點師傅。

也會有喜歡畫畫的人，只是他們都沒說出「動畫」兩個字。

嗯，原來夢想也可以改變呢……

不管可不可以改變，還是得先找到夢想吧？

說的也是。

我想再多看一點。

嗯？看別的工作嗎？

嗯，我想認識更多的工作！

與其說「工作」，應該說是「工作的人」。

沒問題！那在時間允許的情況下，我們就到處看看吧！

謝謝啦！

就是這個

那邊傳來很熱鬧的聲音，我們去看看吧！

好！

020 實況主播

① 交給島崎。
② 繼續傳球。
③ 傳到另一邊。

傳球給前田！
要自己去嗎？
啊，島崎舉手了！

023 諮商心理師

這時候應該換中井下來了。上一場比賽太累了，這場沒能好好發揮，等比賽結束後，我再跟他好好聊一聊。

027 球探

島崎的狀態很不錯。進球團才兩年，沒想到進步如此神速，我的眼光真準。應該還有許多不錯的新人，下次直接到現場去看吧！

025 體育記者

這場比賽應該會熱播。標題該怎麼下：「健人，黃金進球！踢進國際？」

022 領隊

今天中井的狀況不好。看來得先讓羅伯特上場帶動士氣才行。

019 啦啦隊

昨天雖然很累，但是一穿上啦啦隊服就活力充沛了！好，打起精神吧！Go! Fight!

021 運動攝影師

健人傳的這球太棒了！尤其今天，我要好好拍下他傳球那一剎那的銳利眼神！

阻止14號。然後在草野進攻前時掩護他。還有……

Por favor, pare o número 14. Além disso, siga-nos quando Kusano para a frente.

024 教練

現在要是能全力阻止14號，說不定就能拖下他們下半場的士氣。羅伯特，加油！

026 口譯員

看你的了，羅伯特，阻止14號……啊，我現在的心情不就跟教練一模一樣？

進攻啊！

SHIMAZAKI

027

013 【俱樂部人員】

📋 從事俱樂部營運相關工作,服務所屬的選手及球迷。除了比賽的宣傳、賽場的準備、活動的企劃、門票及商品的銷售外,還要安排練習的時間表、尋找企業贊助資金等。

✒️ 進入經營足球俱樂部的公司。有些俱樂部的選手會在引退後直接成為後台工作人員。

✨ ❶ 從比賽內容預測粉絲行動而加以因應的「預測能力」。❷ 認知到每一項工作都是為了球隊好的「自覺力」。

😄 企劃的活動獲得熱烈反應,粉絲俱樂部會員因此大幅增加。

014 【裁判】

📋 為讓運動比賽順利且公平的進行,要求全員依競技規則比賽,確認有無違規行為,並判定由哪一方勝出。比賽前會先檢查球場、工具、出場選手名單等,確認有無違規事項。

✒️ 依競技項目不同。以日本職業足球聯盟為例,必須具備「足球公認裁判員1級」資格;以日本職棒為例,則必須到「日本職棒機構裁判學校」上課,取得資格。

✨ ❶ 選手的每一個小動作都不漏看的「超級動態觀察力」。❷ 立即判斷當下狀況是否違規的決策能力。

😄 參與一場選手和觀眾都熱烈投入的精采比賽,順利完成裁判工作。

015 【運動經紀人】

📋 當運動選手與團隊簽約,或是跳槽到別家團隊時,就由運動經紀人出面當選手的「代理人」,與團隊進行簽約條件的交涉等。此外,還要宣傳選手的實力,傳達選手的希望,審慎代替選手發言,讓選手無後顧之憂的專心在競技上。

✒️ 依競技項目而不同。成為日本職業足球聯盟選手的代理人無須特殊資格,但若要成為日本職棒選手的經紀人則必須具備律師資格等。有些人是進入運動經紀公司,或是登錄各種競技協會成為經紀人。

✨ ❶ 與選手建立深度信賴關係的「誠正信實」。❷ 了解選手的能力、魅力及發展性,並能向大眾仔細說明清楚的「舌燦蓮花的宣傳能力」。

😞 快要談成的合約,因為選手爆出醜聞而作罷。

016 【足球選手】

📋 與日本的「職業足球聯盟」或國外的職業聯盟隊伍簽約,參加足球比賽。在每週約1~2場的比賽中,了解自己在隊伍中負責的任務,臨機應變,完成使命。沒有比賽時,也要不斷練習以增強體力、提升技術。

✒️ 進入高中或大學的足球社團,然後被球探發掘;或是參加球隊為培養新人而經營的「青少年營」,實力獲得認可。

✨ ❶ 眼觀四面、耳聽八方,當機立斷做出最佳表現的「廣闊視野」。❷ 了解球隊戰略並能徹底執行的能力。

😞 因為自己的關係而打亂球隊的節奏。

017 【球場管理員】

📋 將足球場、棒球場整理到方便選手打球的狀態。比賽前,要配合天氣狀況調整泥土的軟硬度,還要整平地面、割草皮、畫線等。比賽中要隨時觀察場地狀況,有洞就立刻填補。沒有比賽的日子也要澆水。除草、撒藥、施肥等照顧工作皆不得馬虎。

✒️ 進入經營俱樂部、競技場的公司,或是進入承包球場整備工作的造園公司。

✨ ❶ 隨時檢視,將泥土、草皮維護至最佳狀態的「穩定場地能力」。❷ 不讓大雨、風雪破壞場地的「神復原能力」。

😄 聽到對手的球員說「這片草皮,真讓人羨慕啊!」

018 【運動訓練師】

📋 幫助選手調整身體狀態以做出最佳表現。每天確認選手的身體狀況,指導飲食及訓練方法以增強體魄。有時會為了預防選手受傷而幫忙在身上貼紮肌內效貼布、處理傷口、復健、按摩等。

✒️ 進入運動訓練師派遣公司或競技球隊。大學、短大的體育學系,或是可取得「柔道整復師」、「理學療法士」等國家資格的專門學校畢業。

臺灣資訊
請見286頁

✨ ❶ 從各種角度觀察入微、及早發現異常,以避免選手受傷的「全方位觀察力」。❷ 擁有透視肌肉般的專業知識,輕觸疼痛部位就能知道原因。

😞 指導選手審慎飲食與做伸展運動,但對方不能理解這些事情的重要性。

📋 工作內容　📎 工作條件　✧ 特殊能力　☹ 辛苦的時候　😄 開心的時候

019 【啦啦隊】

📋 在運動賽場上，以活力充沛的舞蹈和歡呼聲為選手加油打氣。除了用遠方觀眾也能看清楚的活潑動作和開朗笑容炒熱現場氣氛外，還要參加賽場舉行的活動，將紀念品送給表現精采的選手等。有些優秀的啦啦隊隊長也會需要出席大型活動。

📎 參加球隊的啦啦隊徵選活動後錄取。光靠這個工作很難維持生活，多數人都同時兼差其他工作。

✧ ❶ 即便心情不好也會幫人加油打氣的「啦啦隊精神」。❷ 能夠順利完成許多高難度動作，擁有柔軟又強健的體魄。

😄 覺得自己對球隊獲勝有所貢獻。

020 【實況主播】

📋 當電視或收音機要轉播運動比賽時，負責在現場觀看比賽並即時描述狀況。要如實報導比賽進行情景和選手的動作，同時說明每個表現的精采之處，介紹選手及球隊的相關資訊等。

📎 應徵電視或廣播電台的播報員，擔任賽事的實況主播。累積經驗後可成為自由主播，專門從事實況轉播工作。

✧ ❶ 不停尋找可運用在實況轉播上的話語表達力。❷ 沒有影像也能讓聽眾彷彿親眼看見般的「言語影像化能力」。

😄 畫面十分精采熱烈，以至於太興奮而說個不停。

021 【運動攝影師】

📋 在運動比賽或活動上拍攝照片或錄影，然後刊登在報章雜誌或新聞網站上，向大眾傳達比賽的魅力及賽場上的氣氛。當運動比賽的節奏相當快速時，為了捕捉精采瞬間，必須看好拍攝角度，並預測下一個動作而靈活移動，以拍到當天的最佳畫面。

📎 進入報社、出版社、編輯製作、電視台等媒體公司。也可當自由攝影師從事個人接案工作。

✧ ❶ 捕捉到重要瞬間的「指尖專注力」。❷ 用一張照片就能感動觀眾的「資訊壓縮能力」。

☹ 在其他報紙上看到比自己拍得更好的照片。

022 【領隊】

📋 為了讓球隊贏得好成績，負責指導選手、指揮比賽相關事務。領隊即球隊的最高負責人，負責管理隊員，了解每一位選手的個性、長處，給予建議，幫助他們發揮實力。比賽的時候，會視比賽狀況下達指示，例如替換上場選手等，幫助球隊贏得勝利。

📎 依競技項目而不同，不少人曾是該競技項目的選手，後來轉任教練，再轉任領隊。以日本職業足球聯盟為例，必須具備「日本足球協會認定 S 級教練」資格。

✧ ❶ 描繪通往目標的路徑，並使之成形的「戰略實現能力」。❷ 提升全員實力，安排適當位置的「適才適所能力」。

☹ 球隊連吃敗仗，卻找不到失敗原因。

023 【諮商心理師】

📋 幫助人們維持「心理健康」。為了讓選手專心練習、比賽，發揮實力，心理諮詢師要傾聽他們的煩惱，提議具體的解決方法。此外，還要指導選手如何面對壓力、失敗時如何轉換心情等，幫助他們獲得心靈上的安定。

📎 進入支援人才開發的公司，接受球隊、企業等的委託。不只運動界，也能在一般企業、醫療現場發揮所長。有些人是先在大學、專門學校學過心理學、運動科學等。

✧ ❶ 貼近對方的真心並給予指導的能力。❷ 能將對方的成長化為自己的喜悅。

😄 幫助選手走出陰霾，表現出色。

024 【教練】

📋 從技術面、精神面支持選手，幫助他們成長。考量選手的身體狀態與比賽日程等，安排練習菜單、進行指導。如果選手的成績無法進步時，則要傾聽他們的煩惱，給出建議。向領隊報告選手的狀況，擔任領隊與選手間的溝通橋梁。

📎 與球隊、選手個人簽約。體育大學或專門學校等畢業，或是從競技選手引退後轉任教練。以日本職業足球聯盟為例，必須具備「日本足球協會認定 A 級教練」資格。

✧ ❶ 陪在選手身邊，幫助他們進步，擁有從背後推一把的能力。❷ 即便是固定的練習，也能配合選手狀態加以調整。

😄 自己研究出來的練習方式讓選手更加進步。

📋工作內容 ✎工作條件 ✧特殊能力 ☹辛苦的時候 ☺開心的時候

025【體育記者】

📋 在報章雜誌、網路上、書籍上，撰寫運動方面的文章。採訪運動賽事，報導比賽狀況與結果，採訪選手，或是將自己的知識、採訪經驗寫成文章，分享運動的有趣及感動之處等。蒐集每天發生的各種消息也是重要的工作內容之一。

✎ 進入報社、出版社、媒體公司。累積相關經驗後，可以當自由記者從事個人接案工作。

✧ ❶深度了解選手、成員的「事前調查及考察能力」。❷描述比賽經過、選手心境，讓讀者彷彿心領神會的生動文筆。

☺ 選手說出從未公開的祕辛。

026【口譯員】

📋 幫助使用不同語言的人進行溝通。聽取一方的談話內容，正確了解意圖後，再用另一方可以理解的語言表達出來。由於口譯員會接觸到運動、政治、藝能等各界專業人士，因此平時要多做功課，才能正確的翻譯出專業術語，克服文化差異下的表達難題。

✎ 進入口譯員派遣公司。培養口譯員的專科學校畢業。

✧ ❶母語及外語皆十分流利的「多國語言能力」。❷不只單純翻譯語言，還要理解對方的國情文化，做出適當補充說明的「文化理解能力」。

☺ 案主開心的說：「我想說的話，你都完全掌握到了！」

027【球探】

📋 找出具有發展潛力的選手，介紹他們加入球隊。分析球隊目前的戰力後，從全國的高中、大學、社會人士隊伍，乃至國外團體，蒐集選手資訊，有屬意的人就去現場看他比賽。仔細檢驗該選手的實力後，認為是球隊「需要的人」，就向選手本人及其家人詢問意願，告知球隊開出的條件，進行協商。

✎ 從事過該競技運動的相關工作後轉任。

✧ ❶找出優秀選手的「才能天線能力」。❷看出選手加入球隊後能締造什麼成績之「洞悉該才能極限的能力」。

☹ 選中的球員因受不了沉重壓力而退出該競技。

就業中的宇宙人

職業名稱

宇宙瞬移士

工作內容

在星際間瞬間移動，讓全部的宇宙人生活更加便利。接受客戶委託任務後，首先要蒐集並分析各種資訊，例如星球的位置、質量、主成分、氣候、軌道、傾斜狀態、磁場、有無生物等。然後查明宇宙空間的構造，找出到達該星球最佳捷徑，設計出瞬移通道。確定好入口和出口，取得許可後，就能實際進行瞬間移動作業。

具備資格

到專門培養宇宙瞬移士的第2390系銀河的「姆亞姆亞星」接受訓練。基本上只有這個星球的住民才能成為宇宙瞬移士，但之前有過從宇宙穿越士（250頁）轉職過來的案例，目前則是看本人的意願及技術而定。

特殊能力

❶瞬間掌握每個星球及宇宙人特性的「光波解析能力」。❷為了學會日新月異的瞬間移動技術而運用各種工作的「科技學習能力」。

難過的時候

瞬間移動失敗，跑到陌生的星球。

*這位宇宙人出現在書中的哪些地方呢？找找看吧！

Q：小時候喜歡做什麼事情？

眞實心聲❶

～聽聽工作人的想法～

紀錄片導演（38歲）

我讀小學的時候看了一部電影叫《站在我這邊》，從此愛上電影。後來又看了《小子難纏》、《七寶奇謀》等影片，就整個迷上電影了。

鋼琴老師（28歲）

玩電動遊戲。思考如何攻略，跟思考如何教鋼琴有許多異曲同工之處（要怎麼做才能把不會彈的部分變得熟練）。

賽車手（25歲）

喜歡足球到想當足球選手。但我當時也喜歡賽車，一直在看舒馬克的比賽。

醫師（內科、職業醫學科）（36歲）

撲克牌（大富豪）、黑白棋

麵店老闆（32歲）

喜歡運動。

編劇（27歲）

喜歡宅在家裡發呆。

會計師（46歲）

喜歡記錄零用錢收支狀況。

國際律師（38歲）

棒球、RPG 遊戲。

攝影師（50歲）

閱讀江戶川亂步的少年偵探團系列、樂高積木、看職棒比賽。

國中數學老師（40歲）

最喜歡組裝模型。一般的組裝我也喜歡，但我記得，我更喜歡組裝好再自己上色，玩得超開心。

廚師（37歲）

我很喜歡做甜點及蛋糕。11 歲的時候用零用錢買的戚風蛋糕和蛋塔的食譜書，現在都還常常拿出來參考。

登山嚮導（61歲）

我喜歡拍鐵路照片，非常喜歡到優美的大自然探索。

聽力語言治療師（24歲）

喜歡閱讀，喜歡和汪星人、喵星人玩。

鋼琴調音師（59歲）

釣魚、河邊玩水、抓蟲子、打業餘棒球、足球。

行政人員（37歲）

喜歡一個人靜靜的專心做事情，喜歡手工藝、閱讀。

航空軍醫（44歲）

和朋友一起運動、跑跑跳跳，喜歡拿第一。

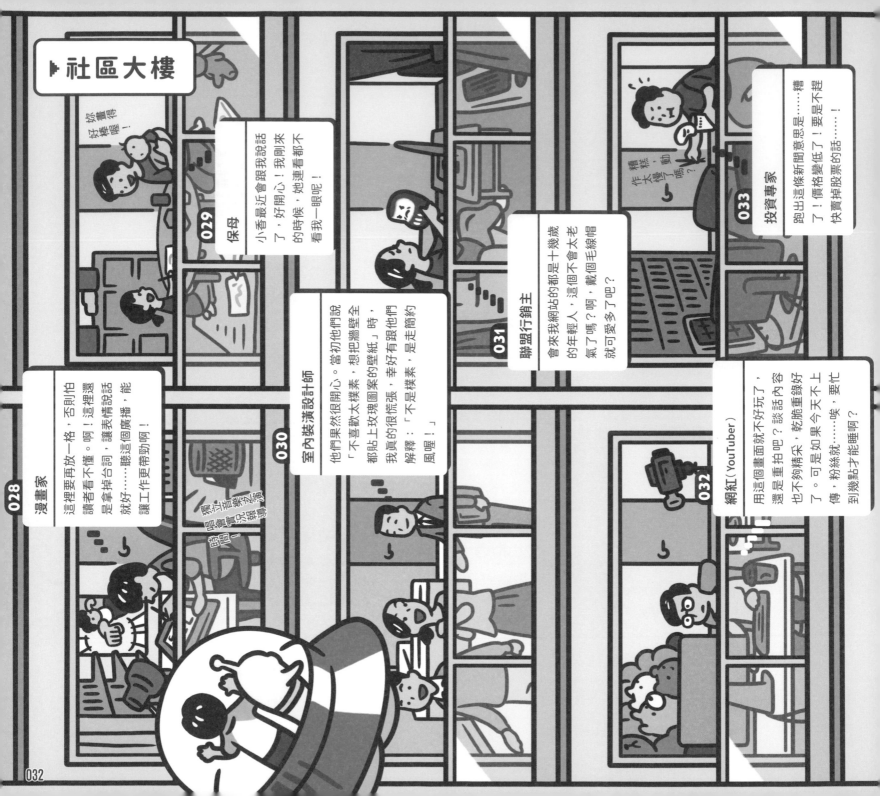

035 翻譯員

這裡直譯的話是：「我是認員的跟妳說話，請妳專心聽！」但好長喔，節奏不夠明快。這句話接在麗莎的話後面，乾脆用「別嚇唬我」？嗯嗯。

036 手作工藝師

上次那些以葉子為主題的耳環很受歡迎，這次就做可以搭配系列的葉子項鍊。底色全部用能襯托出葉子的米色，就這麼決定了。

034 插畫家

啊……怎麼畫都畫不完！可是我又想打混，這裡的每一條線都有我的責任。

037 線上家教

啊！誠太跟上次一樣，「速度」題型又錯了，果然還是沒弄懂呢，該怎麼跟他解釋才好呢？

038 社區公寓總幹事

外牆破損嚴重，應該趁明年大整修時重做。那麼到底要花多少錢呢？先找幾家廠商來報價，了解一下費用吧！

039 大樓維修保養人員

喔！原來如此。這個是觸壓力不足。有時就算把燈泡轉緊了也會這樣，但如果把插座這樣調一下，就沒問題了！

028 【漫畫家】

📋 繪製刊登在書籍、雜誌或網路上的漫畫。設計好人物與故事後,先畫草稿,再用漫畫筆、網點等完成畫稿。有些漫畫家會雇用助手來分擔工作,也有些是專門畫圖的人與專門編劇的人分工合作。

✏️ 將作品拿到出版社,或是參加漫畫新人獎。也可以上網發表作品,或是先當知名漫畫家的助手。每個人出道的方式不盡相同。

☆ ❶ 想像力比讀者快一步的「獨創發想力」。❷ 熱愛漫畫,不惜多次修改也要力求完美的「執著與狂熱」。

😄 發現「我竟然也能畫出這樣的表情」。

029 【保母】

📋 家長因為工作或臨時有事不能照顧幼小的孩童,這時保母就接受委託,代替家長照顧。工作內容有接送小孩上幼兒園、在小孩家裡或托兒所等地方陪他們遊玩,幫忙餵食、洗澡,陪做功課,守護安全等。

✏️ 大部分的人是登錄保母派遣公司。有托育人員、護理師等國家資格較有利。

☆ ❶ 保持照護生命安全的緊張感,同時陪孩子開心玩耍,具有內在堅強、外在溫柔的能力。❷ 洞悉家長的希望,滿足其需要的能力。

😄 下班離開時,被孩子問:「你什麼候還會來?」

030 【室內裝潢設計師】

📋 當住家或辦公室的內部空間老舊,或是更換主人時,就由室內裝潢設計師負責重新改裝,讓室內環境更舒適。聽取顧客的想法後,提出施工計畫,包括改變室內隔間、更換設備等。負責採購材料、安排施工業者,管理現場並計算費用等,讓裝潢工程依客戶的希望進行。

✏️ 進入室內裝潢公司、裝修工務店等。

☆ ❶ 提出計畫以符合客人要求及條件的「預測完成圖能力」。❷ 讓計畫實現需完成哪些事務的「逆推能力」。

😄 當客人第一次踏進裝潢好的家,露出驚喜的表情大喊「哇——」。

031 【聯盟行銷主】

📋 在自己經營的網站或部落格上置入廣告,只要有人點進廣告,或是透過該廣告購買商品,達到一定數量後,就能從廣告主那裡拿到報酬。分析網站瀏覽人的特徵,選擇大家關心的主題而撰寫文章。

✏️ 在網路上建立自己的網站,透過居中連結企業及聯盟行銷主的公司,請他們在自己的網站上刊登廣告。

☆ ❶ 對流行十分敏感的能力。❷ 了解商品的優點,具體揭示其用途的「刺激消費能力」。

😟 因為太想賺錢而過度誇大商品的好處。

032 【網紅(YouTuber)】

📋 在可以與大眾共同分享影片的網路平台「YouTube」上,公開自己製作的影片,然後根據點閱數,可從刊登廣告的公司那裡拿到報酬。為了讓更多人點閱,必須時常製作更新、更個性化的影片,持續更新發表。

✏️ 登錄「YPP」,成為「YouTube」的合作夥伴,並公開發表影片。登錄時需符合若干條件,例如:過去公開的影片達到多少小時的觀看時間等。

☆ ❶ 不怕在人前表現自己,擁有引人注目的勇氣。❷ 每天有大半時間都在拍片、剪輯的續航力。

😄 想到要拍的新點子就會興奮不已。

033 【投資專家】

📋 在一天內多次買賣「股票」(69頁)、外匯等以賺取價差的投資人。時時吸收國際政治、財經動向、與企業相關的新聞等,看準後勢上漲的標的,然後趁便宜時買進,趁高價時賣出,賺取價差來獲利。可說是解讀國際局勢的專家。

✏️ 充實設備以便隨時上網,在可接受股票等買賣下單的「證券公司」開戶。

☆ ❶ 獲利也不會得意忘形,隨時都能冷靜交易的平常心。❷ 能從任何情報預測獲利出股價波動的預測能力。

😟 自己打破自訂的規則而慘賠一大筆時。

034 【插畫家】

📝 繪製用在報章雜誌、書籍、海報、商品包裝上的插圖。將案主想透過插畫傳達出來的意象或訊息，以自己的技術及觀點呈現出來。也有人是專門繪製圖鑑、醫學專書等要求絕對正確性的插圖。

✒️ 美術大學或設計專門學校畢業後，進入廣告製作公司、設計事務所。累積經驗後可成為自由插畫家接案。

✧ ❶ 一眼就知道是某插畫家畫的，留下深刻印象。❷ 能在空間與顏色的限制下表現個人風格的能力。

😄 為某商品繪製插畫後，消費者購買該商品時說：「這插畫好可愛啊！」

035 【翻譯員】

📝 將某種語言翻譯成另一種語言。將外國的電影、音樂、小說等作品，以及各種領域的研究成果傳達出來。為了正確傳達該文章的意圖，除了要有高超的語言能力外，還必須了解國文化。如果是國外電影的字幕翻譯，還必須遵守一行或一秒內不得超過多少字的限制。

✒️ 在國內或國外大學學習外語後，登錄翻譯公司再接案。具備英檢、多益等資格較有利。

✧ ❶ 學習外國文化、專業知識的「消化吸收能力」。❷ 邊讀取撰寫者想法邊翻譯出來的「字裡行間解讀能力」。

😄 將外語才有的表現方式，用自己國家的語言傳神的表達出來。

036 【手作工藝師】

📝 將自己做的衣服、飾品、餐具、季節用品、家具等，放到網購平台上銷售。除了手作外，還要拍攝放在網路上的照片、發想介紹文、接受訂單後包裝、寄貨等。

✒️ 製作自己獨創的商品再銷售。一般是從登錄可與消費者直接連結的網路銷售平台開始。

✧ ❶ 能將自己喜歡而製作出來的東西，提升至符合顧客喜好和需求的「由興趣到專業的精神」。❷ 規劃出適合自己作品的價格以創造收益的「合理定價能力」。

😄 顧客表示「我很喜歡，已經用得破舊不堪了，所以想再買一次」而回購。

037 【線上家教】

📝 透過視訊等，與人在家裡的學生互動，進行個別教學。有些人住家附近沒有補習班，或是想在自己喜歡的時間補習，就可能委託線上家庭教師。除了幫學生複習功課外，有些人是教社會人士英語會話等。除了教課，還要備課、研究教材等。

✒️ 登錄已導入線上教學系統的家庭教師派遣公司。

✧ ❶ 了解學生學習挫折的原因，使用適合該學生的教學方法的「客製化能力」。❷ 跨越視訊藩籬，製造出讓學生能認真上課的氣氛的。

😄 北海道的學生向沖繩的朋友介紹說：「這位老師教得很好喔！」

038 【社區公寓總幹事】

📝 支援由大樓住戶組成的「管理委員會」的各項活動。參加由住戶代表組成的總會、理事會等，提供建議、決定住戶所繳交的管理費的用途、解決住戶的問題、管理大樓的修繕維護工作等，讓住戶住得安心。

✒️ 通過「社區大樓管理士」國家資格考試，進入不動產管理公司。

✧ ❶ 將住戶的不同意見整合為一的能力。❷ 考量到建物十年、二十年後的安全問題，促進社區公寓的安全性及舒適性。

臺灣資訊請見286頁

😄 提出花費更少的問題解法方法，獲得住戶的感謝時。

039 【大樓維護保養人員】

📝 到醫院、辦公大樓、社區大樓等，進行電力、冷暖氣、照明、電梯、避難器具等各種設備的檢查、整備、修繕作業，讓來訪人士都能使用愉快。有些還要負責接待訪客、打掃、警衛等。

✒️ 進入大樓維護保養公司。因應建物的設備情況，有些需具備「第二種電氣工事士」、「第三種冷凍機械責任者」、「二級鍋爐技士」、「危險物處理乙種4類」等資格。

✧ ❶ 想到「這裡要是不定期檢查、整修好，會發生這類事故」的「最壞狀況的想像力」。❷ 了解大樓各種設備的情況的「與機器對話的能力」。

臺灣資訊請見286頁

😄 把燈修好而再次亮起來的那一刻，在旁邊觀看的住戶們都大聲歡呼。

▶購物商場

040 占卜師

結果不太好，但還是老實說吧？先讓她有點心理準備，萬一出事時才能好好應變。

占卜小屋

這段戀情不會太順利。不過，妳的未來是充滿光明希望的。

042 數位影像照相館店員

咦？這個人也要？居然一天內有兩個人要來洗30×40吋的照片……

這個我就先收起來。

PRINT S

哈利路亞書店

046 書店店員

這本書的銷售普通，但它的內容應該會吸引看商管書的讀者。好！改陳列到那裡看看。

041 美妝部店員

那位小姐感覺很適合用我們家的5號腮紅，眼影則很適合用新推出的鯊魚藍，希望能幫她畫畫看！

043 服飾店店員

這位太太有小孩，我介紹好清洗、方便活動的衣服給她吧！

丟進烘乾機烘乾也沒問題喔。

ONIQLO

045 賣場銷售員

「用過一次，應該就知道這把刀的好用了！」我要先說一些讓大家感興趣的話……

大家看看這把刀！我之前講話總是拖拖拉拉的，但現在就像這把刀這麼利！

Cosmetics

New♥

044 購物商場營運人員

這裡變成舉辦活動的空間而拿掉一些椅子，但還是有很多客人想找地方坐。如果增加座位，是不是要放到那根柱子旁邊？

實際示範 鋒利再鋒利 菜刀

040 【占卜師】

📝 傾聽客人的煩惱,例如戀愛、結婚、人際關係、就學就業發展等,然後占卜現在及未來的狀況,提出應該怎麼做的建議。如果占卜結果不佳時,為了讓客人可以用正向的心情繼續過生活,有時會用自己的人生經驗加以鼓勵。

✏️ 有人是自學,有人則是在占卜學校學習。除了自己開占卜店外,也可以登錄經營電話占卜或線上占卜服務的公司。

☆ ❶ 認真面對顧客煩惱,擁有真摯誠懇的態度。❷ 讓人敞開心扉的「共感力」。

☹️ 不相信算命的人來找碴。

041 【美妝部店員】

📝 在化妝品賣場銷售肌膚保養品、化妝用品等,讓人更美麗。傾聽客人的煩惱,知道他想變成什麼樣子,然後根據他的服裝、五官長相等推薦適合的產品。幫客人上妝,讓他用得開心,也是重要的工作內容之一。

✏️ 進入化妝品公司或百貨公司的化妝品賣場部門。許多人是先在專門學校學過髮妝造型等。

☆ ❶ 隨時推薦客人嘗試的新穎妝容。❷ 除了化妝還須具備護膚知識,具有美的專業素養。

😀 教一位態度畏怯的男性客人化妝,結果他化得很開心。

042 【數位影像照相館店員】

📝 將客人拿來的手機和相機的圖片檔、底片洗成照片,將家人回憶、風景等拍攝者的重要記錄美美的保存下來。有時要配合客人的要求幫照片加工、調整色調及明暗度,有時要也要幫忙拍證件照、全家福照片等。

✏️ 進入照相館、數位影像店。

☆ ❶ 引導客人做出最佳表情再拍照的「捕捉精采一瞬間的能力」。❷ 將照片的色彩、明暗調至最佳狀態的「色彩敏銳度」。

😀 將客人二十年前拍攝的舊底片沖洗出來時,對方開心的道謝。

043 【服飾店店員】

📝 在服飾店銷售衣服及飾品等。幫客人挑選適合的衣服,提出穿搭建議。從倉庫拿出商品、確認庫存、將衣服陳列成客人容易選購的狀態等,都是重要的工作內容。

✏️ 進入服飾公司。有些人是先進去打工,再成為正式職員。

☆ ❶ 真誠為客人挑選適合服飾的穿搭能力。❷ 只要客人願意,可以聊時尚聊不完的流行服飾能力。

☹️ 向客人推薦精心搭配的服飾,但對方卻買了不適合的潮服。

044 【購物商場營運人員】

📝 購物商場就是集合了專賣食品、服飾、玩具等的店家,以及餐廳、電影院、美容院等各種店家的地方,而營運人員的工作就是讓商場吸引更多人潮聚集。為了讓所有店家都賺錢,營運人員要提供銷售建議,並舉辦吸引人潮的活動。

✏️ 進入開發、營運購物商場的公司。

☆ ❶ 創造出客人能愉快購物的能力。❷ 邀請客人喜愛的名店進駐,具備與商家交涉的能力。

☹️ 認真企劃活動,結果有一部分的店家不願支持。

045 【賣場銷售員】

📝 一邊使用商品一邊說明及銷售。在客人面前實際使用店家或廠商力推的商品,告訴客人有多好用,介紹方式必須讓客人能夠停下腳步觀看,並動起「我也想要!」的念頭。

✏️ 進入專門向店家或企業推薦實際示範銷售員的公司,或是成為廠商的職員,然後派到店家進行實際示範銷售。

☆ ❶ 視客人反應而說出符合現場氣氛的話的「聊天能力」。❷ 為了解商品的優點而事先研究他牌商品的「品牌敏銳力」。

😀 客人表示:「我抱著半信半疑的心情買下,結果發現真的非常好用!」

046【書店店員】

📋 採購書籍、雜誌，用吸引顧客目光的方式陳列出來。將暢銷書擺在最顯眼的地方、同性質的書籍擺在同一區、依時勢變化更替相關書籍等，店員的用心程度與書籍的銷量息息相關。為應付客戶的需求，得隨時確認庫存再補貨，到貨後將書上架等，精心打造一間人人愛逛的書店。

◇ 到書店應徵。有些人是先在書店打工再成為正式職員。

✧ ❶ 利用書店提高社區整體知性程度的「知識播種能力」。❷ 比任何人都更相信書籍有助人心的「對書籍的深度信任」。

😄 原本賣不出去的書，在貼上自己為該書製作的海報後大賣。

047【鞋類銷售員】

📋 幫每一位客人挑選合腳鞋子的「鞋子專家」。為了不讓不合腳的鞋子造成雙腳或全身不適，利用專門的機器測量客人的腳型、走路時的重心方式等，推薦最合適的鞋子。

◇ 在百貨公司或鞋子專賣店從事鞋子相關工作達三年以上，取得「足與鞋與健康協議會」的認定資格。

✧ ❶ 一看鞋底的磨損狀況就知道走路習慣的「從鞋子窺知日常的能力」。❷ 想像什麼樣的鞋子尺寸、形狀、材質最適合那雙腳的「推薦最佳鞋款的能力」。

😄 客戶滿意的說：「穿這雙鞋子走起路來姿態更美了。」

048【驗光師】

📋 傾聽客人對於眼睛的煩惱，正確的測量視力，協助對方改善眼睛的機能。在歐美許多國家必須具備國家資格。修理、調整幫助視力的眼鏡、隱形眼鏡等工具，讓客人戴得更舒服，並建議友善眼睛的生活方案。

◇ 在專門學校學習與眼睛、視力相關的課程，通過「驗光師資格考試」。大部分是在眼鏡行或醫院工作。

✧ ❶ 能直視每位客人的煩惱及苦衷的「誠實的眼睛」。❷ 讓原本想隨便選一選的客人變得認真以對的「帶客人進入眼鏡世界的能力」。

😄 看見客人載上新眼鏡後，笑咪咪的東看西看。

049【街頭藝人】

📋 在路上、廣場、活動會場上，以表演令觀眾驚艷的技藝來賺錢。例如使用氣球、火焰的技藝，站在圓球上表現平衡感的技藝，以及樂器演奏、魔術等，以熟練的表演讓觀眾捏把冷汗，或是哈哈大笑、受到感動。

◇ 學會令人讚嘆的技藝。待技藝高超到可參加競賽的程度，就可加入街頭藝人的派遣公司，也可從事個人活動。

✧ ❶ 想讓大眾開心與驚訝的「大娛樂家精神」。❷ 避免技藝生疏，所以需具備將訓練融入日常的能力。

😄 表演結束後，遇到觀眾開心的要求握手或合照。

050【便當店店員】

📋 製作各式各樣的便當，包括經典菜色及創新菜色，然後銷售。考量營養與味道的平衡、季節等因素而決定便當菜色，並且擺盤得令人垂涎欲滴，有些店家還有便當外送服務。為忙於工作或家事而無暇做菜的人提供健康又安心的飲食。

◇ 進入提供便當、熟食銷售事業的公司，或是到便當店打工。有些人是累積經驗後再獨立開店。

✧ ❶ 做菜、盛盤、結帳樣樣手腳俐落，不讓客人苦等的「超乎常人的手藝」。❷ 抓住客人的胃，讓人想變成常客的「一試成主顧的能力」。

😄 客人注意到便當的與眾不同，頗有心得的說：「這家便當的豬排和別人不一樣，總是炸得外酥內嫩呢！」

051【電影版權買家】

📋 從全世界的電影中，找出「大家會想看的電影」，然後與對方的「賣家」交涉，買下播映版權供觀眾欣賞。將買下的電影賣給電影院，並簽訂播映契約，還要預測什麼人會喜歡這部電影而思考宣傳方式。

◇ 進入電影發行公司或電影公司，擔任購買版權的工作。

✧ ❶ 客觀判斷該電影是否大賣的能力。❷ 了解該電影的賣點，將自己的熱情傳達出去的「令人感動的能力」。

😣 電影完成得太慢，以至趕不上預定上映的日期。

▶ 電影院

演員名單

安藤久良	吉田歌子
山本幸樹	柱交技
少年	丑島秀俊
西村 始	後藤寅次郎
侍酒師	卯月堇
客人A	秋山辰夫
客人B	笑巳敏和
行竊的男孩	生部午郎
演歌歌手	小田未来
料理研究家	申飛祐介
旁白	亥角芳正
經理	近藤正吉

工作人員名單

編劇	山田和
企劃	太田悠翔
攝影指導	大野壯太
服裝造型師	羊谷正藏

056

演員

我以前都是扮演楚楚可憐的角色，但這次的設定居然是「帥氣型的呆萌女主廚」！沒想到我也能融入這個角色，或許我也可以多方嘗試。

054

配音人員

第一次為電影配旁白，原來只要做到讓觀眾「靜靜的聽」就行了！

052

編劇

「拿進廚房的就只是個食材而已，不必想太多。」經理說的這句台詞，我在寫的時候只是要近藤淡淡的說出來，但他的表現方式更好。

053

服裝造型師

能夠找到這件外套真是奇蹟！當初隨便晃進下北的二手衣店，看到這件衣服，不禁大叫：「亞西西的聖嘉勒*在這！」

055

攝影指導（電影攝影師）

廚房那場戲，我跟導演要求要「一鏡到底」，卻被說：「那很累吧？」但果然這樣做才對，廚房的緊張感整個出來了。

*編註：「亞西西的聖嘉勒」是1194年出生於義大利的天主教徒，是亞西西的方濟各最早的追隨者之一，擔任亞西西的方濟各所創立的女性修會貧窮修女會的第一任院長。

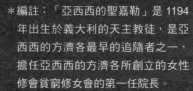

060

妝髮造型師

吉田的肌膚狀況很好，要表現他在嚴酷的環境中戰鬥歸來的樣子，真的很難。不過最後那一幕的表情相當自然……多虧吉田的演技幫忙。

057

食物造型師

嗯，傳說中的嫩煎牛排，滋滋作響好誘人啊！希望透過這部電影，大家能知道法式料理的美味。

061

特技替身演員

沒想到這部電影還有爭奪鮪魚的飛車追逐戰，實在太奇妙了，反而讓我認真跟他拚了。多虧這場戲，我跳得比以前更遠！

058

副導演

這位導演果然厲害！我本以為在那裡做飛車追逐太大膽了，沒想到完成後出奇的好，現場氣氛都沸騰了呢！

燈光師　赤牛綠
美術指導　雙子育美
錄音師　蟹江西
髮妝造型師　獅子倉瑠美

食物造型師　早乙女友成
特技演員　天秤塚均次
副導演　蠍桃子
製作　射手馨
音樂製作人　山羊野芽衣
錄音工程師　水瓶座 kei
音樂　MASATO

協助單位　西麻布「chez koto」
黃道市市民

製作『大家的餐廳』製作委員會

電影宣傳・發行
寶映

059

錄音工程師

讓我負責雅人歌曲的錄音到母帶後製，真是太榮幸了。聽說雅人對聲音的要求很嚴格，果然名不虛傳啊……

062

音樂製作人

請雅人寫主題曲是對的，雖然有長長的空白，但很符合這部作品的主題，雅人果然不是蓋的。

063

電影導演

雖然大家都反對，但幸好還是放進這場汽車追逐戲了。只是最後一幕，那樣子真的可以嗎？

電影導演
魚住佐代里

052 【編劇】

📝 思考電影、舞台劇、電視劇等的故事及台詞，寫出作為作品基礎的「劇本」。首先，與導演及製作人溝通，確認作品的主題後寫出「大綱」。然後再加進登場人物的台詞、動作、場面設定等細部指示，完成劇本。

✏️ 大學藝術學系或相關專門學校畢業，或是參加比賽，作品受到好評，實力獲得肯定。

✨ ❶ 記住心動時刻的「情感備忘能力」。❷ 將虛構故事寫得宛如真有其事的「洞悉生活能力」。

😊 三天寫不出東西，突然文思泉湧，想出神來一筆的絕句。

053 【服裝造型師】

📝 幫電視、雜誌、電影的演出人員構思身上的穿搭等。聽委託人敘述拍攝的主題後，確認方向，然後構思需要的穿搭配件等，再向廠商或店家商借。有時要在現場觀看穿搭狀況，進行調整，並在使用完畢後歸還。

✏️ 大學、短大、專門學校的服裝學系畢業，進入造型工作室，或是先當知名造型師的助手，累積經驗後再獨當一面。

✨ ❶ 讓人一看就有感，擁有「一切盡在造型中的能力」。❷ 用服裝表現出文化、時代、性格等「讓服裝說話的能力」。

😟 從清晨拍攝到深夜，還要整理服裝、歸還廠商等，完全沒得休息。

054 【旁白配音員】

📝 為電視節目、廣播、電影、電視廣告、網站上的動畫等影片配上「解說」。理解作品的內容、氛圍後，邊顧及語氣、聲音強弱、音調、間隔等，邊參與正片的錄製。有時也會負責活動、場館內的播音工作。

✏️ 在大學的戲劇系、廣播系，或是專門培養旁白人員及聲優的專門學校、培訓班學習相關技能後，進入聲優工作室等。

✨ ❶ 一聽就忘不了，擁有「令人印象深刻的聲音表達能力」。❷ 配合要求而靈活改變聲音的張力、語速及抑揚頓挫的「聲音彩繪能力」。

😊 被委託人指名配音，於是接到不同領域的工作。

055 【攝影指導（電影攝影師）】

📝 將導演想要的畫面拍出來的「影像負責人」。充分理解劇本內容及想傳達的意象後，拍攝前要先跟燈光、美術人員溝通，決定所使用的攝影機、鏡頭、拍攝位置、明亮度、移動方式等，然後正式拍攝。拍完在電腦上調整色調也是重要的工作內容之一。

✏️ 在大學或專門學校學習電影或攝影後，進入電影製作公司，大部分都是先從助手做起，累積經驗後再獨當一面。

✨ ❶ 經常觀察人物表情、景色、光影變化等，再應用於攝影中的「隨時在內心攝影能力」。❷ 馬上找出該場景最佳構圖的「全視角觀察能力」。

😊 精準配合演員、燈光、相機的呼吸，拍出超乎水準的畫面。

056 【演員】

📝 在電影、電視劇、舞台劇上演出，扮演各式各樣的角色。背好劇本上的台詞，揣摩導演所要求的角色說話方式、動作、表情等。演出前須與其他演員、工作人員不斷排練，正式演出時則徹底進入角色中。

✏️ 與劇團、演藝經紀公司簽約，一邊磨練演技及個性，一邊接受電影、電視劇的試鏡，通過後成為該劇演員。

✨ ❶ 拍攝期間，即便沒有演出仍時時將角色放在心中的「融入角色能力」。❷ 即便不斷NG也能馬上轉換心情的「劇本情境瞬移能力」。

😟 排練時，演技無法達到導演的要求。

057 【食物造型師】

📝 進行與「飲食」有關的各種提案，豐富人們的生活。協助食品廠商開發商品、餐飲店開發菜單，為料理節目及雜誌創作食譜，製作出現在電影或電視劇上的料理，布置餐桌場景等。

✏️ 在大學、專門學校學習食物學、料理技術後，擔任食物造型師的助手，或是進入食品廠商、餐飲店累積經驗。

✨ ❶ 能讓人看見料理突然肚子咕嚕咕嚕叫的「美味包裝能力」。❷ 配合拍攝情節、時代背景而提供料理的「絕妙時機掌握力」。

😟 想不出新食譜的時候。

058 【副導演】

📋 協助導演讓拍攝作業順利進行。通常有「第一副導」、「第二副導」、「第三副導」三人。地位最高的第一副導主要負責管理及調整拍攝時間表；第二副導負責決定演員的服裝、化妝、管理拍攝現場；第三副導除了拍攝時打板，還要負責美術、小道具等。

◧ 在大學或專門學校學習影片及電影製作，進入電影製作公司，或是擔任專業電影導演的助手後再升任。有不少人是自己獨立接案。

✧ ❶ 預測導演下的指令而先行安排的「察言觀色能力」。❷ 將導演的要求確實傳達給工作人員的「翻譯指令能力」。

☹ 不小心犯錯，導致拍攝進度延遲。

059 【錄音工程師】

📋 收錄用於 CD、電影、動漫、遊戲上的音樂及聲音，調整平衡後，使之成為一個完整的作品。為了達成製作人、音樂家想表現的聲音狀態，必須決定麥克風的種類及位置，在電腦上調整各種聲音的音量、音質、速度等，再加以組合完成。

◧ 在大學或專門學校學習音響、錄音相關技術後，進入錄音工作室或唱片公司累積經驗。

✧ ❶ 讓聽眾宛如置身音樂中的「聲音立體化能力」。❷ 為了製作出某種聲音，即便與錄音無直接關係，例如吃飯、看書，仍隨時側耳傾聽的「聲音魔人能力」。

☹ 和音樂家、製作人的意見相左，無法取得共識。

060 【妝髮造型師】

📋 幫演員、模特兒等整理頭髮、化妝，以達到演出要求。如果是拍雜誌寫真，就要讓模特兒及服裝令人印象深刻；如果是拍電影或電視劇，就要讓演出的角色更出色。拍攝過程中要盯場確認細節。

◧ 進入妝髮造型公司或化妝品公司當助手累積經驗，待實力獲得肯定即可獨當一面。有些人是在專門學校學習，然後取得「美容師執照」國家資格。

✧ ❶ 不是僅憑感覺，而是認真讓每一個化妝步驟都富有意義的「美麗哲學」。❷ 讓那場戲的世界觀表現得更精緻的「提升水平能力」。

😊 聽到演員驚喜的說：「沒想到我也能化這樣的妝！」

061 【特技替身演員】

📋 在電影或電視劇中，當要拍攝驚險場面時，代替演員上場演出的「另一個主角」。例如從高處墜落、汽車連環撞、大爆炸、吊鋼絲等未經訓練貿然上場將導致受傷的場面，就會由特技演員代為演出。必須先與導演確認動作細節，並且不斷排練後才會正式演出。

◧ 在訓練班或專門學校學習相關知識與技能後，參加特技演員經紀公司或藝能製作公司的試鏡後錄取。

✧ ❶ 即便危險仍能克服恐懼，勇敢挑戰的「膽大心細」。❷ 不論做什麼姿勢都不會受傷的「身體柔軟度」。

😊 小朋友看到我演出的戲，興奮大叫：「好酷喔！」

062 【音樂製作人】

📋 音樂製作現場的總司令。思考如何表現出音樂家的魅力、如何宣傳才能讓作品大賣等，與音樂家及經紀公司溝通，決定歌曲的方向性。接著，邀集適合的作詞家、作曲家、錄音師等，並管理進度及預算。

◧ 音樂大學或短大、專門學校畢業後，進入音樂製作公司或錄音公司，累積音樂製作方面的經驗。

✧ ❶ 看出未經雕琢的潛在能力的「璞玉發掘能力」。❷ 讓那項潛能發光發熱、打動人心的「璞玉雕琢能力」。

😊 自己提案的音樂成為音樂家的「音樂」。

063 【電影導演】

📋 電影製作的「最高層負責人」。決定要做出怎樣的作品後，從寫劇本、找演員、找拍攝地點、指導演技、指揮攝影師及燈光師，到剪輯影片、選擇音樂、進行宣傳活動等，幾乎所有工程都要親自指揮。

◧ 在大學或專門學校學習電影後，進入電影或電視劇的製作公司累積經驗，直到實力獲得肯定。也有人是自己掏腰包拍電影。

✧ ❶ 不畏艱難，追求理想電影的「勇往直前的能力」。❷ 向數百名工作人員傳達構想，取得理解的「世界觀共有能力」。

😊 電影順利完成，舉行試映會邀請參與作品的人一起欣賞。

▶ 遊戲製作公司

少年軍團！衝啊！

國王

066 職業玩家

這傢伙看來不太好對付……不過，從他目前的打法來看，我大概預測出最佳攻擊方式了……

065 音樂音效設計師

啦啦啦！啦啦♪嗯，這個旋律應該人人都能朗朗上口，然後還要做出導演要求的「沙漠的荒涼感」。

那個是……

蟲蟲？

忍者

064 角色設計師

僧侶……？如果要表現神祕的感覺，就穿深紫色長袍，前面瀏海蓋住一隻眼睛。對了，臉頰上來個謎樣文字的刺青如何？

遊唱詩人

召喚師

僧侶是吧，知道了！

068 遊戲測試員

哇！已經好久沒有抓到這種致命錯誤了！馬上截圖起來回報！

賢者

067 遊戲總監

這名僧侶的任務雖是撫慰人心，但他對劇情有相當重要的影響力，我希望能表現出不知是敵是友的感覺……離截稿只剩一個月了，大家都很辛苦，去買些好吃的來慰勞大家吧！

這場仗打了這麼久，大家都累了……需要一個會施魔法撫慰人心的僧侶。

069

遊戲製作人

預算和進度都很吃緊，但總算過關了。最後那場戲我說得太任性、太超過，搞得氣氛好尷尬，可是我就想做出電影般的感覺啊。

藝術家

勇者

Idea & Technology

現在，正是打倒魔王「阿里卡幾」，開創新時代的時候！

071

遊戲繪師

這個魔王是用熔岩做成的，那我就用再亮一點的色調，像是會發光的紅色，並做成黏答答的質感。

在即將打倒魔王的勇者面前，將出現一道光廊……

神速程式「雷」的代碼！

我現在唸的是

預言家

魔法師

070

遊戲程式設計師

魔王倒下後，音效先出來，再來是招牌姿勢、招牌台詞，然後光廊出現……啊，到底是哪個傢伙，想出這麼麻煩的差事！咦？不就是我嗎？

072

遊戲工程師

哎呀！按鍵按了半天都沒反應，肯定是程式太複雜造成處理龜速。看來得刪掉一些，再重新更改指令。

064 【角色設計師】

📝 設計在遊戲、動漫、廣告中出現的角色。聽取導演及製作人的建議後，發想角色的性格、成長經歷、習性等，然後畫出草稿進行提案。通過後就用電腦做出表情及姿勢等細節，然後進行上色。

✏️ 藝術大學或專門學校畢業後，進入遊戲製作公司、動漫製作公司、設計工作室、廣告代理商等。

✧ ❶ 讓人一看到角色就期待其演出的「第一印象滿分能力」。❷ 給予角色長生不老的能力，留給人們永不褪色的印象。

😄 靈光乍現，發想出很棒的角色。

065 【音樂音效設計師】

📝 做出在電影或遊戲中播放的「聲音」。了解導演、製作人想要什麼樣的聲音後，用電腦做出背景音樂或音效，或是到戶外收錄大自然的聲音等，蒐集各種必要的音源。有時還要思考如何應用這些聲音，實際參與放進遊戲中的配音作業。

✏️ 自學或是音樂大學、專門學校畢業後，進入遊戲製作公司、聲音製作公司。

✧ ❶ 思考該聲音在整部遊戲中所扮演的角色的「音效配對能力」。❷ 擁有「想像→聲音」的轉換能力，將委託主的想像用聲音表現出來。

😄 玩家寫下評論：「那個音效很棒！」

066 【職業玩家】

📝 實際參加對戰型遊戲「電子競技*」比賽的「虛擬空間運動選手」。選手多半隸屬於職業團隊，在團隊中磨練技巧，主要是以團隊身分參加在國外舉行的電競大賽。光靠比賽獎金很難維持生活，因此必須尋找廠商贊助，並製作、發布遊戲相關影片以增加收入。

✏️ 努力練習，或是進入專門學校學習後，在比賽中取得優異成績，然後加入專業團隊，尋找贊助。

✧ ❶ 不僅在意勝利，還在意如何取勝的「致勝意志」。❷ 打破常規，創造全新致勝的方法。

☹️ 輸給新玩家時。

＊電子競技：簡稱「電競」，指使用電動遊戲來比賽的體育項目。

067 【遊戲總監】

📝 領導遊戲製作相關人員，帶動團隊運作的「製作現場的領導人」。從參加企劃會議開始，一旦進入製作程序，就要確認是否依遊戲設計師所繪的圖樣進行、是否都在進度中，解決問題讓成員工作更順利。

✏️ 進入遊戲公司或遊戲軟體開發公司。有些人是大學或專門學校畢業後，先從事程式設計師或美術設計師以累積經驗。

✧ ❶ 在音樂、繪圖、操作感等各方面皆追求高標準的「嚴格檢視能力」。❷ 讓人相信「跟著他就沒錯」的「神級領導能力」。

😄 完成艱難的作業後，看見成員臉上露出欣喜的成就感。

068 【遊戲測試員】

📝 仔細檢查的遊戲系統是否有缺陷漏洞（bug）。從遊戲過程中發現程式的錯誤後，向遊戲開發者報告是在做怎樣的動作時出現怎樣的錯誤，待修正後，再次確認是否完全修正無誤。除此之外，若發現角色的髮色與原作不同、劇情的時間序錯亂的話，也要回報。

✏️ 進入遊戲製作公司。

✧ ❶ 站在玩家的觀點，思考怎麼做會更好玩的「邊工作邊玩的能力」。❷ 在廣闊的遊戲森林中，找出錯誤的「抓錯能力」。

☹️ 要測試的項目太多。

069 【遊戲製作人】

📝 遊戲製作的「最高層負責人」。決定要做什麼類型的遊戲、使用什麼設備、什麼時候開賣等，然後列出必要的預算，找齊工作人員，訂定進度表後開始製作。製作期間要邊盯著整體狀況，邊為宣傳活動奔走。

✏️ 進入遊戲公司或遊戲軟體開發公司，擔任遊戲總監或遊戲設計師，累積經驗且實力獲得肯定後，即可獨當一面。

✧ ❶ 擁有追求魔鬼品質的能力，為提供玩家嶄新的遊戲體驗而毫不妥協。❷ 比任何人都更了解該遊戲的趣味，應用在銷售策略上的「頂尖推銷能力」。

😄 全新企劃的遊戲暢銷大賣，立刻決定製作續集的時候。

070 【遊戲程式設計師】

📋 創作遊戲進行機制的「遊戲設計者」。發想新產品，寫企劃案，制訂遊戲規則和道具等，完成整部遊戲的設計說明書。檢視根據設計說明書所完成的各項作業，組合成一套遊戲。

✏️ 進入遊戲公司或遊戲軟體開發公司。有些人是專門學校畢業後擔任遊戲工程師或角色設計師，累積經驗後升任。

✦ ❶ 在設計說明書中展現出該遊戲好玩之處的能力。❷ 吸引玩家進入魔法及怪物等虛幻世界的「角色設定能力」。

☹ 在遊戲的後半段設計了很多機關，但很多人玩到一半就不玩了。

071 【遊戲繪師】

📋 用遊戲的「畫面」來表現世界觀。製作遊戲的角色、背景、小道具、特殊效果等眼睛所見部分的圖案。3D繪師會在電腦上像捏黏土般做出立體的圖案，2D繪師則在紙上畫出平面的圖案。

✏️ 將作品拿到遊戲公司或遊戲軟體開發公司，獲得認可。

✦ ❶ 讓玩家一看到華麗炫目遊戲畫面就著迷的能力。❷ 利用各種色彩及效果，吸引玩家走進遊戲世界並身臨其境的能力。

☺ 自己額外多繪製的作品，也被遊戲工程師拿去做設計。

072 【遊戲工程師】

📋 編寫遊戲程式，開發及維護電腦、手機、機台的遊戲。根據遊戲的設計說明書，將角色活動、畫面切換、音樂播放等動作的指令一個一個寫出來。有時必須參加企劃會議，表達意見。

✏️ 自學或是進入大學、專門學校學習程式設計，再進入遊戲公司或遊戲軟體開發公司。

✦ ❶ 將設計完成的畫面及動作等，正確翻譯成程式語言的運算思維能力。❷ 立即找到錯誤原因的能力。

☹ 事後不斷追加遊戲內容，導致無法趕上截稿時期。

什麼是「程式設計」?

要對電腦下達指令:「照這個順序進行!」寫指令的這件事就叫做「程式設計」。遊戲和手機之所以能夠點一下就跳出畫面，或是跳到想看的網站，就是因為有程式設計的幫忙。

再舉個簡單的例子，假設你「想吃漢堡」，然後到餐廳點了「一客漢堡排套餐」，15分鐘後上桌。這套過程不是魔術變來的，而是有一定的程式語言，並且徹底執行這些程序。

首先，當你點完餐，店員會把你的點餐內容告訴廚師，然後廚師從冰箱拿出絞肉、洋蔥等食材。將食材切碎後，在料理盆中揉捏，整理成圓餅狀再煎。煎好後放在盤子上，淋上醬汁，再由店員端給客人，這時你才吃得到漢堡。

但是，「要用什麼來做漢堡排?用漢堡嗎?」、「要先做什麼?煎嗎?還是煮?要小心被油噴到嗎?」、「做完以後要送到哪裡?外太空嗎?」如果沒有先決定好這些後續步驟，你就不可能吃到漢堡排。

同樣的，在我們每天使用的電腦裡面，也有無數個指令不斷跑來跑去，例如:「當○○做好××後，就接著做△△。」而專門編寫「程式語言」的人，就稱為「程式設計師」或「軟體工程師」。

074 麵包師傅

今天的麵團狀態很讚。雖然價格比較貴，但改用國產麵粉是對的！

076 牙科技師

專心、專心！要跟牙齒模型完全吻合才行……呼，專心到忘了呼吸呢！

079 口腔衛生師

秋山，你刷牙的方式進步了，刷完感覺牙齒很清爽吧！哈哈哈！

你有用牙間刷嗎？

感覺痛的時候請舉手。

077 牙醫師

啊，馬場先生又把手舉起來了，可是我什麼都還沒做，我來問問他要不要再加點麻藥吧！

080 食品衛生稽查員

拜託，要注意衛生安全！我看這裡的上菜情況都很仔細小心，應該沒問題吧……

073 寵物店店員

這孩子找到好主人了，真開心。但相處這麼久了，要分開真是捨不得啊！

住宿、美容
寵物店
藤川

075 髮型設計師

這位客人的想法是什麼呢？感覺她好像太客氣了，有些話想說又不敢說……

長度要到哪裡呢？

Hair Salon
Koji

078 偵探

沒錯！就是他，小山的弟弟！從電腦的搜尋歷史紀錄來看，他應該是住這一帶，果然正確！他看起來無精打采的，我趕快回報吧！

073

【寵物店店員】

販賣狗、貓、鳥、魚等寵物及飼養寵物所需物品。負責採購寵物、寵物飼料等、客人提供建議、管理店內財務、照顧店內的寵物等。其中，餵食、處理排泄物、散步、接種、打掃籠子等，都是守護寵物健康的重要工作。

✎ 進入寵物店。取得「寵物飼育員」、「寵物美容師」、「寵物行為訓練師」等證照更有利。

✫ ❶ 一眼看出各種寵物身體狀況的「察覺能力」。❷ 針對每一隻寵物的個性，教導飼主正確飼養方法的能力。

☹ 遇到不是認真想飼養寵物的飼主。

074

【麵包師傅】

製作及販賣美味的麵包。除了做麵包外，還要配合季節、流行而開發新產品，備齊各種品項、採購材料、事後整理、隔日的備料、陳列產品、結帳、招待客人、計算銷售額等。

✎ 進入麵包烘培坊學習。取得「烘焙食品技術士」資格更有利；在設有相關課程的專門學校學習就能取得考試資格。

✫ ❶ 追求百吃不膩的麵包的創作能力。❷ 記住因溫度、溼度而改變的麵包味道及外觀狀況，應用在下一次製作。

☺ 客人受到麵包香味的吸引而笑咪咪的走進店裡時。

075

【髮型設計師】

引導客人說出想要什麼樣的髮型，透過修剪、染色、電燙等技術來滿足客人的希望。除此之外，還要洗頭、吹整、做成人禮等特別日子的造型、頭皮按摩。

✎ 在美容美髮學校、專門學校學習，通過國家考試取得「髮型設計師執照」。然後進入髮廊擔任助手，累積數年經驗。

✫ ❶ 擁有超乎客人預期的能力滿足客人的需求，幫客人設計出合適的髮型。❷ 了解客人想要什麼服務（例如想聊天或不想聊天），具備讓客人舒適放鬆的能力。

☺ 客人離開時說：「下次也要麻煩你了！」

076

【牙科技師】

配合每個患者的齒型，做出全世界獨一無二牙齒的「牙齒職人」。使用金屬、陶瓷、強化塑膠等材料，根據牙醫的指示，製作治療用的牙齒填充物、牙套、假牙、讓牙齒排列整齊的齒列矯正器等。

✎ 取得「牙技師」國家資格。在大學、短大、專門學校等學習，通過國家考試後，累積數年的實務經驗。

✫ ❶ 做出獨一無二、完全符合患者的齒列及咬合狀況的「細部立體創造能力」。❷ 每天認真磨練技術的「職人能力」。

☺ 完成自己都愛不釋手的作品。

077

【牙醫】

治療牙齒、牙齦疾病，調整齒列，預防蛀牙等。除了定期健診外，還要製作假牙、提供讓口腔保持舒適的各種服務。透過守護口腔健康，讓患者每天都過得活力充沛。

✎ 取得「牙科醫師」國家資格。在牙科大學或大學的牙醫系學習，通過國家考試後，接受一年以上的實習訓練。

✫ ❶ 正確進行口腔治療，讓患者安心的「手指靈巧度」。❷ 視患者的牙齒如同自己的牙齒般「無可替代且重視的能力」。

☺ 經過治療後，患者已能無痛咬合並且喜極而泣。

078

【偵探】

接受個人或公司的委託進行調查，報告結果，協助解決煩惱和問題。使用合法的手段跟蹤調查對象，或是向旁人打聽，以掌握對方的行動、釐清事實。有時也負責尋找失蹤人口、解決居民們的糾紛等。

✎ 進入徵信社。具備「普通汽車駕照」較容易被錄取，也有人會先到專業的私家偵探研習班訓練。

✫ ❶ 從少量的線索分析各種可能性的「專業推理能力」。❷ 不論寒暑都能長時間跟蹤守備的堅持力。

☹ 被調查對象怨恨。

079 【口腔衛生師】

📋 協助醫師去除牙垢、進行預防蛀牙的處置等。指導正確的刷牙方式尤其重要，針對患者的牙齒狀況、生活方式等，提出最佳的刷牙方式建議，協助患者保持牙齒健康。有時還要負責器具的清毒、診所內的打掃、會計、掛號等。

◇ 具備「口腔衛生師」國家資格。在設有口腔衛生師課程的大學或專門學校學習，再通過國家考試。

⚡ ❶ 配合患者而使用不同的說話方式或對待方式的「靈活應對能力」。❷ 擁有徹底潔牙的技術，讓患者感到神清氣爽。

☹ 誤解牙醫的指示而造成患者不適。

080 【食品衛生稽查員】

📋 檢查食材、食品有沒有問題，守護「飲食安全」。如果是在衛生所工作，就要負責到餐飲店查看、指導，避免發生食物中毒事件。如果是在國家的檢疫所工作，就要檢查進口食品是否內含有害物質。

◇ 在國家認可的訓練機構上完相關課程，或是在大學、專門學校上完醫學、牙醫學、藥品學、獸醫學、畜產學、水產學、農藝化學等任何一種課程，取得「食品衛生稽查員」資格，然後通過公務員考試。

⚡ ❶ 一有狀況就馬上趕赴現場查明原因的「搜查能力」。❷ 為了安全而嚴格指導業者、市民的「職業正義感」。

☹ 不得不轉達會讓店家感到痛苦的事情時，真的很難受。

081 【牙科助理】

📋 將牙科診所的環境整理得更完備，方便牙醫、口腔衛生師能專心幫患者診治。負責患者掛號、預約管理、會計、製作病歷、器具及診所內環境的清潔整理，設法讓患者安心也是重要的工作內容之一。

◇ 進入牙醫診所。由於不涉及患者的口腔醫療問題，因此不要求特別的資格，但有些人具備牙科助理認定制度資格或醫療事務管理師資格。

⚡ ❶ 擔任「診所的顏面」，與患者愉快溝通的親切態度。❷ 觀察牙醫及口腔衛生師所需而事先準備好的「及時協助能力」。

😀 用笑容安慰因害怕而哭鬧的小朋友後，他說：「嗯，我會加油！」

082 【餐廳店長】

📋 為客人提供美味餐點的餐飲店負責人。負責管理營收、與總店聯繫、設法提升業績、聘用正式職員或打工族等，有時還得負責招待客人、調理食物。製作菜單、打造舒適的用餐氣氛也是重要工作內容之一。

◇ 進入經營餐飲店的公司，從外場服務或內場工作做起，再升任為副店長或店長。

⚡ ❶ 觀察每一位員工，給出合適指令的「個別指導能力」。❷ 將顧客的用餐感受擺在第一位的共感能力。

😀 客人開心的說：「店員好親切，來這裡用餐好愉快。」

083 【甜點師傅】

📋 製作蛋糕等甜點的「點心職人」。製作麵團，再用水果、奶油等裝飾。將做好的蛋糕用透明塑膠布捲起來、發想因應聖誕節等活動及季節的新產品也很重要。有些人會開設甜點教室，或提供食譜給電視或報章雜誌。

◇ 在專門學校學習甜點製作的基礎後，進入西餅糕點店或飯店，大部分的人都是從學徒開始做起。

⚡ ❶ 讓人願意掏錢購買的「極品美味追求能力」。❷ 讓其他工作人員發揮長才，讓工作得以順利進行的「指揮官能力」。

☹ 連日站著工作，腰腿長期痠痛。

084 【理髮師】

📋 幫客人剪髮、洗頭、燙髮、刮鬍子，將客人的面容整理得乾乾淨淨。客人多半是男性，因此必須具備用刮刀刮臉的技術，但有時也會有女性客人。

◇ 在專門學校學習，通過國家考試，取得「理髮技術士」證照。

⚡ ❶ 一次就記住客人髮型及頭髮特性的記憶力。❷ 不僅店內氣氛，自己本身也能讓客人留下清爽印象的「全方位整潔感」。

😀 老顧客結婚當爸爸，某天帶著兒子一起到店裡光顧的時候。

085 【現場採訪記者】

📋 主動到現場蒐集資訊，再透過電視、收音機等媒體傳播出去，讓社會大眾知道。到事件、事故、美食、運動等現場實地採訪，整理出大眾想知道的資訊，然後用自己的話傳達出來。

🗨️ 很多節目製作人員、主播、藝人都在擔任現場採訪記者，因此可以先進入媒體公司擔任助理導播，或進入演藝經紀公司。

🏹 ❶ 讓觀眾彷彿身歷其境的「精準報導能力」。❷ 在有限時間內彙整資料表達出來的「資訊言語化能力」。

😣 覺得會給採訪對象造成壓力而於心不忍，卻不得不報導出來。

086 【寵物美容師】

📋 負責整理貓狗等寵物儀容的「動物的美容師」。依飼主的要求幫寵物修剪毛髮、洗澡、吹整、剪指甲、挖耳朵、健康檢查等，保持寵物整潔、守護健康。有時要運用照顧寵物的知識來提供飼主建議。

🗨️ 在寵物美容師或寵物相關專門學校學習知識及技術，然後進入寵物沙龍工作。

🏹 ❶ 擁有「美的想像力」，根據飼主的需求，打造出寵物的最佳姿態。❷ 量身打造寵物美容的純熟技術。

😣 為寵物美容時，因為寵物太過躁動，以致飼主露出「這個人到底行不行啊？」的眼神。

087 【電視助理導播】

📋 協助製作電視節目的導播。為了讓節目製作能夠順利進行，要負責安排演出人員、到拍攝地點勘查、採買便當、剪輯影片等，內容相當廣泛。正因為負責的事情很多，是節目製作不可或缺的角色。

🗨️ 進入電視台或節目製作公司，多半必須具備大學以上的學歷。

🏹 ❶ 擁有「輕重緩急的判斷力」，能從眾多工作中挑選緊急的事情先做。❷ 能和導播、演出人員、採訪地點負責人等不同立場的人愉快合作的能力。

😊 被心目中崇拜的演出者稱讚工作表現。

認　　眞　　工　　作　　宇　　宙　　人

職業名稱
無。

工作內容
漂浮。

具備資格
自然發生。

特殊能力
❶分裂。
❷合體。

開心的時候
無。

＊這位宇宙人出現在書中的哪些地方呢？不妨找找看吧。

哇！

這裡是沒有「工作」的世界！

這是什麼？怎麼回事？好突然啊？

啊，不好意思！一直看下去的話，偶爾會插入廣告。

就跟Youtube差不多

抓到很多魚太好了，可是開始發臭了，該怎麼辦才好？

找到長期保存魚類的方法太好了，但是沒有魚……

啊……

啊……

這兩個人後來會怎麼樣呢？

看見工作的本質！

本日開賣！

繪本
《工作的魔法》

咦？會怎麼樣呢？哇布丁，我好想看這本書喔！

嗯，這麼容易被廣告誘惑……

真拿你沒辦法！

太好了！謝謝！

對了，給你……

地球的書店應該有賣吧？

反正先去看看吧。

什麼是「工作」？

『工作』

我是魔法師莉莉。
我的工作就是對大家使用
一種名為「工作」的魔法！

咦？你問到底什麼是「工作」？
這麼說吧，假設你肚子餓了，
心想：「好想吃東西。」
這時候對你這個「有需求的人」說：
「這是好吃的拉麵，請享用。」
並且提供這份價值的事，就是「工作」。
啊，那兩個宇宙人好像遇到麻煩了，
我就使用魔法看看吧！叮鈴！

使用工作魔法後發生的「好事」

好事 1
可以獲得更多知識

\多撒一點鹽，
可以保存更久/

\喔，原來如此！/

\別這麼說！/

這條魚我過了五天才吃，
還是很好吃喔，
你真厲害！

好事 2
別人開心，自己也開心

好事 3
收到謝禮

\謝謝！/

這些是我的謝禮，
請收下！

的魔法

好事 4
讓世界更美好

很簡單吧?

我也要試試!

好厲害!

好事 5

發掘更多潛能,
遇見「全新的自己」

學會這招後,
能讓更多人
開心才對……

我的魔法啊,其實沒有那麼厲害,
我只是把某人拿手的事與某人需要的事
互相連結起來。

除了用我的魔法而發生
的「好事」之外,應該還有
很多值得去工作的理由吧。

你工作的理由是什麼?

為了享受美食。

我想要表現自己。

因為這是我
一直想做的事。

也許我離開以後,
我做的事情還能繼續
帶給別人幸福。

想從事能夠流傳
後世的工作。

因為爸媽叫我去工作。

沒什麼特別的理由。

因為這是我
一直想做的事。

工作時能讓我
忘卻煩惱。

想和社會
保持連結。

打發時間。

想要自力更生。

我想工作,
但找不到工作。

當然,也有很多人
沒有工作喔!

你不工作的理由是什麼?

不工作也有辦法
生存下去。

年紀大了。

我還在念書。

因為要做
家事、照
顧小孩。

順帶一提,做家事和照顧小孩是非常辛苦的工作喔!
24 小時 365 天,全年無休,還得隨時臨機應變,
隨時用心思考最有效率的做法、預測未來而訂立計畫、
想出讓大家每天都過得幸福快樂的點子……
我覺得這是一個應該給予酬勞且非常需要創意的工作。

你大概覺得這孩子一個人很孤單吧？

世界是由工

一點都不會！

守護組裝耳機者健康的人

運送耳機的人

包裝耳機的人

計畫賣耳機的人

製作耳機零件的人

組裝耳機的人

設計耳機的人

發想耳機概念的人

銷售耳機的人

販售書籍的人

決定建造水庫的人

交涉的人

在停車場工作的人

在淨水場讓水變乾淨的人

製作書籍的人

建設水庫的人

將店租給販賣書籍的人

在日常生活中為大家帶來歡笑的人

管理水庫的人

做水管鋪設工程的人

設計書籍的人

校對書稿的人

研發玻璃窗素材的人

製作玻璃窗的人

蓋房子的人

寫書的人

影響許多設計師的人

銷售玻璃窗的人

開發玻璃窗素材的人

做飯糰的人

設計房子的人

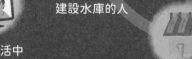

作組成的

 研究如何讓豬排丼飯更好吃的人

 種米的人

 種豬飼料（玉米）的人

 養豬的人

 唱片公司發掘音樂製作才華者的人

 製作豬排丼飯的人

外送豬排丼飯的人

 做豬肉加工的人

 訊問犯人的人

 守護城市平安的人

 守護城市平安的人

 製作音樂的人

 賣樂器的人

 做樂器的人

 作詞的人

 作曲的人

 唱歌的人

 作曲的人

 貓

到巴黎時裝週蒐集資訊的人

 播放音樂的人

 編曲的人

演奏樂器的人

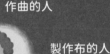 製作布的人

 預測流行的人

 製作線的人

賣電腦的人

 負責管理衣服生產作業的人

 設計衣服的人

 製作衣服紙型的人

蒐集舊紙作為紙張原料的人

製作紙型專用紙張的人

 縫製衣服＆企劃音樂活動的人

 運送電腦、衣服的人

賣衣服的人

組裝電腦的人

 無數個人接起無數個工作接力棒後，才有你目前手上的「那件物品」。因為有某人的「工作」，你才能好好生活著。

 真好看呢！

整理木材的人

 製作鋸子供種樹者使用的人

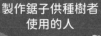 栽種樹木的人

製作電腦零件的人

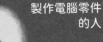 製作電腦零件專用螺絲的人

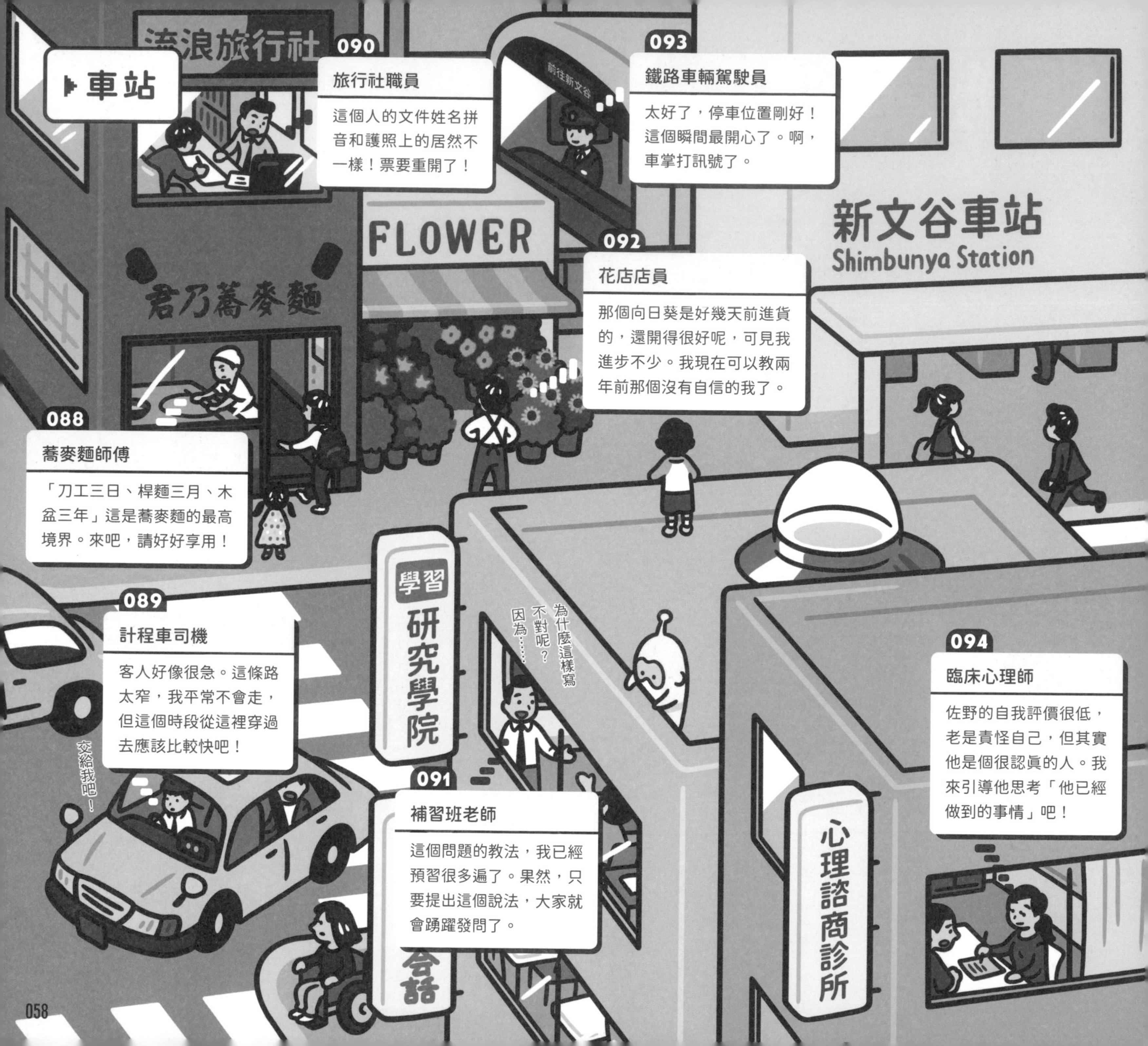

▶ 車站

漂浪旅行社

090 旅行社職員
這個人的文件姓名拼音和護照上的居然不一樣！票要重開了！

093 鐵路車輛駕駛員
太好了，停車位置剛好！這個瞬間最開心了。啊，車掌打訊號了。

前往新文谷

FLOWER

君乃蕎麥麵

092 花店店員
那個向日葵是好幾天前進貨的，還開得很好呢，可見我進步不少。我現在可以教兩年前那個沒有自信的我了。

新文谷車站
Shimbunya Station

088 蕎麥麵師傅
「刀工三日、桿麵三月、木盆三年」這是蕎麥麵的最高境界。來吧，請好好享用！

089 計程車司機
客人好像很急。這條路太窄，我平常不會走，但這個時段從這裡穿過去應該比較快吧！

交給我吧！

學習 研究學院

為什麼這樣寫不對呢？因為……

094 臨床心理師
佐野的自我評價很低，老是責怪自己，但其實他是個很認真的人。我來引導他思考「他已經做到的事情」吧！

091 補習班老師
這個問題的教法，我已經預習很多遍了。果然，只要提出這個說法，大家就會踴躍發問了。

心理諮商診所

会話

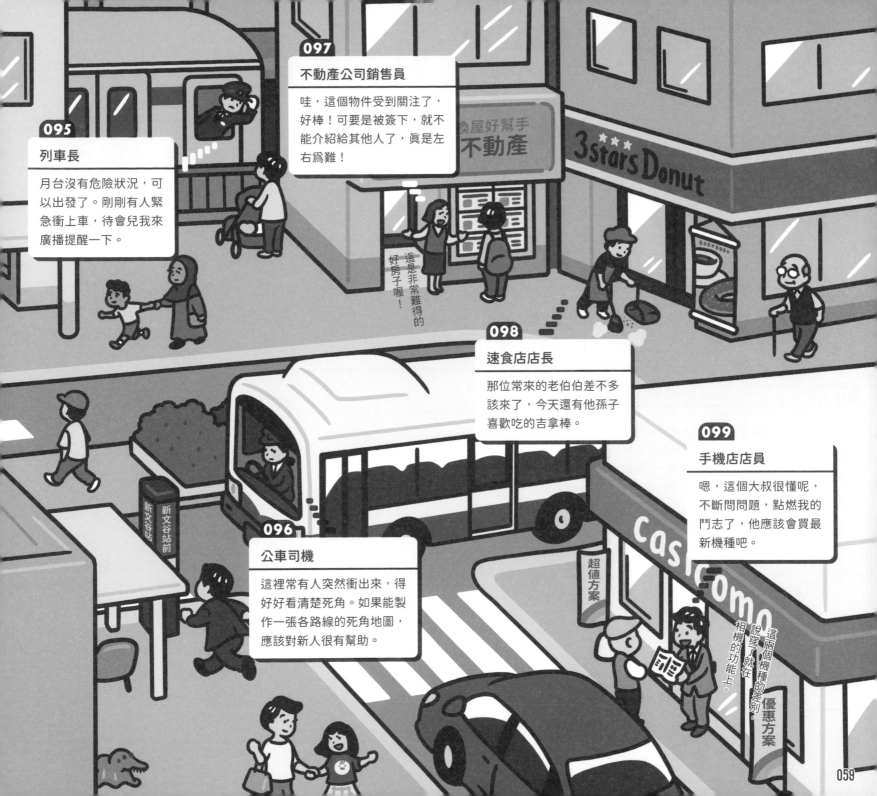

088 【蕎麥麵師傅】

📋 配合溫度、溼度等天氣狀況，思考蕎麥粉與水的比例，製作蕎麥麵提供客人享用。蕎麥粉和水等材料自不在話下，還得講究煮法、配料，每天不間斷以做出最美味的蕎麥麵為目標。除此之外，也要思考客人喜歡的新菜單、招待客人、結帳等。

🖊 進入蕎麥麵店學習製麵，磨練好技藝再開店。

✨ ❶ 想將蕎麥粉親手做成美味蕎麥麵的心意。❷ 一邊揉麵，一邊注意麵團觸感差別，做出可口的麵條。

😄 遠道而來的客人不僅喜歡自己的店，連整座城市都愛上了。

089 【計程車司機】

📋 安全又迅速的將客人載送到想去的地點。在車站等待客人，或是在路上邊跑邊尋找客人。也有專載觀光客的「觀光計程車」，專載身障人士往返醫院的「無障礙計程車」等。

🖊 進入計程車公司，取得載客必備的「普通汽車第二種駕駛執照」。有些人會在累積經驗後創業，開設「個人車行」。

臺灣資訊
請見286頁

✨ ❶ 擁有「超越導航的頭腦」熟知到達目的地的各種路徑。❷ 保持車內適宜溫度及整潔，對客人輕聲細語，讓客人愉快乘車的能力。

😄 客人驚訝的說：「明明就在附近，我居然不知道有這條捷徑！」

090 【旅行社職員】

📋 為客人提供愉快的旅行服務。業務有許多種，一種是推薦旅行地點、準備機票、與當地人員溝通的「櫃台業務」，一種是推薦畢業旅行計畫等的「企業服務業務」，及陪伴旅行的「旅行團領隊」（224頁）、企劃旅行內容的「旅遊規劃師」等。

🖊 進入旅行社。取得「旅行業務處理管理者」證照，或是具備外語能力較為有利。

臺灣資訊
請見286頁

✨ ❶ 擁有「宛如置身當地的能力」，隨時蒐集旅行資訊。❷ 根據客人的希望、預算、時間而擬出最佳旅行計畫的能力。

😣 飛機因颱風而停飛，讓充滿期待的旅客大失所望。

091 【補習班老師】

📋 指導補習班的學生，幫助他們成績進步、考上理想學校等。了解每一名學生不擅長的部分，擬定教學計畫，準備教材，進行授課。有時還要提出讀書方法的建議、與家長討論志願學校等。

🖊 通過補習班的錄取考試。有些人是大學時就在補習班打工，畢業後直接成為正式員工。

✨ ❶ 能讓不想上課的學生都專心聽講的能力。❷ 為了備課不惜花費時間心力的「良師用功力」。

😄 考上志願學校的學生熱淚盈眶的前來道謝。

092 【花店店員】

📋 將從花市進貨的花朵或觀葉植物，在店裡擺得賞心悅目，並負責照顧、銷售。除了澆水、換水外，還要對客人說明照顧方法、配合要求製作花束。透過花朵滋潤客人的心、讓特別的日子增添色彩等。

🖊 進入花店。取得進貨時會用到的「普通汽車駕照」，或是學過插花較為有利。

✨ ❶ 不怕冬天碰水、能夠搬運沉重花盆的「野草韌性」。❷ 具備花的季節、花語等知識，擅長包裝花束的巧手能力。

😄 父親節收到花束的客人開心的說：「這是我那個住在遠方的女兒送我的。」

093 【鐵路車輛駕駛員】

📋 駕駛火車，將乘客安全且準時的送到目的地。做完車輛檢查後開始駕駛，為保持專注力，每隔數小時就要換到其他車輛繼續駕駛。透過正確的駕駛行為，為通勤上班族及學生等大眾提供便利的日常生活。

🖊 進入鐵路公司，擔任站務員或車掌，各累積幾年經驗後，接受培訓，取得「動力車操控者駕駛執照」。

臺灣資訊
請見286頁

✨ ❶ 穩定駕駛，保護乘客安危的「讓乘客舒適的駕駛技術」。❷ 不辜負喜愛電車的小朋友，當一個又帥又酷的大人。

😣 隔天要開清晨第一班車，害怕遲到而忐忑不安。

094 【臨床心理師】

📄 傾聽有心理問題的患者的心聲，進行心理檢查及各種心理治療，引導患者自己解決問題。常用的治療方法有「找出思考的壞習慣」、「透過改變行為來改變心理」等。活躍於醫院、學校、福利機構、一般企業等。

🔍 從特定的大學研究所畢業後，通過「日本臨床心理師資格認定協會」實施的「臨床心理師資格審查」。

臺灣資訊請見286頁

✨ ❶ 尊重每個人的心，不隨便貼標籤。❷ 從各種角度確認對方心理狀態的「心理健康觀察力」。

😄 經驗越來越豐富，確實感受到恢復健康的患者越來越多。

095 【列車長】

📄 待在電車的最後一節車廂，協助駕駛員安全且準時的駕駛。在中途停靠站要負責車門的開關、到站廣播，在行進中則負責目的地及轉乘等相關資訊的廣播。也要處理車廂內的突發狀況。

🔍 進入鐵路公司，先擔任 1～2 年的站務員，然後參加車掌考試，通過考試後再接受訓練。

✨ ❶ 不忘初心，即便一直重複做同樣的事，仍能保持樂觀的心態及專注力。❷ 能夠迅速處理事故、緊急病人等的「臨時應變能力」。

😄 向乘客廣播：「右手邊可以看見彩虹。」於是旅客全部展露笑容。

096 【公車司機】

📄 駕駛公車於城市中奔跑，在中途停靠站讓乘客上下車，最後開到目的地。也有在觀光地區繞行的觀光巴士、走高速公路將乘客送到遠方的長途巴士等。除了駕駛外，開車前要檢查車輛、確認路線，開完車要檢查車上有無遺失物品、加油、洗車等。

🔍 進入公車客運公司，取得「普通汽車駕駛執照」，以及駕駛大型巴士載客所必備的「大型汽車第二種駕駛執照」。

臺灣資訊請見286頁

✨ ❶ 讓乘客坐公車彷彿坐高級轎車般的「一流的駕駛技術」。❷ 還沒發生事故前就注意到的「超廣角視野」。

😄 放完長假後再看到公車，想著「我會開這麼大的車子啊！」

097 【不動產銷售人員】

📄 協助客人購買「家」這個龐大的物品。尋找並介紹符合客人期望的家，帶客人到現場參觀；決定購買後，則與房屋主人簽約。也有搓合想租房子和想出租房子的人，稱為「租賃仲介」。有時也會購買大樓或公寓再轉售。

🔍 進入不動產公司，分配到銷售部門。取得「宅地建物交易士」國家資格較有利。

臺灣資訊請見286頁

✨ ❶ 將物件的優缺點誠實告訴客戶。❷ 立即看出房子的優點，取得屋主信賴，讓屋主能放心委託的能力。

😣 介紹好多間房子，但客戶都不滿意，弄不懂客戶到底想要什麼。

098 【速食店店長】

📄 經營「速食店」，以合適的價格快速提供食物和飲料。客人點餐後結帳、製作餐點及飲料、送餐到客人桌上，還要打掃店內、採購食材、管理工作人員的排班等。提供一個人人皆可輕鬆來店用餐的場所。

🔍 通常都是先到店裡打工，獲得認可後成為正式職員，或是進入總公司後再派遣到其他分店。

✨ ❶ 打造愉快氣氛，讓客人和工作人員都感到愉悅。❷ 培養優秀員工，永遠對客人提供最佳服務。

😣 人手不足，必須一直長時間工作。

099 【手機店店員】

📄 在手機販賣店工作。聽客人敘述目前使用手機的狀況，以及未來希望使用的狀況，然後介紹符合他需要的機種及資費方案，辦理簽約手續。有時也會開設「手機教室」教導手機的功能及使用方法，也會給予修理方面的意見。

🔍 進入手機公司或銷售手機的代理店。

✨ ❶ 了解複雜的資費方案，提供客人最佳建議。❷ 馬上學會新機種操作方式的「超強 3C 學習力」。

😣 被上司不斷要求業績時。

▶ 事務所

100

不動產估價師

嗯，老實說，我明白高橋想要土地價值再少一點的心情，這樣他從他父親那裡繼承土地所要繳的稅才能便宜一點。可是，我查來查去，那塊地就是漲價了。真不知怎麼跟他說……

這應該是很公道的價格了……

101

記帳士

今野開設新出版社的法人登記，這樣文件就都齊全了。咦？這個事業內容的最後面寫的「銷售泡菜」是怎麼回事？是指以後也要賣泡菜嗎？

102

海商法律師

得趕緊整理好文件送到港口去！客人的船就要開了！

快快快！

103

專利師

什麼？發明這個的竟然是位小學生，好棒的創意啊！讓我更有精神來準備資料文件了！

這裡都是協助別人代辦事情的人。

104　稅務律師

哇，稅制又改了嗎？！為什麼要在年度決算前改呢？該如何跟負責報稅的人解釋呢？

105　地政士

都這個時候了，川原建業那邊，不去換建設業營業執照不行了。去的時候，順便帶川原先生喜歡的柿種米菓去吧。

106　社會保險勞務士

「假日查看工作郵件，不算在工時裡面吧？」怎麼會？如果會耽誤工作的話，當然要算進工時裡！這點我得好好跟社長解釋清楚。

107　會計師

川原建設公司每次都幫我們準備好大的桌子，真是感謝啊！這樣資料容易攤開，也就容易檢查了。就先確認他們與瀨下板金的交易金額吧……

100 【不動產估價師】

📋 調查土地、建物的實際價值，正確鑑價，維持經濟穩定。委託人多半是想抵押土地向銀行借錢的人、想收購土地的政府單位。負責到政府機關及法務局確認文件、到現場查看建物狀態及周邊環境等，然後下判斷。

✏️ 具備「不動產估價師」國家資格。在大學、補習班等學後取得資格，進入不動產鑑定事務所或金融機構等。

💡 ❶ 明確出示評估根據的「有憑有據的說服能力」。❷ 調查得比現有資料更清楚的「資訊查找能力」。

😄 鑑定的土地價格被政府採用並設為「公告地價」。

101 【記帳士】

📋 代替成立新公司的人或購買土地的人辦理法律相關手續。製作要向法院、檢察廳、法務局等提出的文件，以及對有遺產問題或債務問題的人提供意見，協助解決。

✏️ 通過「記帳士證照」考試。在大學的法學系、經營及經濟學系，或是專門學校學習後取得資格，進入司法書士事務所，也可進入法律事務所、企業的法務部門等。

💡 ❶ 製作完全合乎法律的文書能力。❷ 擁有以法律為護欄的處理能力，用法律盾牌保護顧客。

😄 客人開心的說：「沒想到會進行得這麼順利！」

102 【海商法律師】

📋 接受海上運輸業、造船公司、個人船主的委託，代辦船舶所有權登記、船舶執照，還要檢查船隻、製作文件等。扮演船主與行政單位之間的橋梁，從法律面守護海上的和平與安全。

✏️ 具備「海事代理士」國家資格。在大學法律系學過海洋及船舶相關知識較為有利。

💡 ❶ 處理船舶這種巨大且高價物品的「謹慎能力」。❷ 喜歡大海並且想守護大海安全的想法。

😣 必須在船靠港的短暫時間內處理完大量的手續。

103 【專利師】

📋 接受發明新產品、新技術的人或公司的委託，代辦不容被隨意模仿的「專利權」手續。首先是調查是否真為新產品或新技術，然後製作申請用的文件、商品化的設計圖等，提交給專利局，保護無形的「智慧財產」。

臺灣資訊請見286頁

✏️ 具備「專利師」國家資格。通過考試後接受實務訓練。很多人是進入專利事務所、廠商的法務部門等。

💡 ❶ 為爭取專利，不惜數度重新製作文件，持續挑戰成功的能力。❷ 馬上學會最新技術及專業知識，並用文字清楚表達的能力。

😄 辛苦爭取到專利的商品，在超市列為「熱銷商品」而大賣時。

104 【稅務律師】

📋 我們都要繳稅給政府，讓政府照顧我們的生活。稅理士就是針對稅金向客戶提供意見，或是代替做生意的自營業者、公司，製作稅務相關文件、申報稅金等。

✏️ 具備「律師」國家資格。通過考試後，在稅理士事務所工作兩年以上。多半是曾在大學法律系、經營及經濟學系學習過相關知識的人。

💡 ❶ 能將金額等數字流暢地輸入大腦的「數字記憶能力」。❷ 充分消化艱澀的資訊，簡單明瞭表達的「稅務解說能力」。

😣 即便工作上手了，要學的東西依然很多，很辛苦。

105 【地政士】

📋 接受個人或公司的委託，製作要向政府提出的文件，代辦各種複雜的手續。從「想開公司」、「想開餐飲店」等商業相關事務，到「想繼承父母的遺產」、「想賣土地」等生活相關事務，可說是代辦各種手續的專家。

✏️ 具備「行政書士」國家資格。在大學法律系、經營及經濟學系，或是專門學校等學習後取得資格，進入行政書士事務所、企業的法務部門或總務部門。

💡 ❶ 用公家單位的文件滿足客戶希望的能力。❷ 不論什麼案件狀況，都能立即判斷處理的能力。

😄 協助代辦手續後，客戶終於開始迎接新生活時。

106 【社會保險勞務士】

📄 「社會保險」是一種國家政策，保障萬一有人因生病而無法工作、因失業而沒有收入時，也能領到某個程度的錢。公司職員每個月會從薪水扣除該保險費，繳交給政府，但金額因公司、因人而異；社會保險勞務士的工作就是幫忙計算金額、代辦手續、提供意見。

◈ 具備「社會保險勞務士」國家資格。通過考試後，累積兩年以上實務經驗，或是參加指定講習。通常是進入企業的人事部門或總務部，也有人是獨立創業。

⚡ ❶ 關於複雜的勞動問題，能夠做出正確見解的判斷能力。❷ 俐落地完成每一名職員的請領保險文件的「高效事務能力」。

☹ 法律及政策一改再改時。

107 【會計師】

臺灣資訊
請見286頁

📄 從金錢方面檢查公司是否誠實正派經營。當公司公告可看出今年收益金額的決算書時，檢查各種財務報表，確認數字是否正確，有時候需要實際到該公司查核。

◈ 具備「公認會計士」證照。很多人是在會計公司工作。

⚡ ❶ 詳細確認瑣碎數字的「精算檢查能力」。❷ 請客戶協助確認金錢流向，能維持剛剛好的「信賴感與緊張感」。

😄 能從內部窺探各行各業面貌的時候。

認真工作宇宙人

職業名稱

生物成長研究者

工作內容

記錄並分析一切有機物的成長狀況。這個工作當初是從研究蛹型生物的生態來的，目前則是在進行各式各樣的生物分析。他們會在星球上移動，仔細觀察該生物在何種環境下如何成長、如果條件改變會產生何種變化等，同時，他們還會自動變成該研究對象的體質和外型，實際體驗其成長過程，藉此蒐集資料。

具備資格

進入設有成長研究科的銀河系學術研究室，當教授的學生逐漸累積成績。

特殊能力

❶ 對任何生物都保持敬意的「極致的博愛精神」。
❷ 擬態成其他生物的期間，依然能保有自我的「超強的精神力量」。

開心的時候

擬態成某種生物時，體質變得怎麼吃也吃不胖的時候。

＊這位宇宙人出現在書中的哪些地方呢？找找看吧。

108 【理財專員】

📋 為客戶的財務問題提供意見,例如增加資產的方法、如何準備購屋資金等。針對客戶想知道的事,在了解他的收入、家人狀況、人生規劃等資訊後,提出最佳的方案。

📝 取得「理財規劃技術士」資格或「認證理財規劃顧問」、「理財規劃顧問」資格。有些人在銀行、保險公司、證券公司工作,有些人獨立創業。

臺灣資訊請見286頁

✧ ❶ 仔細向客戶說明,讓客戶能具備自行判斷的能力。❷ 看出客人不安的癥結所在,並主動解決的「果決處事能力」。

😄 客人表示:「多虧那時候找你商量,我才能擁有現在的房子!」

109 【銀行辦事員】

📋 保管客戶金錢的「存款業務」、借錢給企業或個人的「貸款業務」、將錢從一個戶頭轉到另一個戶頭的「轉帳業務」等,讓社會上的金錢能夠流通順暢。分為營業部門和審查部分。

📝 進入銀行。通常負責處理企業業務的「綜合職」需要大學畢業,擔任窗口的「一般職」則高中畢業即可。

臺灣資訊請見286頁

✧ ❶ 不容許出錯或違法的清廉能力。❷ 兼具處理一圓的細心及處理一億圓的穩健能力。

😄 因為相信社長的人品而借錢給他開工廠,如今業績大好而不時收到對方的感謝。

110 【證券公司職員】

📋 接受想買賣股票的人的下單,收取手續費後,將買賣訊息告知實際進行交易的「證券交易所」,讓交易成立。證券公司本身也會買賣股票,或是保管企業的股票並尋找買家。此外,也會向客人推薦股票、提出運用建議等。

📝 進入證券公司。必須取得可以交易股票的「證券外務員」資格。

✧ ❶ 隨時追蹤經濟及世界動態,持續學習的能力。❷ 擁有讓人安心的能力,贏得客戶信賴。

😄 起初完全沒興趣的客戶,經過介紹後開始投資。

111 【基金經理人】

📋 「基金」這種機制,是從許多客戶那裡蒐集資金,用來買賣各種企業的股票,再把賺得的錢分給客戶。基金經理人的工作就是擬定採購哪些股票的計畫後向客人提案,然後執行。

📝 進入投資信託公司、證券公司、保險公司等,累積足夠經驗後,被公司選上而升任。

✧ ❶ 隨時觀察研究世界經濟、企業相關資訊的「金融趨勢蒐集能力」。❷ 符合投資人、公司高度期待的能力。

😟 承受「不能讓客戶賠錢」的壓力。

112 【證券投資分析師】

📋 當想買賣股票的「投資人」表示「想買△股○○公司的股票」時,站在其與實際進行買賣手續的「交易員」之間,讓交易成立。為了不讓客戶賠錢,必須每天緊盯國內外新聞及隨時變動的經濟狀況,預測價格波動趨勢而提出建議。

📝 進入證券公司、銀行,累積經驗後獲得認可。需具備「證券外務員」資格

✧ ❶ 看準最佳時機而完成交易的「快狠準決斷力」。❷ 擁有膽大心細的執行力,慎重且大膽運用龐大金額。

臺灣資訊請見287頁

😟 因為一次的失敗就被調職。

113 【人壽保險公司職員】

📋 銷售「人壽保險」等商品,當不幸遇到生病、受傷、死亡等事故時,因為事先繳納一定的保險費,於是可以拿到一筆賠金。提出符合企業或一般大眾的保險計畫、確認申請理賠的客戶是否符合條件、管理收來的保險費等,各部門各有不同的業務。

📝 進入人壽保險公司。依工作性質不同,有些公司要求必須大學畢業。

✧ ❶ 因為是無形的商品,因此更該具備讓人們對未來感到安心的提案能力。❷ 站在客戶立場思考最佳方案的「貼心實踐力」。

😟 因為拿不到合約而失去自信。

114 【精算師】

📄 開發新保險商品時，幫保險公司預測將來要支付的保險金，然後決定客戶加保時應繳交的保險費金額。為此，必須蒐集分析各種資料，以預測今後有多少機率發生事故、生病、災害等，以及經濟將會如何變化。

◆ 通過「精算師資格考試」，接受訓練。要通過所有考試科目須花費兩年以上的時間，因此一般都是邊在保險公司工作邊準備考試。

✧ ❶ 再怎麼複雜的分析結果都能精簡表達的「理解能力」。❷ 從單純的數據資料解讀出其中意義，然後運用在實務上的能力。

☹ 自認很難不因判斷上的小失誤而給多數人造成麻煩，因此感到壓力山大。

116 【信用卡行銷專員】

📄 發行可先購物後付款、可以借錢的「信用卡」，讓客戶購物更方便。審查申辦信用卡的客戶是否能夠確實還款、管理卡片以避免淪為犯罪工具、思考附加的服務以爭取更多使用者等，業務種類相當多。

◆ 進入信用卡公司。

✧ ❶ 保管客戶重要資料的「工作信用能力」。❷ 處理等同金錢般重要物品而必須具備「視客戶如親人般的應對能力」。

☹ 推薦店家導入信用卡付款系統後，對方抱怨：「沒辦法刷卡！」

115 【產物保險公司職員】

📄 銷售「產物保險」這種商品——當不幸遇到交通事故、地震、偷竊等生活中的麻煩時，因為事先繳納一定的保險費，於是可以拿到一筆理賠金。進行受害狀況的調查、協助解決問題等。

◆ 進入產物保險公司。處理產物保險必須通過「產物保險業務員考試」，通常是進入公司後再參加考試。

✧ ❶ 能夠因應時代，將客戶的不安化為安心。❷ 客戶有困難時能夠將心比心。

😄 用心提出的方案，讓客戶的公司免於破產時。

117 【保險鑑定員】

📄 投保產物險的客戶開車遇到車禍時，調查車禍原因、現場狀況、車子狀態等，以便算出理賠金額。要到車禍現場、汽車維修廠去詳細調查，然後算出損害金額、維修費用等。若與其他車輛相撞的話，就要與對方溝通雙方各付的金額等。

臺灣資訊請見287頁

◆ 取得「汽車維修技術員」國家資格，或是在維修廠工作後，進入保險公司、相關調查公司，取得「保險鑑定員」資格。

✧ ❶ 不論對象是誰，都能溝通無礙的「判斷及交涉能力」。❷ 持續學習汽車最新技術、保險與法律相關知識的「專業知識吸收力」。

☹ 客戶說的內容與現場調查結果不符，無法釐清事實真相。

什麼是「金融」？

　　銀行、證券公司等業界稱為「金融業界」。「金融」就是「金錢融通」，指有錢的人和缺錢的人互相產生借貸行為。

什麼是「股票」？

　　公司發展事業需要龐大的資金，於是發行「股票」，請支持該公司的人購買股票讓公司籌募到資金。公司賺錢的話，會把一部分獲利分給購買股票的人。

什麼是「證券」？

　　證券就是證明「我有財產上的權利」的一種證明書。「股票」也是證券的一種，可證明擁有該公司財產的權利。日本的證券是在日本國內四大「證券交易所」進行交易，而且只能透過證券公司進行買賣。

127

環境監測人員

這條河川目前有許多生物棲息，但施工方式要是不對，說不定水質會加惡化……

128

造園景觀技術士

眞是的，每天都下雨，還好目前看來進度還是趕得上，好險我去年有發現，把施工進度調整得寬鬆一些　。

125

嗅覺判定員

嗯，風向改變，臭氣指數就會升高，這點要好好跟上面報告。

126

建設顧問

嗯，計畫進行下去會浪費很多錢，應該要配合山的地形來施工，才能減少開銷。

Stop the Sand
院座山

129

重型機具操作員

如果能開發出像雙手那樣可以做細部動作的重型機械就好了，看來是考驗我技術的時候了！

118 【市議會議員】

📋 出席市議會，制定該市自治條例及預算用途，向市長質詢或表達意見，監督市府是否認真為市民做事。

🔖 符合「年滿25歲以上的日本國民」、「在該選區居住3個月以上」等條件。向政府繳納「供託金」（30萬圓，政令指定都市則為50萬圓）以成為市議會議員選舉候選人，當選後即成為市議會議員。

✨ ❶ 明知沒有十全十美的政策，但只要認為該政策有其必要，便全力促成的「信念」。❷ 站在市民立場關注城市課題，擁有從市民角度出發的能力。

😀 用心提案的想法終於成為「條例」。

臺灣資訊請見287頁

119 【市政府職員】

📋 在市政府協助市民大小事的工作。大致分為「事務類」：辦理各種手續、災害對策、教育與福利相關事務等；「技術類」：興建學校與公民會館等公共設施、計畫與管理道路工程等。

🔖 通過各縣市的地方公務員任用考試。考試分為「大學畢業程度（高級）」、「短大畢業程度（中級）」、「高中畢業程度（初級）」，各有特定的職別。

✨ ❶ 面對市民的提問，能夠親切解說清楚的「知性」。❷ 不斷將複雜手續予以簡化，讓民眾感到方便。

😀 舉辦「和在地的外國人一起下廚」活動，結果盛況空前。

120 【市長＊】

📋 一座城市的行政首長。為了讓居民可以安居樂業，向議會提出該市自治條例及預算案，通過後即確實執行。運用市民的納稅錢來充實福利制度，以備地震、颱風等災害發生之需，負起照顧市民、守護市民安全的責任。

🔖 候選條件為「年滿25歲以上的日本國民」。向政府繳納「供託金」（100萬圓，政令指定都市則為240萬圓）以參加市長選舉候選人，當選後即成為市長。

✨ ❶ 擁有決斷力，能帶動市政府職員、在地企業等。❷ 熱愛城市，且深受市民喜愛的「魅力四射能力」。

😀 看到傍晚商店街人潮洶湧時，打從心裡覺得：「這城市好棒！」的時候。

臺灣資訊請見287頁

121 【環境顧問】

📋 接受國家、地方政府或企業的委託，例如要蓋一座大水庫的話，就要事先到現場勘查，蒐集「附近生態保育」等資料，分析並報告該工程對自然環境的影響等。

🔖 進入專門處理自然環境事務的顧問公司、研究機構等。通常大學主修環境學、生物學等科系。

✨ ❶ 邊打造城市邊保護自然環境的「平衡感」。❷ 具有遠見，能想像一百年後城市樣貌的「長遠觀點」。

😟 困在想保護環境的居民與想開發環境的居民中間，成為夾心餅乾時。

122 【社會福利人員】

📋 在社福機構或相關部門工作，支援因生病、貧困而無以為繼的人。傾聽民眾生活上的種種困擾，調查後，協助辦理進入福利機構的手續、申請生活保護的手續等。

🔖 在大學修過必要科目學分且畢業，或是取得訓練機構的認證後，具有「社會福利專員」的任用資格，並通過各地方政府的公務員考試。

✨ ❶ 設身處地傾聽案主痛苦的「將心比心能力」。❷ 對家屬進行關懷並提供必要協助，關注弱勢族群的「正義使命感」。

😀 協助辦理入住安養設施的繁複手續後，對方不停的道謝時。

123 【財務專員】

📋 在「財務省」（195頁）的地方單位「財務局」工作，有效運用該地區的「國有地」（國家持有的土地），並確認國家撥下來的資金是否運用得當等。發生災害時到現場勘查，決定復原所需要的經費；指導該地區的金融機構營運；調查該地區的財務狀況，向中央政府報告等。

🔖 通過國家公務員任用考試的「財務專員任用考試」，然後獲得分布在全國各地任何一處的財務局、財務事務所任用。

✨ ❶ 為增加政治、經濟等廣泛知識而須具備的「勤勉學習力」。❷ 讓現在和未來的市民都能獲得幸福的「對城市的愛」。

😀 長年封閉的國有地變成一棟新的文化機構。

125 〈嗅覺判定員〉

📋 當公司、工廠等地方散發出令人不舒服的氣味時，前往調查該氣味的種類與濃度，查明氣味的來源，以解決民眾困擾的「氣味專家」。到調查現場後，用機器和自己的鼻子找出氣味的原因，並提出解決建議。

◈ 通過筆試及嗅覺檢查（能分辨各種氣味），取得「臭氣判定士」國家資格。有些人是在環境調查公司、化學藥品公司、食品香料廠工作。

⚡ ❶ 從各種角度進行調查，追究原因的「鼻偵探能力」。❷ 平時經常鍛鍊嗅覺，聞過就不會忘記的「氣味記憶力」。

😄 對某家豬舍提出改善建議後，對方說：「現在味道變得好多了。」

126 〈建設顧問〉

📋 當政府進行道路、橋梁、水壩等工程時，從事前的調查、擬定計畫就開始參與，並對工程設計、技術性問題提出建言。對打造一座防災且友善環境的城市做出貢獻。

◈ 進入專門處理建設事務的顧問公司。在理工大學或專門學校學過「設計」、「土木」、「地質學」等，取得「技術士」、「建築士」、「測量士」、「土木施工管理技士」等國家資格較有利。

⚡ ❶ 擬定縝密的計畫，避免進度或預算上出差錯的「務實思考能力」。❷ 因為動用龐大預算而必須讓對方確實接受的「超強說服力」。

😄 用心計畫建設的道路，歷時五年終於開通時。

127 〈環境監測人員〉

📋 調查空氣、水、泥土中是否含有害物質，檢測道路、機場、工廠等地是否噪音、震動過大。接受縣市政府或企業的委託，到現場採集水、泥土等的樣本，然後進行分析、整理結果。

◈ 通過「環境計量士」國家資格，或是在「國立研究開發法人產業技術綜合研究所」這類機構接受訓練，然後在專業公司及地方政府工作達一定的年資，累積經驗。多數人是在測量公司、環境調查公司工作。

臺灣資訊請見287頁

⚡ ❶ 即便工作很單調，仍願意為了保護環境而一絲不苟的「達人精神」。❷ 能正確處理繁瑣的數字，提出對地球更友善的結論的「正確分析能力」。

☹ 對方不明白調查的必要性，竟然說：「不想花錢在這種事情上面。」

128 〈造園景觀技術士〉

📋 指揮造園工程現場的「造園負責人」。為公園、學校、道路、大樓頂樓的綠化工程擬定計畫，準備必要的材料、在現場對工作人員下達指示，讓工程順利進行。也要針對工程內容提出報告、製作估計會花多少費用的估價單。

◈ 在大學、高中、專門學校的土木工學、園藝學等指定學科畢業，進入造園公司，累積一定期間的實務經驗後，通過「造園施工技術士」國家考試。

⚡ ❶ 想像庭園的施工狀況及完成樣貌的「腦內造園能力」。❷ 重視植物及工作人員的「守護生命能力」。

☹ 因天候惡劣而工程延宕，不得不請求工人加班趕工時。

129 〈重型機具操作員〉

📋 在施工現場操作機具，完成人力難以進行的作業。因應需要而操作挖土機、起重機、自動卸貨卡車等，進行除雪作業、災害復原作業等。

◈ 除了具備「大型特殊汽車駕照」外，還須具備該重型機器的駕駛資格。例如操作挖土機須具備「車輛類建設機具駕駛技能者」資路，駕駛自動卸貨卡車的話，則需有符合該大小及種類的駕照。

⚡ ❶ 想像「這樣操作，機器就會這樣動」的能力，彷彿「機器的手腳就是我的手腳」。❷ 一點點判斷延誤就會釀成大禍，因此須具備「緊張感與專注力」。

☹ 不論酷熱或嚴寒，都得在戶外長時間專注駕駛的時候。

* 這裡是用「市長」為例，但換成東京 23 區的話，就是「區長」，換成鄉鎮村的話，就是「鄉長」、「鎮長」、「村長」。此外，「市議會議員」、「市政府職員」也一樣，「市」的部分會依各地方單位而改變。順帶一提，日本「都道府縣」的首長稱為「知事」，是由該都道府縣的居民選舉出來的。

嗶一 嗶一 嗶一 嗶一 嗶

啊！

怎麼了？
怎麼了？

嚇我一大跳……
是那個嗎？

NO DATA

....

果然，這好像是一種全新的工作。
裡面沒有資料，所以要先登錄進去
才行。操作手冊在……

全新的工作？

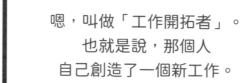

嗯，叫做「工作開拓者」。
也就是說，那個人
自己創造了一個新工作。

咦，創造新工作？
明明就有這麼多工作了，
為什麼還要自己再創造新工作呢？

但是所有的工作，都是因為人類有所需
求，才會有人去做啊！

宇宙瞬移士這個工作，也是
從前從前不知道哪個人想到
才有的。

原來如此啊！

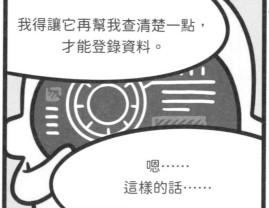

我得讓它再幫我查清楚一點，
才能登錄資料。

嗯……
這樣的話……

ZOOM UP

NEW DATA

....

工作開拓者

PROFILE

1986 年出生。2009年多摩美術大學資訊設計系畢業後，成為一名設計師。2013 年開始成為「視覺圖像紀錄師」。

同年，以「使用者體驗設計師」（158 頁）的身分進入雅虎公司。2019 年在東京藝術大學設計系資訊設計室修完碩士課程。目前在多摩美術大學資訊設計系擔任專任講師，教授媒體設計相關課程。著有《一看就懂的會議圖表紀錄法！》一書。

POINT 用圖畫表達的樂趣╳商業

NAME 視覺圖像紀錄員（Graphic Recorder） 清水淳子

JOB 在商議討論的場合，用圖像將議論內容即時記錄下來，扮演與會者之間的溝通橋梁。

NEW DATA

什麼是「視覺圖像紀錄」？

人與人的溝通不只用文字，還會用圖表來表現，是讓對話更順暢的一種技術。例如在會議室的牆壁上貼上一張大紙，將發言的內容、討論的重點用文字及插畫記錄上去。這種記錄方式除了用在會議、活動等很多人參加的場合，最近也廣泛應用在話劇、美術、病人的照顧上。

開始使用的契機

在之前工作的公司，有時會出現開會討論不順的情況。由於眾人意見分歧，我就用圖表把這些內容整理出來，結果發現比用言語或文字更有利於溝通。這個經驗告訴我，把所有意見匯整在一大張紙上，亦即視覺化以後，溝通就會更順暢了。

接下來的夢想

繪畫不光是我的興趣而已，它也是一種溝通技術，有助社會發展。我想讓更多人知道視覺圖像紀錄這件事，讓更多人可以好好運用它。最近我接了一些工作，就是在教保母、學校老師等各種職業的人，運用視覺圖像紀錄這項技術。

開心的時候

大家邊看著我畫的圖邊熱烈討論時。我看過好多次了，不論是老手或菜鳥，都能一邊看著我做的視覺圖像紀錄一邊討論，而且異常熱烈。用圖案的話，可以表現出與會者講不清楚，但非常用心的瞬間。我認為視覺圖像紀錄是一種全新且十分有效的人際溝通方式。

小時候……

喜歡電玩、漫畫、動漫！我的好奇心很強，只要感興趣就會去做。換個角度說，我只做喜歡的事情。

MESSAGE

將圖表當成一種溝通的語言吧！

清水淳子

130

美術人員

常動來動去的部分果然很容易壞啊，得補強一下。拜託，要給我好好撐到節目結束啊……

133

音樂會統籌

什麼！當天的票全部秒殺？天啊，我整個在發抖！

能不能拿十張公關票出來賣？

135

這首歌很熱血喔！

音控師

擔任和聲的眞由美老師，今天的聲音眞好啊！大家都很投入，我也得使出渾身解數了。

134

舞台監督

下一首歌曲很紅，我想往前面一點的話，歌迷會很開心。畢竟已經睽違五年了。

站的位置再往前一點！阿山，把位置標一下！

了解。

131

音樂家

啊，這天終於來了。一直寫不出好詞，讓大家久等了，但還是有很多不離不棄的粉絲，感謝大家！

132

音響人員

小林已經好久沒跟雅人一起演出了，結果太興奮，差點把好多東西都弄壞。我看這個鼓皮已經用得很舊了，是不是換一下比較好……

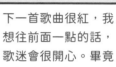

好，正式時就這樣做！

136 燈光人員

剛剛打聚光燈的時間恰到好處！高橋，厲害喔！

好的，我這就去！

138 音樂會人員

把這個送到雅人的休息室後，接著要確認商品的銷售狀況、引導客人……啊，我要昏倒了！但現場演唱會當天就是這麼忙啊！

137 音樂記者

能讓我看彩排的狀況真好。我一定要寫出這種興奮感。五年不見了，雅人的氣場還是那麼強大！

好的！

139 藝人與製作部（A&R）

五年……好久啊，雖然他沉寂了一段時間，但幸好我們都相信他的才華。這場演唱會，與其發表新歌，更要好好賣專輯，嗯，非大賣不可。

141 服裝設計師

剛剛彩排時，雅人的衣服好像有點綁手綁腳，我把袖長改短一點好了。還有，衣服的顏色跟燈光有點撞色，得拜託燈光師幫忙調整一下。

140 樂器設備管理員

今天比較潮溼，音程容易亂掉。這孩子很認真在調音呢。

130 【美術人員】

📋 製作或準備要在音樂會、話劇、電視、電影上所呈現的背景、裝置、裝飾物、演出者使用的小物等。首先，與導演討論後畫出設計圖，定案後開始製作。街道等龐大的物體需在劇場外製作，於正式演出前搬進場內組裝。

✏️ 進入美術製作公司或電影電視節目的製作公司。有些人是先在美術設計大學或專門學校學習過。

☆ ❶ 先在紙上繪圖，想像立體成型的模樣，再透過團隊製作出來的「合力 3D 化能力」。❷ 深度理解作品的背景後提出構想的「超乎期待創意」。

☹️ 費盡千辛萬苦才把亂七八糟的點子製作成型，結果大家沒看到製作的辛苦，卻說：「想出這個創意的人太棒了！」

131 【音樂家】

📋 從事表演歌曲或演奏樂器的工作。在音樂會或電視、廣播上表演，製作及銷售CD，透過網路發表音樂作品等。除了作詞、作曲、演唱及演奏以外，也會在其他音樂家的音樂會或錄音時擔任演奏者，活動方式相當多元。

✏️ 參加比賽或徵選活動，也可以將作品寄給唱片公司，或是上傳到影音網站的歌曲，而受到注目等等。

☆ ❶ 身上流的不是血而是音樂的「熱愛音樂創作能力」。❷ 不論做什麼都在打拍子，「隨時隨地都在節奏中的能力」。

☹️ 深具信心發表的歌曲卻乏人問津。

132 【音響人員】

📋 在音樂會、音樂節目、錄音時，負責「聲音」相關工作。從麥克風的準備，到設置喇叭、準備調整音量音質的器材、確認排練時的聲音並進行調整、正式演出時負責操作器材及排除障礙等。

✏️ 進入專門負責音響工作的公司、錄音公司、電視節目的製作公司、錄音工作室等。許多人是從音控師的助理做起。

☆ ❶ 能夠搬運沉重的機器設備，耐得住長時間排練的「知識力、體力、意志力」。❷ 如此忙碌中，依然具備追求完美聲音，「培養耳朵品味的能力」。

☹️ 正式演出時，喇叭突然發不出聲音而且原因不明，讓人捏一把冷汗。

133 【音樂會統籌】

📋 從音樂會的企劃、準備到當天的演出，全部參與。決定開音樂會後，負責預約場地、安排進度、尋找演出時的工作人員、對外宣傳、銷售門票等。

✏️ 進入活動企劃及製作公司。許多人先在大學或音樂專門學校學習過。

☆ ❶ 堅持讓觀眾開心的 The Show Must Go On 執著。❷ 認定凡事仔細確認才能帶給大家幸福，秉持一切努力都是為了台上一分鐘的心態。

😄 舞台的聲音與觀眾的聲音合而為一，全場振奮，自己也很振奮。

134 【舞台監督】

📋 在音樂會或活動上，指揮音響、燈光、美術等各領域的工作人員，讓演出順利成功的「現場指揮官」。為了實現導演的構想，與演出人員及幕後工作人員一起討論各種前置作業，參與排練，正式演出時，則要處理突發狀況，力保演出順利。

✏️ 在大學或專門學校學習舞台、美術、話劇後，進入音樂會及活動的製作公司、劇團，多半從舞台監督的助理做起。

☆ ❶ 信任工作人員，一邊交辦工作，一邊激勵團隊的「幕後領導能力」。❷ 能立即對導演、演出人員的要求做出反應的「應對如流能力」。

😄 公演最後一天結束，撤走所有設備後，看到空空的大舞台，感到些許落寞卻又很開心。

135 【音控師】

📋 調整從麥克風出來的歌聲及樂器聲音的平衡，以及操作透過喇叭將聲音傳至整個音樂廳的音控設備。和演奏者、舞台監督等討論後，調整聲音的平衡，讓聲音傳至四面八方。

✏️ 在音響類專門學校或電子工程類大學學習知識與技能後，進入專門處理音樂廳、音響設備的公司，多半先從音控師的助理做起。

☆ ❶ 熟知所有聲音，能立即調出所要求聲音的「將語言轉換為聲音的能力」。❷ 掌控現場所有聲音的「聲音王者能力」。

😄 演出者認為自己的聲音能完美呈現而向自己道謝時。

136 【燈光人員】

📝 在音樂會、話劇、時裝秀等舞台或電影等的影像作品中操控燈光。與舞台監督、導演等人討論，決定如何配合歌曲及情景使用不同的燈光效果，以及什麼時機變換燈光效果等，準備及設置必要的器材。正式演出時，必須逐一正確的操作燈光。

📎 進入專門處理照明作業的公司或活動製作公司。有些人會在專門學校學習燈光、舞台藝術。

✧ ❶ 用燈光傳達作品內涵及訊息的「光彩說服力」。❷ 正式演出時，即便發生意料不到的事，仍能愉快應對的「興致高昂隨機應變能力」。

😄 燈光效果的時機，與台上台下的呼喊回應配合得剛剛好，全場嗨翻天時。

137 【音樂記者】

📝 撰寫關於音樂的報導。運用自己的知識及感性，寫出音樂會的採訪、音樂家的訪談、歌曲的感想與評論等文章，發表於雜誌、網路上。有時也會接受委託撰寫CD的內頁說明等。

📎 進入音樂雜誌出版社或編輯製作公司等，或者當音樂資訊網站的撰稿人，累積經驗後可獨立接案。

✧ ❶ 想要深度理解音樂及音樂家的「追根究柢能力」。❷ 歌曲的意境、會場的氣氛等，將這類無形事物用文字表達出來，「讓人身歷其境的寫作能力」。

😄 讀者說：「讀完你的報導，我開始喜歡這位音樂家了。」

138 【音樂會人員】

📝 從各方面協助音樂會進行。音樂會當天要做的事情很多，例如準備好舞台及觀眾席，銷售音樂會周邊產品，受理觀眾入場、引導觀眾入座，發送傳單、會場警備，甚至是準備演出人員的餐飲，活動結束後的打掃等。規模較大的音樂會則是從前一天就要開始準備了。

📎 進入活動企劃及製作公司，或是登錄專門派遣活動工作人員的公司。

✧ ❶ 小問題的話，能夠靈活應變並且自行解決的「超強問題處理能力」。❷ 讓演出者愉快的站上舞台的「全方位準備能力」。

😄 從前只能當粉絲遠觀，現在可以近距離看到崇拜的偶像。

139 【藝人與製作部】（A&R）

📝 製作並銷售CD等音樂作品，讓更多人聽到音樂家的音樂。發掘有才華的人，與之簽約，給予作曲上的建議，溝通活動內容，思考宣傳方法等。A&R是「Artist and Repertoire」的縮寫。

📎 進入唱片公司。

✧ ❶ 為了發掘新的才華者，不斷蒐集資訊或到表現現場去的「新人發掘能力」。❷ 把周遭所有人都當成盟友的「懂得欣賞別人的能力」。

😄 經過努力，終於成功推出一位其他公司以「太前衛」而淘汰的音樂家。

140 【樂器設備管理員】

📝 保管樂器、調整器材狀況，以便音樂家能在音樂會上做最佳演出。排練前，必須將所需樂器、器材運到會場，布置成音樂家可以立即使用的狀態。正式演出時，要在舞台旁邊觀察舞台上的各種狀況，配合曲目更換樂器，遇到問題立即排除等，讓音樂會順利進行。

📎 音樂大學或專門學校畢業後，進入音樂製作公司或音樂家所屬的經紀公司等。

✧ ❶ 讓樂器保持在當天最佳狀態的「與樂器對話的能力」。❷ 安排好所有作業，讓事情運作順暢的「高效率工作能力」。

😄 音樂家稱讚：「這個音是你調的？太強了！」

141 【服裝設計師】

📝 設計並製作音樂會、話劇等舞台，或是電影等影像作品中演出者身上穿的衣服。根據表演方式或角色需要，思考讓演出者在舞台上方便活動又展現魅力的衣服，然後繪製紙型，挑選布料，縫製完成。正式演出時，要能立即處理突發狀況，例如修改衣服等。

📎 服裝設計製作科系的專門學校或大學畢業後，進入衣服製作公司或設計公司。

✧ ❶ 根據作品設定的世界觀中，讓穿著衣服的人展現內在魅力的「連內在都一起變身的能力」。❷ 即便是華麗的衣服，也力求好活動、穿著舒適的「重視美觀與機能技術」。

😄 衣服穿在演出者身上，比穿在人體模特兒身上漂亮許多時。

▶ 音樂廳 ❷

143

芭蕾舞者

受傷的地方總算好了，可以重新站上舞台。我果然是活在舞台上的人，沒錯，我是一隻白天鵝！

142

音樂廳人員

下個月有一連串很有趣的表演呢，好像會有很多人來，得趁現在補足一些備用品才行。

146

能樂師

最近電視節目的通告變多了，但我的舞台果然還是這裡！我要演出史上最棒的《大天狗》……

144

落語家

終於，我要以夢寐以求的臺柱身分登台壓軸演出了！師父，請您在天堂好好看我表演吧！「可憐的傢伙，整片荷包蛋一口吞下，卡在喉嚨裡，快幫他拍一下背！」

145

鋼琴家

嗯？怎麼回事？一直彈……手指一直不斷的彈……不是大腦。這表示我和鋼琴合而為一了嗎？

149

樂器製作師

再沒多久就要演出了，十年前，我專門幫這位小提琴家做了一把琴，沒想到他現在已經是交響樂團的首席了。等等不知道會拉出怎樣的聲音，好期待啊！

150

鋼琴調音師

今天比較潮溼，音調也就比較高，得調一下才行。還要配合演奏者的喜好，讓低音完美呈現出來……啊，時間不夠了！

◀小音樂廳

大音樂廳

電梯

入口
▼

147

指揮家

討論好久……和首席高島來回折騰了好多次，總算搞定了。就是這個！這才是蕭邦看見的風景啊！

本月公演

152

歌舞伎演員

父親的拿手本領就是這一齣，今天我要超越父親！

交響樂團 Concert

in the Garbage

歌舞伎 勸進帳

148

演奏家

和指揮爭辯好多次後，終於取得共識了。就是這樣……這才是蕭邦看見的風景啊！

151

舞台劇演員

這傢伙居然落掉一整頁台詞！回神！趕快回神！哎呀，這樣的話，我只能即興演出了……

142 【音樂廳人員】

📝 支援各項事務，讓演出者及觀眾都能愉快的使用音樂廳的設備。工作內容多樣，包括：接受使用音樂廳的預約、會場設備及觀眾席的檢查及清潔，準備公演的海報和傳單，售票，演出者休息室的準備，引導觀眾入場等。

🖊 進入經營音樂廳的公司或財團法人。也有許多人屬兼差性質，只在公演當天才在現場工作。

✨ ❶ 依演出節目預測觀眾行動而擬好對策的「預測今日狀況能力」。❷ 凡事一絲不苟、要求正確無誤的「龜毛」。

😄 因為多貼了一張告示，民眾都能順利找到廁所時。

143 【芭蕾舞者】

📝 在舞台上跳芭蕾舞；有傳統嚴格的「古典芭蕾」，和自由奔放的「現代芭蕾」。分為擔任主角可一人獨舞的「首席舞者」，以及群舞的「伴舞者」。將分配到的角色扮演好，以舞出編舞家所想像的世界。

🖊 從小學習芭蕾，學會各種技巧及表現方式，通過芭蕾舞團的徵選考試。很多人同時兼任芭蕾舞教室的老師。

✨ ❶ 理解作品的世界及編舞家的期望，而表現出來的「技術與感性靈活性」。❷ 讓人感覺到整個舞台活潑起來的「躍動」，及讓觀眾看得屏氣凝神的「優雅」。

☹ 分配公演的角色時，沒有得到期望中的角色。

144 【落語家】

📝 演出自江戶時代流傳至今的日本傳統技藝「落語」。獨自一人站上舞台，分飾各種角色，利用扇子或手帕等道具做出各種表演，同時說出幽默有趣、富人情味的話，逗觀眾開心。

🖊 成為專業落語家的弟子，從照顧師父的生活起居做起，累積多年經驗後，實力獲得認可。

✨ ❶ 熬過漫長又嚴格修業期間的「追求夢想能力」。❷ 古典題材時表現出江戶時代的氛圍，新興題材時充分發揮想像力的「自由穿越時空能力」。

😄 獲得心目中景仰大師的稱讚：「那傢伙，表現得可圈可點！」

145 【鋼琴師】

📝 演奏鋼琴。除了獨奏，也會和交響樂團、歌手一起演奏，或是演奏音樂劇、芭蕾等舞台音樂。也有人是在餐廳、飯店大廳、婚禮上演奏鋼琴。多半都是表演自己擅長的領域，例如流行樂、古典樂、爵士樂等。

🖊 比賽得獎後與音樂經紀公司簽約、隸屬鋼琴師派遣公司或樂團、個人接案。也有人同時兼任鋼琴老師。

✨ ❶ 不彈鋼琴的話就心神不寧，與鋼琴分不開的能力。❷ 將作曲家的心思傳達給聽眾的「解釋、想像、表現力」。

😄 將觀眾帶入演奏中，全場合而為一。

146 【能樂師】

📝 演出具 600 年以上歷史的日本舞台藝術「能樂」。分為配合笛、鼓的演奏而跳的「舞」，像唱歌般說出台詞來表達故事的「能」，以及取日常生活中發生的事情為題材，用好笑的台詞及動作來逗觀眾哈哈大笑的「狂言」，三者交互進行。

🖊 多半是能樂師的繼承人。先成為能樂師的弟子，或是參加日本藝術文化振興會的訓練班，接受 6 年訓練，然後加入能樂協會。

✨ ❶ 熬過嚴格訓練，將靈魂注入一連串動作中的「在地獄中捕捉光亮的能力」。❷ 讓現代人認為「『能』很有意思」、『狂言』很好笑」的「跨越時代的表達能力」。

😄 在學校公演，不感興趣的學生在看完表演後個個眼睛發亮，還不斷提出問題。

147 【指揮家】

📝 統整交響樂團或合唱團所演奏的音樂。事先熟讀演奏曲目的樂譜，邊研究邊想像演奏方式，然後傳達給樂團人員明白。對音樂的強弱、速度、表現方式等做出詳細的指示，讓整體能夠和諧進行；正式演出時則擔任指揮。

🖊 音樂大學的指揮科系畢業，先成為專業指揮家的助理，或是先在業餘的樂團累積經驗。參加過指揮比賽獲獎較有利。

✨ ❶ 能一次辨別出各種樂器聲音「聖德太子般的能力」。❷ 帶領全員登上「理想聲音之巔」的「聲音的統率能力」。

😄 讓觀眾感受到樂團全員一心的時刻。

148 【演奏家】

📝 樂器演奏能力高超的專家。以獨奏方式，或是以交響樂園、管樂隊等其中一員的方式，在觀眾面前演奏，也會在歌劇、音樂劇舞台上配合劇情演奏，或是參加樂曲的錄音、在活動或婚禮上演奏等。

🔖 從音樂大學或專門學校畢業，與交響樂團或唱片公司簽約。很多人是在比賽得獎、累積成績後，以專業人士身分接案。

✧ ❶ 具備豐富的知識及技術，對於指揮家及其他成員的要求能夠立即演奏出來的「合奏能力」。❷ 獨鍾該樂器的聲音，有「非它不可的愛」。

☹ 不明白指揮家的心思，導致整個演奏亂七八糟時。

149 【樂器製作師】

📝 手工製作小提琴、吉他等樂器。了解樂器的構造自然不在話下，還須具備素材特性的知識及加工技術，從挑選材料、成型，到組裝、上漆等，皆能獨力或與他人合作完成。有時還會接到樂器修理、調整的委託案。

🔖 從學習樂器製作的專門學校或音樂大學等畢業，進入樂器廠商或樂器行。

✧ ❶ 僅 0.1 毫米的厚度之差，也能聽出聲音異樣而調整的「看見無形聲音能力」。❷ 讓演奏者與聽眾互相感動的「產生悅耳聲音能力」。

😀 聽到十年前製作的小提琴演奏聲，感動的說：「我做出了這樣的好聲音。」

150 【鋼琴調音師】

📝 到一般人家、音樂廳、學校、錄音室等地方，為鋼琴進行調整、維修，使之保持在最佳音質狀態。邊敲鋼琴的 88 個鍵盤邊確認音程，發現走音就調整內部弦線的鬆緊度，並配合彈奏者的要求改變音質及音色，讓鍵盤及踏板能靈活動作。

🔖 在有調音科系的大學或專門學校、訓練班等學習調音技術後，進入樂器廠商、修理工廠等。有些人具備「鋼琴調音技術師」國家資格。

✧ ❶ 展現客人要求聲音的「實現心願調音能力」。❷ 容不得任何走音的「追求悅耳聲音能力」。

😀 客人開心的說：「聲音恢復後，感覺家裡整個亮起來了。」

151 【舞台劇演員】

📝 在舞台上演出戲劇所賦予的角色。須熟讀劇本以理解作品，然後研究說話、舉手投足並逼真的演出該角色，並與共演者、導演等工作人員討論，不斷排練力求正式演出時達到最完美狀態。

🔖 通過劇團或藝能經紀公司的試鏡。有些人是一邊在演員訓練班接受訓練，一邊參加試鏡，爭取演出機會。有些人則是同時兼差其他工作。

✧ ❶ 再小聲的台詞都能讓最後一排的人聽見的「從丹田發聲的能力」。❷ 即便前面就有觀眾，也能落落大方演出的「沉浸角色能力」。

😀 因演出大獲好評，而一口氣增加許多戲份時。

152 【歌舞伎演員】

📝 演出日本傳統技藝「歌舞伎」。歌舞伎是一種結合舞蹈、演技、音樂的綜合藝術，演出者全為男性，女性角色也是由男性扮演，稱為「女形」。每天都要練習日本舞蹈、發聲、禮法等基本功，還要練習劇目中的角色，力求正式演出時完美呈現，讓觀眾看得開心。

🔖 多半是歌舞伎演員的繼承人。有些人會先成為歌舞伎演員的弟子，努力學習，或是參加日本藝術文化振興會的訓練班，接受兩年訓練。

✧ ❶ 保護並傳承傳統文化的「歷史使命感」。❷ 觀眾看完必會大加讚揚的「娛樂追求力」。

☹ 公演後，聽到觀眾說：「看不懂……」

154 家事服務員

這個髒汙就用檸檬酸加小蘇打，30分鐘就能擦掉了。仔細一看，洗衣機下面好髒，順便清理一下好了。

156 鎖匠

這種類型的保險箱已經很老舊，恐怕要花不少時間，但反而會讓我更想打開它，說不定裡面有年代久遠的東西。

157 郵局職員

野村家的門牌一看就知道，郵筒也很容易找，太好了。這一區還有15件，得加把勁！

有您的信！

好！

159 清潔隊員

這個社區的垃圾場總是維持的很乾淨，真是太好了！嗯？這個柿種零食袋，會不會太多了……

153 自來水處職員

顏色OK，渾濁度OK，氯的殘留也沒問題。還要檢查有沒有會發臭的物質，但先讓我喝口水休息一下吧！

155 皮革師傅

背帶和包包的連結處破掉了。這書包沒什麼破損，可見這六年都很愛惜使用。就快畢業了，慎重起見，我先用其他金屬幫忙固定。

158 電腦老師

尚平的打字速度快很多呢！但數字的部分沒看鍵盤就打不出來嗎？我來教他一些小技巧吧！

電腦教室

153 【自來水處職員】

📋 在各地區的自來水處工作,穩定提供安全又好喝的自來水。先確保水井或蓋在山上的水壩等水源,再將水送到淨水場,經過消毒及水質檢驗後,透過水管送到各個地方。也要負責修理水管,收取客戶的自來水費等。

✏ 參加公務員考試,獲得各地區的自來水處任用。

✧ ❶ 將生活不可或缺的水隨時送到的「全年無休精神」。❷ 讓水龍頭流出安心水質的能力,努力製造高品質的水。

😄 從國外旅行回來的人說:「果然還是日本的自來水好喝!」

154 【家事服務員】

📋 到案主的家裡幫忙打掃的「家事達人」。案主多為忙得沒有時間做家事、不擅長做家事,或是想找專家將家裡打掃乾淨的人。負責打掃、洗衣服、準備餐點、買東西等,依案主的需要而提供服務。

✏ 登錄家事服務公司。實際工作之前要接受公司安排的講習和訓練。

✧ ❶ 在有限時間完成交付工作的「安排能力及技術能力」。❷ 彷彿自己就住在那個家庭裡的「生活想像力」。

😄 客人看到成果後,感激的說:「我自己一定沒辦法打掃得這麼乾淨。」

155 【皮革師傅】

📋 使用牛皮或羊皮的加工品「皮革」,做成鞋子或皮包、錢包等。採購適合產品的皮革,製作紙型。剪裁皮革,將剪出來的部分用膠水或縫紉機組裝起來,最後再把細部整理得漂漂亮亮。有時候會一起負責成品的銷售及修理工作。

✏ 進入皮革製品廠商,邊學習邊以將來出師為目標。

✧ ❶ 製造出越用越柔軟、觸感佳、全世界獨一無二產品的「精湛技術」。❷ 光用看及摸,就知道皮革種類的「精準眼光」。

😄 從前來買錢包的客人將錢包送過來修理,從而知道他很常用這個錢包。

156 【鎖匠】

📋 專門幫家裡、車子、保險箱等開鎖。用特殊工具開鎖、修理壞掉的鎖,或是製造新鎖。具備能打開年代久遠的舊鎖及最新卡片鎖的技術。為配合緊急需要的客戶,有些公司是 24 小時全年無休。

✏ 進入鎖店累積經驗,也可以到鎖匠培訓班學習。如果要正式冠上「鎖匠」名稱,就要通過「日本鎖師協會的檢定考試」。

✧ ❶ 憑手指的細微觸感就知道鎖洞內狀況的「內部構造掌握能力」。❷ 覺得快要打開結果失敗後,仍能從頭開始的「越挫越勇能力」。

😄 憑著經驗及突來的靈感,一舉打開從未開過的鎖。

157 【郵局職員】

📋 工作內容主要有三種,分別是:配送信件、包裹,販賣明信片、郵票的「郵務業務」,管理客戶存款業務的「銀行業務」,以及銷售保險以備不時之需的「保險業務」。郵局遍布全國各地,讓在地居民生活更便利。

✏ 進入日本郵政集團的公司。

臺灣資訊請見287頁

✧ ❶ 郵件增加的歲末年初時、天氣惡劣時,都不會犯錯的「刮風下雨都不怕的正確性」。❷ 郵局販賣的商品繁多,能夠配合客人需要而詳細解說的「有知識內涵的話術」。

😄 信件送達那一刻,對方喜極而泣時。

158 【電腦老師】

📋 在電腦教室、學校、企業的研修課上指導電腦操作方式。從基本操作,到使用專業的 App 應用程式(163 頁),保護個人資訊及重要資料的方法等,配合學生的需要及程度,協助他們在生活上及工作上善用電腦。

✏ 學習電腦相關知識及操作技術後,進入電腦學校或派遣電腦老師的公司。

✧ ❶ 讓初學者也能學得很開心的「電腦樂趣授課能力」。❷ 耐心指導完全不懂的人,具備體貼學習者的共感能力。

😄 在小學生的應用程式教室,讓小學生能夠正確操作程式而十分開心時。

159【清潔隊員】

📋 集合家庭、店鋪、公司拿出來的垃圾，載運到垃圾處理場。由2～3名人員組成一隊，坐上垃圾車在負責的區域巡回蒐集垃圾，垃圾車裝滿後就開到垃圾處理場卸下垃圾。有時也要負責垃圾分類、清洗垃圾車等。對每天都會製造垃圾的我們來說，這是相當重要的工作。

🖊 進入專門、搬運垃圾的公司，或是直接獲得地方政府任用。如果是負責駕駛垃圾車，需具備「普通汽車駕駛執照」、「中型汽車駕駛執照」等。

⚡ ❶ 一大早工作也不怕辛苦的「認真早起能力」。❷ 正因為會弄得全身又髒又臭，所以讓自己及周遭都保持乾淨的「清潔第一能力」。

😄 和同事合作無間並提早完成工作。

160【演藝工作者】

📋 現場載歌載舞以取悅觀眾，登上雜誌和廣告，在電視、廣播、網路節目等演出。給喜歡偶像的人、看表演的人一種心靈的慰藉及療癒。台上一分鐘，台下十年功。必須學習很多才藝。

🖊 通過演藝經紀公司舉辦的試鏡，或是在街上被星探發掘。想成為偶像的人很多，但真正如願的人非常少。

⚡ ❶ 打從心裡喜歡在人前表演的「娛樂他人能力」。❷ 自我分析，將魅力傳達給別人的「自我理解&傳達能力」。

😣 覺得自己的人氣比隊友差的時候。

161【賽車選手】

📋 成為汽車或摩托車的選手而出場比賽。以高超的駕駛技術在複雜的賽道上高速奔馳，與其他選手爭奪冠軍寶座。為免車禍而賠了夫人又折兵，隨時檢查車子及路面狀況的審慎心態很重要。

🖊 與賽車隊伍簽約。以汽車為例，需具備「普通汽車駕駛執照」及比賽執照；以摩托車為例，需在培訓班受訓後通過檢定。

⚡ ❶ 對時時刻刻都在變化的比賽狀況保持敏感並正確做判斷的「覺悟」。❷ 和機械師等團隊成員共同以奪勝為目標的「團結一致能力」。

😄 比賽結束，看見隊友露出笑容。

162【居家照顧服務員】

📋 到有高齡者、身心障礙人士的家中，或是安養中心，協助日常照顧，減輕被照顧者及其家人的負擔。除了協助飲食、更衣、入浴、如廁，還要做打掃、洗衣服、買東西等家事，或是陪伴就醫。陪伴對方講話、撫慰情緒，也是重要的工作內容。

🖊 參加「新進照服員研習」，進入訪問照服事業所，或登錄成為照服員。

⚡ ❶ 不論被照顧者是什麼樣的人，都能找出其優點的「慈愛之心」。❷ 協助入浴時，能獨自支撐住對方的「結實的體力」。

😄 老是任性不配合的照顧對象有感而發說：「真的很謝謝你！」

163【日本將棋棋士】

📋 進行將棋、圍棋等一對一勝負的棋藝比賽。參加「頭銜戰」等大大小小的正式比賽，領取出戰費及獎金，爭取排名及提升段位。透過參加一般比賽來推廣將棋、圍棋的魅力。

🖊 將棋棋士需加入日本將棋聯盟的獎勵會，然後參加聯賽，在規定的年齡前晉升到四段。圍棋棋士的話，需在日本棋院或關西棋院研習，然後通過任用考試，非院生則須通過指定的審查及考試。

⚡ ❶ 擁有堅強的意志，努力不懈，絕不放棄的「鋼鐵般意志力」。❷ 持續研究精湛棋藝的「廢寢忘食好奇心」。

😣 被後輩氣勢壓倒，眼看就要敗陣。

164【宅配人員】

📋 將包裹正確的送至家裡、公司、店鋪等客人指定的場所。將寄件人要寄送的包裹送到營業所，然後依種類或目的地分類，有效率地裝進運送車內，送至目的地。將裝在箱中或信封中的「心思」送達，搭起人與人之間的橋梁。

🖊 取得「普通汽車駕駛執照」，進入運送公司。也有人進入公司後，為駕駛更大型的貨車而取得「中型汽車駕駛執照」。

⚡ ❶ 計算出高效率的配送路徑及貨物堆疊方式的「腦內拼圖能力」。❷ 能在與客人接觸的短暫時間內留下好印象的「有禮貌的言行舉止。」

😣 遇到客人取貨時一句話都不說，態度十分冷漠的時候。

下次要不要挑戰難一點的曲子？

好的，到商店街買草莓奶油泡芙回來是嗎？

165

鋼琴老師

下雨了嗎？不，是小洋的彈琴聲，彈得真好！說不定在這樣的社區，會誕生一個世界級的鋼琴大師呢！

鋼琴課

171

專業部落客

真好喝啊！完全沒有香精的味道，很健康的天然果汁，要怎麼把這些優點告訴大家呢？

169

家務幫手

多田太太，謝謝妳一直找我幫忙。嗯，接下來是到超市採買，再接著是掃墓嗎？今天的活動很豐富呢。

167

搬家作業員

剛剛好可以通過玄關！接下來看能不能通過廚房那道門了，得小心，千萬不能撞到……

166

動物護理師

按住這裡，醫師比較容易看診吧？這位主人好像很擔心，我該怎麼安慰她呢……

最近牠的食欲怎麼樣？

170

主廚

這個燉肉，味道要再重一點。換成朗格多克酒的話，就不會那麼甜了吧？

168

獸醫師

嗯，全身軟趴趴的，身體很虛弱。以牠的年齡來說，有可能是腎臟病……

176 大衆澡堂老闆
最近很多客人在問三溫暖的事，而且慢跑的客人也變多了，我來想想可以提供什麼新服務才行……

歡迎光臨！
你好！

阿淳，看！這裡、這裡喔！

175 英語老師
那天阿良說想讀哈利波特的原文書，難怪他很快就把這些都背起來了。有目標真的很重要啊！

173 消防員
到今天已經一個星期沒有出動了，這是好事，但不能因此掉以輕心。好吧，今天就增加演練的時間吧。

177 寵物陪伴員
牠的名字叫「阿淳」，起初我還以為聽錯，想必他們把阿淳當家人了。第一次見面就不怕人，真是乖孩子啊！

執仮接骨院

174 警察
最近常接到通報說附近有可疑人士，我看這陣子放學時間得加強巡邏才行。

172 書法家
小亮很活潑，但有點靜不下來。該動的時候動，該靜的時候也要能靜下來，書法也是一樣！

能做到的範圍內，你就試試看吧！

KOBAN

小心點喔！

178 柔道整復師
喔，這個扭傷，恐怕下週比賽前不會好……可是他已經三年級了，我得想辦法讓他去參加比賽……

089

▶ 在住家❷的各種工作

165 【鋼琴老師】

📋 在補習班或學校教授鋼琴，傳達演奏樂趣和音樂的美妙。從純粹彈興趣的人到立志成為鋼琴家的人，都能依照他們的程度和目的而給予適當指導。如果個人開設鋼琴教室，則要負責招收學生、安排課程、籌備發表會等。有些人是從事「音感律動教學」，即透過音樂激發小朋友的潛能。

🖊 獲得音樂學校的聘用，或是自己開設鋼琴教室。自音樂大學畢業，或是曾經參加比賽得獎較有利。

☆ ❶ 讓人了解音樂樂趣或鋼琴魅力的「熱情」。❷ 配合學生個別狀況而改變教學方式的「因才施教能力」。

😄 能夠傳達出彈鋼琴的樂趣。

166 【動物護理師】

📋 在動物醫院協助獸醫看診或動手術，照顧住院中的動物。還要準備動物的食物、處理排泄物、帶動物散步、接受掛號、整理病歷、結帳等。仔細向飼主說明寵物的病況，消除不安也是重要的工作內容。

🖊 從可學習動物護理學的學校畢業，或是取得「動物護理師」資格，然後進入動物醫院工作。

☆ ❶ 了解獸醫及飼主的心情而給予協助的「關愛能力」。❷ 顧好動來動去的動物，讓獸醫容易看診的「洞悉溝通能力」。

😄 看到治療後的動物很有精神的散步。

167 【搬家作業員】

📋 協助客人搬家。負責打包物品後搬上卡車並載送，再搬進目的地，讓客人安心地展開新生活。提前確認家具到了新家後要怎麼擺放，也要先用布貼在牆上，避免牆壁受損。有些人負責「談業務」，與客人溝通費用及搬家日期等。

🖊 進入搬家公司。

☆ ❶ 可以從早到晚甘願從事勞動的「輕鬆持久力」。❷ 愛惜客人的家具及住家，「站在主人立場的關心能力」。

😄 客人開玩笑說：「搬家都這麼輕鬆的話，我就再搬一次家好了！」

168 【獸醫師】

📋 在動物醫院為動物看診和治療。除此之外，也有人是在動物園和水族館照顧大型動物的健康、照顧受傷的野生動物、檢查牛和豬等家畜是否生病、研究開發醫藥品等。

🖊 在設有獸醫學系的大學學習六年，通過國家考試，取得「獸醫師執照」。

☆ ❶ 能夠處理所有動物症狀，擁有「由愛護動物而產生的知識力量」。❷ 用五感觀察無法言語的動物，從鮮少的資訊找出原因的「觀察推理能力」。

😞 動物因為「沒有精神」而來看診多次，但始終找不出根本原因。

169 【家務幫手】

📋 打掃、搬家、尋人、除蟲、打電腦、照顧植物、修理家具或腳踏車等，接受這類家庭事務的委託，協助解決困擾。很多人是在協助行動不便的獨居老人，因此可說是現代社會的無名英雄。

🖊 自己創業，或是進入經營幫手服務的公司。無必備資格，但有「普通汽車駕駛執照」較有利。

☆ ❶ 不論寒暑、不論多麼陌生的場所，不論多麼需要勞力，都不覺得辛苦的「意志力超強體質」。❷ 即便是突如其來的奇怪工作，都能立刻理解並想出處理方法的「臨機應變能力」。

😞 接到危險工作的時候。

170 【主廚】

📋 負責提供料理給客人。在市場等地挑選及採購食材，做好事前準備工作，在午餐、晚餐時間接受訂餐，製作料理。也要確認其他廚師製作的料理，還要依季節的不同思考新菜單，計算收益等。

🖊 進入餐廳，從助手做起。很多人是在專門學校學習後，取得「廚師」國家資格。

☆ ❶ 記住曾吃過的味道及每個季節食材味道差異的「味覺地圖」。❷ 讓味道的記憶在餐盤上展現出來以感動人心的「讓餐後留下餘韻的技術」。

😄 帶自稱「餐廳粉絲」的客人參觀過廚房後，對方感動到哭出來。

171【專業部落客】

📝 在網路平台「部落格」上，將自己擅長、關心的事情寫成報導公開出來。只要有人看到部落格上刊登的廣告而購買，部落客就能拿到錢，因此很多人會用心貼文或貼照片以吸引更多人來看。有時文章內容會成為新聞，進而影響社會大眾。

✎ 只要有電腦就可以，但很少人能單靠這個生存。

⚡ ❶ 用其他部落格沒有的切入點來吸引讀者的「文章演出能力」。❷ 比別人早一步洞察到流行趨勢的「在網路大海上拋網能力」。

😄 當有讀者在留言欄說：「謝謝你的文章救了我！」的時候。

172【書法家】

📝 用墨汁和毛筆寫字的「書法達人」。很多人是開設書法教室並發表作品。也有人是寫獎狀上的文字、在神社或寺廟寫「御朱印」或「御札」上的文字，或是創作使用毛筆字的設計等。

✎ 拜師學習，在展覽會上發表作品，實力獲得認可。少數人可以靠當專業書法家維生。要開書法教室的話，讓人知道屬於哪個流派、師承何處，會比較容易招生。要在學校教書法則須具備「教師執照」。

⚡ ❶ 不把文字當成語言，而是表現成一種意境的「藝術感性」。❷ 不僅僅文字，連凜然的動作及姿勢等，都讓學生想模仿的「成為榜樣能力」。

😄 學生的書法能力進步，比賽獲獎時。

173【消防員】

📝 除了發生火災時負責滅火外，也負責在地震、火山爆發、交通事故的現場救災，或是有人受傷、急病時用救護車將病人送往醫院等。平時還要確認建築物是否安全、進行防災訓練等，盡可能將災害降至最低程度。

✎ 通過各地政府的任用考試後，在全住校制的消防學校受訓半年，再分發到各地政府的消防署。

⚡ ❶ 背負沉重的消防服裝及裝備，仍能身手矯健的「身體活動能力」。❷ 面對災難現場臨危不亂的「極致心理素質」。

😄 通報迅速，所幸未釀成災害。

174【警察】

📝 分為總管全國警察組織的警察廳，以及取締各地犯罪案件的都道府縣警察（縣警）。縣警要在派出所協助有困難的人、取締交通違規事件、巡邏轄區，如果發生事情就前往調查。24 小時全年無休的守護民眾安全。

臺灣資訊請見287頁

✎ 縣警的話，通過警察任用考試後，到全住校制的警察學校受訓再分發。屬於公務員。

⚡ ❶ 將所在地區、事件現場的各個角落全部看清楚的「無絲毫遺漏的探索力」。❷ 緊急時候把別人看得比自己重要的「成為盾牌的能力」。

😄 遇到狀況很少，覺得整天都「平安無事」的時候。

175【英語老師】

📝 在學校、補習班、英語會話學校、在家開設的教室、網路上等地方教英語。根據學生的年紀、程度、目的而訂定教學計畫，選擇教材，充分備課後進行教學。提高學生的英語能力，讓他日後更有發展。

✎ 獲得英語會話學校、補習班、英語幼兒園等聘為老師。英檢或多益高分較有利。也有人是在小學當英語老師，或是在自己家裡開課。

⚡ ❶ 找出學生的優點而應用在教學上的「因材施教能力」。❷ 學生的發音變好就感到開心的「為進步而感動的能力」。

😄 學生開心的說：「我幫助了一個帶小孩又遇到困難的外國人。」

176【大眾澡堂老闆】

📝 經營大眾澡堂供客人洗澡。通常坐在門口招待客人，還要燒熱水、調節溫度、販賣毛巾和飲料、打掃浴室及更衣室等。

✎ 多半是繼承父母經營的大眾澡堂。也有些人是在大眾澡堂工作，後來變成老闆。

⚡ ❶ 隨時關心客人來大眾澡堂想要享受什麼服務的「經營能力」。❷ 仔細告訴員工打掃清潔的重要性，並且親自示範的「清潔指導能力」。

☹ 為招攬新客而下足了工夫，但人潮來了一陣就散了。

177 【寵物陪伴員】

📄 代替因為臨時外出、住院、須出遠門工作等原因而無法照顧寵物的飼主，在飼主家中照顧寵物。餵食、散步、上廁所、一起玩、修剪趾甲等，完成飼主交代的任務，讓寵物能像平常那樣生活。

✒️ 登錄派遣寵物陪伴員的公司。有動物相關資格、曾在寵物店工作較有利。個人接案的話，須登錄並申請成為「處理動物負責人」。

✨ ❶ 能和各種動物馬上成為好朋友的「友善動物素質」。❷ 與飼主建立信賴關係的「友善人類素質」。

😊 一直不肯親近的狗狗，第一次把屁股湊過來坐下時。

178 【柔道整復師】

📄 又叫做「接骨師」，巧妙利用人類自然的復原能力，治療肌肉或關節疼痛的患者。不動手術也不給藥，而是利用貼布、繃帶、包紮等方式，治療骨折、脫臼、撞傷、扭傷等。也有人會到運動場或安養中心為人治療。

✒️ 在大學及專門學校學習知識與技能達三年以上，通過「柔道整復師」國家考試。有些人會在醫院、接骨院等地方累積經驗後，自行開業。

✨ ❶ 研究症狀的原因及新治療方法的「深度探究身體的能力」。❷ 光用眼睛看或用手觸摸，就能大致掌握症狀的「身體掃描能力」。

😊 長年來就診的患者，順利當上選手參加國際賽事的時候。

認真工作宇宙人

職業名稱

摩天波克運動選手

工作內容

在「格羅多亞星球」上一種比賽「摩天波克」運動的選手。「摩天波克」是一種用「克羅克羅」來「諾赫達波克」的運動，選手會加入摩天波克協會後再出場比賽，而且一到格蘭登賽季，他們會在「基奇基奇」密集訓練。由於受到「波普甘德連」的影響，很快就會變成「馬利梅莫利曼」，因此平時不可缺少「帕莫」。*

具備資格

加入摩天波克球隊。

特殊能力

❶操作克羅克羅時需要的「橫衝直撞精神」。❷在基奇基奇裡面，身體仍能活動自如的「不輸沙莫克史內巴的超強體力」。

開心的時候

最後一局的攻防時，能夠諾雷比達路蒙時。

*編註：皆為作者設計的「外星語」。

*這位宇宙人出現在書中的哪些地方呢？找找看吧！

QUESTION

我有一個夢想，
但我總是覺得：
「我一定做不到……」

A
ANSWER

找尋你想成為的人，
跨出「成為理想目標的第一步」！

我是宇宙，誕生於一百三十八億年前，至今仍在繼續擴大中。

我就是這個世界。

我如此偉大，為什麼還要回答你們這些渺小如細沙般的小生物煩惱呢？

真是的！可是，你們每次有事情時，就會抬頭看著我，拜託我成全你們的願望，這次我就回答你們，但如果你們說：

「這不是我要的答案！」我可要生氣喔！

天啊，又在悠哉悠哉了。從我這個活了一百三十八億年的宇宙來看，你們的一生，比我一眨眼的時間還要短。明明眼前就有想做的事，真是不懂到底哪裡還有空隙讓你們去想有什麼「做不到」的？

咦？因為沒有自信，所以心裡有空隙？用「學習」把那些空隙補起來不就得了。

你對這個世界還一無所知，因為一無所知才會覺得害怕、缺乏自信吧？

我想，你認為的「美夢成真狀態」，是你看到成功人士「此時此刻」的狀態而想像出來的吧？可是，那些成功人士一開始也是經歷無數的失敗，如果那些你都忽略不看，只看此時很棒的狀態，那你當然覺得現在的你肯定「做不到」了。

在你們居住的星球，不論多麼受歡迎的藝人、多麼厲害的運動選手、多麼了不起的公司老闆，一開始都是無名小卒。他們剛開始投的球根本飛不了多遠，你也一樣，也許你不記得了，在你還很小的時候，你是不是不敢一個人去上廁所？然後隨著時間慢慢長大，經過無數次的磨練，才有今天的你不是嗎？

因此，如果你覺得「做不到」，那麼請調查一下那些你崇拜的人，他們是怎麼跨出第一步的。即便現在這麼偉大的我，最初的最初，也是從什麼都沒有的「無」開始的啊！

美術室

你的作品、太棒啦！

上大學不是目標，上大學想學什麼才是重點喔。

你的想法很有創意喔！

182

高中老師

這樣說好像很厲害，但其實我高中的時候，也在煩惱不知道將來要做什麼。

183

雕刻家

這件作品，不正表現出世界的分界線……？這孩子真的是天才！

179

小學老師

用這種方式的話，大家都能開心學習。果然死背會讓人喘不過氣來呢！

180

保健老師

說不定這個瘀青是……恐怕不是撞到這麼簡單而已……

這個瘀青是怎麼來的？跟老師說好嗎？

轉學生的教科書已經準備好了。

181

學校行政人員

突然被拜託這件事，急死人了，幸好趕上。啊，去廁所前，順便到影印室去看一下還有沒有紙。

184

NO DATA

這間學校的老師好像都有反霸凌對策了，我講的話也都有認真在聽。這種學校應該遍布全國，越多越好啊。

179 【小學老師】

📝 在小學教授國語、數學等科目,並培養學生的主動學習能力及團體生活能力。下課後要批改考卷和作業、準備隔天的教課、研究教學方法、準備例行活動等。

✏️ 進入設有小學教師學程的短大、大學、研究所,取得「小學教師執照」;之後,如果要到公立學校,則要通過各地政府舉辦的教師任用考試。

✨ ❶ 作為大人的代表,與小朋友接觸,讓小朋友覺得「大人很棒」。❷ 好好教育小朋友各種知識,培養其知性的「施以本質教育能力」。

😄 從前教過的學生,長大後回來探望時。

180 【保健老師】

📝 在保健室工作的「老師」。學生在學校受傷或身體不適時幫忙照顧,或是幫助學生能夠很有精神的讀書和遊玩。也要定期檢查學生的身高、體重,教導生命教育、兩性教育等。

✏️ 設有保健教師學程的短大、專門學校、大學、研究所畢業,或是具「護理師」、「保健師」資格者在培訓機構上課半年到一年,取得「保健教師執照」。之後,如果要到公立學校,則要通過各地政府舉辦的教師任用考試。

✨ ❶ 讓保健室成為一個舒適場所的「空間營造能力」。❷ 與其他老師交流,關心學生身心狀況的「第二家長能力」。

😄 學生在教室待不下去,跑到保健室就覺得很安心時。

181 【學校行政人員】

📝 在學校負責「教學」以外的工作,協助老師。採購及管理上課要用的教材、學校備品,計算教師薪水,招待訪客,管理體育館、游泳池等設施。除此以外,還要製作文件、寄送郵件,大學的話,還要負責招生等。

✏️ 公立學校的話,須先通過各地政府舉辦的公務員考試後,再通過「學校行政人員」的招考。

✨ ❶ 在年度結束前等忙碌期間,依然能冷靜處理各種事務的「並行處理能力」。❷ 為了讓學校營運更順暢,自動思考必須做哪些事情的能力。

😄 明明做的都是學生不會在意的事情,但有時獲得學生的道謝便會超級開心時。

182 【高中老師】

📝 對高中生教導自己專業的學科。由於授課內容比國中更專業,因此必須具備更深度的知識。還要協助學生畢業後就業,或是順利升上理想中的學校、大學等。

✏️ 進入設有高中教師學程的大學、研究所,取得專業學科的「高中教師執照」。之後,如果要到公立學校,則要通過各地政府舉辦的教師任用考試。

✨ ❶ 配合學生世代改變教學方式的「跟上時代能力」。❷ 學習各種人生經驗,幫助學生解決畢業後何去何從煩惱的「人生各方面能力」。

😄 自己的一句話讓學生眼睛發亮,似乎看到未來的希望。

183 【雕刻家】

📝 雕刻石頭、黏土、木材、金屬等素材,將內心的想像形塑成立體的作品。由於很難靠賣作品維生,通常會取得教師執照當美術老師,或是當博物館、美術館的研究員。有些人會接企業委託案件來賺錢。

✏️ 大部分人是美術大學畢業後,作品參賽得獎而獲得相關工作。

✨ ❶ 無論如何都要雕刻出作品的「充滿熱情雙手」。❷ 即便現在作品不賣也不放棄的「超越時代的追求意志」。

😟 看到作品的人,只是客套的說聲:「很棒呢」而已。

185 【廚師】

📝 在餐廳、學校、營養午餐中心、醫院等地方製作餐點。如果是學校的營養午餐,就是由多人分工合作,在時間內有效率的提供餐點。除了烹飪,也要負責打掃及清洗碗盤。

✏️ 單純從事烹飪工作無須特別資格,但如果要冠上「廚師」名號,就得具備「廚師執照」國家資格。可在廚師學校學習一年以上,或是在餐廳工作兩年以上再通過考試。

✨ ❶ 看到食譜就能立刻想出最佳烹飪方式的「美味創造力」。❷ 能夠順暢的烹煮出大量料理的「超人安排能力」。

😄 明明是小朋友不愛吃的蔬菜料理,卻整鍋都吃光光時。

186 【營養師】

📋 在學校或幼兒園等地方，依學生的年齡或目的來製作菜單。有些也要負責烹調食物。講求營養均衡是基本，還要兼顧美味、擺盤、季節感等而設計菜單，讓人享受到「飲食的樂趣」。

🖊 從設有營養師培訓課程的大學、專門學校畢業，然後取得各地政府授予的「營養師」國家資格。也有人在累積實務經驗後，取得管理營養師（115頁）資格。

🔮 ❶ 確切掌握過敏等資訊的「保護生命確認能力」。❷ 追求完美營養均衡的「計算出健康值的能力」。

😄 聽到家長說：「我照著營養午餐的菜單做，小朋友都吃得好開心。」

187 【學校工友】

📋 守護學生的安全，維護學校的整潔，堪稱是學校的「萬事包先生」。除了負責校舍打掃、垃圾清理、植栽照顧、校園巡邏外，確認圍籬及遊樂器材是否壞掉，有沒有危險等，也是重要的工作內容。有時還要協助準備學校的例行活動，活動結束也要幫忙整理善後等。

🖊 以公立學校為例，等於是地方單位的公務員，因此需通過地方公務員考試才能獲得任用。

🔮 ❶ 讓廣闊的校園保持舒適宜人而必備的「輕盈腳力」。❷ 備品有些微破損或故障時，能夠自己修理的「靈巧手藝」。

😄 或許太誇張，但有時突然覺得「我把學校照顧得很好」時。

188 【特教老師】

📋 在設有特教班的學校，負責指導有肢體障礙或智能障礙的學生。理解每位學生發育成長的特性後，引導他們充分發揮才能，協助他們將來能夠自力更生。

🖊 從設有幼兒園、國小、國中、高中教師學程、大學、研究所畢業，取得「教師執照」，並進一步取得「特教老師執照」後，如果要進入公立學校，就要再通過各地政府的任用考試。

🔮 ❶ 抱得動學生、推得動輪椅的「靈活運用身體能力」。❷ 孩子行動緩慢時，能夠耐心等待的「尊重孩子節奏能力」。

😄 學生做到了之前做不到的事，大家都為此開心不已的時刻。

189 【安親課輔老師】

📋 在幼兒園或補習班工作，於每天放學後或假日時間，代替因上班等原因而無法照顧孩子的父母，陪伴小學生遊玩或寫功課，提醒各種注意事項，讓來安親班的小學生能夠安全、快樂的活動。

🖊 以公立安親班為例，須通過各地的公務員考試。私立安親班制，沒有特別的限制，但有「課後照護服務人員」資格較容易錄取。

臺灣資訊
請見287頁

🔮 ❶ 退後一步看著孩子，讓他們學習互助合作的「溫暖目光」。❷ 長時間面對精力旺盛的小朋友也不會累的「強韌體力」。

😄 看到小朋友一天天長大，不知不覺中，已經會開始照顧年紀更小的小朋友時。

190 【國中老師】

📋 對國中生教導自己的專業科目。有些人還要擔任班導、負責行政工作、下課後指導社團活動等。看著已不是小孩但還不是大人的國中生，陪他們談心也是重要的工作內容。

🖊 從設有國中教師學程的大學、研究所畢業，取得專業學科的「國中教師執照」。如果要進入公立學校，就要再通過各地政府的教師任用考試。

🔮 ❶ 上課時能兼顧嚴格與溫柔的「軟硬兼施能力」。❷ 看著青春期的孩子，察覺其變化的能力。

😣 還不確定自己的指導方式是否最為恰當，忙著忙著，已經進入加班時間。

191 【心理輔導老師】

📋 從心理層面支持學生，讓他們擁有充實的校園生活。當學生遇到災害或事故，或者有朋友、家庭、未來前途等煩惱時，能夠陪他聊聊，提供解決問題的建議。也會和該名學生的家長、班導一起討論。很多人同時負責多所學校的心理輔導工作。

🖊 沒有特別必備的條件，但很多人都有「心理臨床師」資格。從設有相關培訓學程的研究所、專業職研究所畢業，通過日本臨床心理師資格認定協會的資格考試。

🔮 ❶ 嚴守祕密的「守口如瓶能力」。❷ 請家長和老師一起組成合作體制的「環境調整能力」。

😣 不論怎麼努力，學生的狀態都不見好轉，因而感到無能為力。

工作開拓者

PROFILE

大學畢業後，在大型音響器材廠商、大型IT企業工作，擔任過IT新創企業的執行董事，2013年以事業開發經理人身分獨立創業。由於一職以來都關心「霸凌」問題，想為預防霸凌盡份心力，於是2018年創立「真守股份有限公司」。

POINT IT╳預防霸凌

NAME 真守股份有限公司　隈有子

JOB 開發出一款名為「保護＆通報」的系統，藉由IT的力量，幫助小朋友針對霸凌問題進行諮商及通報，解決困擾。

NEW DATA

關心霸凌問題的契機

雖然自己不曾經歷過，但從小學到高中，都有很多同學遭到霸凌。我總是納悶：「為什麼有人會被霸凌，有人不會被霸凌呢？」大學進入法律學系，研究「人為什麼會讓別人感到痛苦？」但不知道什麼工作可以直接處理霸凌問題，直到大學畢業後，知道世界最尖端的IT技術，於是投入其中企圖解決霸凌問題。

什麼是「保護＆通報」系統？

當小朋友遭到霸凌或是將要遭到霸凌時，可以透過平板電腦或手機找大人商量的系統。為了讓無法好好敘述狀況的小朋友也能進行諮商，系統中設計了很多插圖，只要回答：「發生什麼事？」、「在哪裡發生？」等問題即可，十分方便。諮商的內容會分享給學校老師及教育委員會。

未來的夢想

我認為解決霸凌的方法不只一個，因此今後仍想開發出讓受霸凌的孩子可以健康生活，以及孩子遭到霸凌時，家長可以使用的服務等，讓大家都建立起正確的觀念：「霸凌應防範於未然。」

開發「保護＆通報」系統的原因？

2015年左右，國外開始有「霸凌通報服務」。我得知後，想到可以將我一直關心的霸凌問題，和我在IT界學到的知識「結合」起來。霸凌問題最重要的是預防和偵測，等到發生就來不及了。可是，目前大家在做的，都是發生後的處理對策。我當初的想法是，說不定運用IT，就能做好預防和偵測工作了。

覺得最辛苦的事

由於日本幾乎沒有預防霸凌的IT服務，過去也沒有案例，因此一開始大眾都不了解我們在做的事。曾經有學校反應：「有些學生的家裡並沒有手機或電腦，所以很不公平。」自從全國各校提供「一人一部」學習用的平板或電腦後，已經有越來越多學校及地方單位導入這套系統了。

如果有一個月的休假，會想做什麼？

想讀書和上網，不斷吸收新知。

MESSAGE

開懷大笑
隈有子

嗯？學校附近有這條路啊？

等等，小兄弟……

你們知道這個筆記本嗎？這可厲害了，如果你不知道要做什麼，這本筆記本可以幫你找到夢想喔！

找到想做的事情筆記本

夢男，從我這個宇宙人的觀點來看，實在可疑啊……

抖……

他們說我「可疑」？

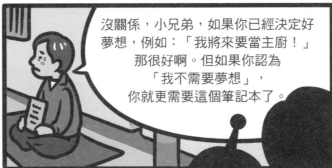

唉，也難怪他們會這麼想，像我，做過醫生、食品廠商、洗衣店店員、藝術家……等各種工作，最後在這裡賣這個。

我看起來很　不可靠嗎？

果然很可疑呢……

沒關係，小兄弟，如果你已經決定好夢想，例如：「我將來要當主廚！」那很好啊。但如果你認為「我不需要夢想」，你就更需要這個筆記本了。

可是

如果你不知道要做什麼，老是煩惱：「啊，該怎麼辦？」那麼你的救星……就是這本筆記本！

找到想做的事情筆記本

1萬5000元

發展方向與人生規劃

蛇

找到想做的事

規則只有一個，
不能說謊。
說謊可是會倒大霉喔！

不可以說謊喔！

你會買這本筆記本，表示此時此刻的你，還沒找到明確的夢想，對吧？但是沒夢想也沒什麼不好，像叔叔這樣悠哉悠哉過日子也不錯。什麼？不要？你想找尋夢想？那就沒辦法了，你只能善加利用這本筆記本了。不能只寫一次就丟在旁邊喔，要不斷反覆的寫完再看，看完再寫。重點就是，你必須隨時清楚，你現在最想做的事情是什麼？

找到 想做的事情 的「6個問題」

問題❶
你喜歡做什麼事情？

「把興趣當工作很幸福」，這句話大家都很常聽到吧？什麼？騙人？那麼請你想一想。你在做喜歡的事情時會覺得痛苦嗎？如果痛苦，不要做那件事不就得了。

如果不是，那麼請看一下右邊的「主題」和「行為」，選出你「喜歡」的項目，寫進下方空白欄。也許你會問：「什麼是喜歡的行為？」比方說，同樣是「喜歡運動」，有人喜歡的是「當啦啦隊」，有人喜歡的是「參加比賽」，兩種行為完全不一樣喔！

各式各樣的主題

動漫、音樂、電視、廣播、益智遊戲、書、漫畫、電玩、電影、喜劇、話劇、拍照、繪畫、戶外活動、旅行、汽車、電車、輪船、飛機、天空、大海、河川、山岳、石頭、樹木、泥土、水、衣服、化妝、身體、運動、慶典活動、金錢、料理、動物、昆蟲、恐龍、植物、算術、機械、建築、樂器、規則、電腦、機器人、宇宙、未來、歷史、國家、學校、嬰兒、兒童、猜謎、傳統文化、人心……等

×

各式各樣的行為

手作、教課、建議、支持、救助、逗人笑、表演、拍攝、療癒、覺察、思考、想像、加油、分析、蒐集、調查、送達、讀書、整理、測量、挖掘、決定、下工夫、收納、呼叫、扮演、料理、教育、保護、競爭、唱歌、跳舞、書寫、閱讀、說話、預測、縫紉、炒熱氣氛、祝賀、照顧、修理、組裝、做跟別人不一樣的事……等

=

或許就是你「想做的事情」？

我最喜歡蒐集漂亮的石頭了。

你可以從這裡創造出自己喜歡的工作！

×

例 石頭 × 蒐集 = 石頭收藏家？

筆記本

＊建議先將這個筆記本影印下來再利用。

問題❷
你不喜歡做什麼事情？

如果你沒有「喜歡做的事情」，也可以試試這個方法。人生看似很長，其實很短，如果一直在忍耐著、克服著不喜歡的事情，可能就虛度光陰了。因此，請先把不喜歡的事情拿掉吧。不過，請別把那些「雖然很麻煩，但做完會很開心的事情」寫進去，因為那些都是你成長的養分。

問題❸
你對哪些工作
感到好奇？

在你們家裡，或是附近的店家、書上或電視上，都可找到很多「工作」。因此，請用這種心態看看你的四周，如果找到讓你好奇的工作就記下來，並寫出心動的原因。有時，比起一直盯著自己看，不如看看外面的世界，才會知道自己想要的是什麼。

問題❹
什麼事情讓你覺得：
「如果生活能更加
這樣的話……」

機器人

你對目前的生活有所不滿嗎？抱怨「為什麼功課這麼多」也可以喔，完全不設限。但只是抱怨幾句，什麼都不做，就太不聰明了。請找出讓你產生抱怨的原因，並思考一下解決辦法。世界上會有這麼多人氣商品，就是因為大家有需求才發想出這些產品的。

問題❺
問問身邊的人：
「為什麼你會
做這個工作呢？」

討厭，用游的不好嗎？

我想用跳的！

大人都是很了不起的。除了叔叔我以外，大家都很厲害。爸媽也可以、老師也可以、鄰居的阿姨也可以，請問問他們：「為什麼你會做這個工作呢？」說不定你會得到很意外的答案。然後詢問他們：「你覺得我適合做什麼工作？」多方蒐集想法。

問題❻
20年後，
你的一天會怎麼過？

想像一下，今後，你將度過20次賞櫻時節……就在20年後的某天早晨，你會在什麼地方醒來呢？窗外會是什麼樣的景致？你要去公司上班嗎？還是不去？你的旁邊會是哪些人？還是一個人都沒有？內容完全不設限，請寫出「我想這樣過一天」的理想生活。只要能想像出理想的生活，就能看見理想的工作才對。

你所寫的內容中，是不是有些其實不是你的本意，卻因為「這樣寫，別人的觀感會比較好吧」而寫下呢？找不到想做事情的人，大約有八成（＊根據叔叔的調查）都是因為「太過在意別人的看法」。這點請留意喔！

別太在意旁人的看法！

Q 我寫了好多次這個筆記，但還是找不到想做的事情！

A 別急。叔叔我也曾經不知道自己想做什麼而一直換工作。但是，只要繼續做下去，就會慢慢體會到工作的樂趣，然後才發現：「原來我也喜歡做這種事情啊！」其實很多大人都是像叔叔這樣的。

要遲到了喔！

酷！

找到想做的

給找到
想做
想做事情的人
一些建議

如何？你找到想做的事情了嗎？

即便只有一絲絲像頭髮那樣細微的興趣也沒關係，一定要盡快「行動」喔！嶄新的體驗和知識，會讓你心動而「想多做一點」，或是發現幻想破滅。順便告訴你，叔叔年輕的時候做過這些事。

2 擬定計畫

16歲的我。叔叔在升上高中後，擬定出當醫師的計畫。首先，為了在18歲時通過醫大考試，想清楚這一年、這個月、這一週、這一天該怎麼做，然後寫下來，一個一個付諸行動。當然，有時沒辦法按照計畫進行，這時我就會重新檢視、調整，每天按部就班。

今天開始，每天要看參考書5頁。

叔叔的
當醫師計畫

還剩
兩年……

1 努力查資料

15歲的我，叔叔在這個時候想當醫生。沒什麼特別的理由，只因為有次從電視上看到醫生，覺得好酷。其實什麼理由都沒差，只要心動就行了，先做再說。於是我拼命查資料。

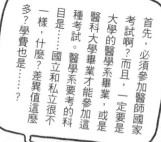

首先，必須參加醫師國家考試啊？而且，一定要是醫科的醫學系畢業，或是醫學系才能參加這種考試。醫學系要考的科目是……國立和私立很不一樣，什麼？差異值這麼多？學費也是……？

國立

學費

偏差值

私立

- 從事那項工作須具備什麼資格？
- 在高中和大學的時候，要學些什麼？
- 可以在什麼樣的公司做那項工作？
- 可以領到多少薪水？
- 工作時間是幾點到幾點？工作環境怎樣？
- 還有哪些相關工作？

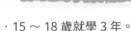
困境！

「遭家人反對！」

我念小學的時候，有次跟爸媽說：「我將來要當藝術家。」結果遭到強烈的反對。我雖然很氣，但仔細溝通後，才知道他們只是擔心我能不能餵飽自己。所以，我就把我當藝術家要怎麼餵飽自己的方法做成海報，在家人面前發表，於是他們就不再反對了。好好溝通，把自己努力的樣子「具體呈現出來」很重要。

- 15～18歲就學3年。
- 除了普通高中，還有專供學習音樂、農業的專科型高中。
- 有些學校提供夜間上課或通訊上課。

- 6～12歲就學6年。
- 有公立和私立學校，也有從小學到國中、高中的十二年一貫學校。

- 12～15歲就學3年。
- 有公立和私立學校，也有從國中到高中的一貫學校。
- 畢業後，約有99%的人進入高中，0.3%的人就業。

高中

國小

國中

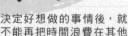

Q 決定好想做的事情後，就不能再把時間浪費在其他事情上了嗎？

A 不，人生絕對沒有「浪費」這回事。以前我在工廠工作時，有次跟廠長聊起我當時很迷的少女漫畫，結果廠長好像也很喜歡那個漫畫，我們便成為好朋友，他還因為信任我而提拔我為副廠長。瞧，居然有這種事。俗話說的沒錯，你永遠不知道什麼事情會在什麼時候派上用場。

事情以後「4個行動」

「持續」雖然很難，但能因此進步成長。

要將想做的事情變成工作，其實沒那麼簡單。讀書、訓練、老是做不出成績，全都會伴隨著「痛苦」。但持續下去，你會累積知識、技術和經驗，還能培養出深刻的思考。持續一年後，相信你會開心的說：「從前不會的，現在都會了。」過程中也有可能發現努力的方向不對，這時請拿出勇氣斷然停止。

3 找出當作為目標的人物

17歲的我。成績非但沒進步，還一直向下滑。大家都說我考不上醫學系，讓我好挫折，但我沒放棄，因為我有一個崇拜的對象。當目標很明確時，就會激勵自己：「要像他一樣的話，就要繼續努力才行！」

困境！

「覺得好麻煩！」
讀書、練習，的確有時讓人覺得好煩。但是，很多讓人覺得「好像很有趣」的事，其實也都是很麻煩的事。做成圓餅圖就像這樣。
可是啊，只要撐過麻煩，享受過一次成就感，圓餅圖就會變成這樣。
讀書和練習，再多做幾項檢查好了！

有趣 1%

麻煩 99%

雖然麻煩但很有趣 100%

4 試著往前踏出一步

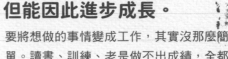

18歲的我。每天都在煩惱：「我真的想當醫生嗎？或者說，我當得了醫生嗎？」因此，我決定讓大腦休息，動動身體。我在附近一家醫院打工，做打掃工作，這才發現，我原以為醫生很酷，其實超級辛苦；但他們為了病人不斷努力的身影，也讓我感到十分敬佩。

· 大學畢業後，想進一步從事高階研究的人，就會進到這裡。

研究所

· 大學就學 4 年（醫學系、藥學系為 6 年），二技則是就學 2 至 3 年。
· 不只有一般的綜合大學，還有美術大學、音樂大學、醫科大學等，區分成各種領域。
· 有文學系、法律系、理工系等各種學系，可以學到專業的知識及技能。

大學

五專

· 五年制專門學校，主要是在 5 年期間，一邊學習普通科目，一邊學習工作所需的技術。
· 有電子、機械、建設、商船、化學等各種領域。

專科學校

· 就學 1～4 年。
· 廚師、美容美髮師、護理師、水電工程師等，決定想從事的工作後，可在這裡學習到具體的知識及技術。

有人因為沒錢而放棄升學，但有些國家會提供貸款的就學貸款制度，有些團體也會提供全額獎學金，可以找大人商量，或是上網查詢相關資訊。

假設你想做的事情真的變成你的工作，

你仍可能在將來的某一天覺得：「怎麼跟我想的不一樣？」

事實的確如此，工作並非終點。

只要我們活著，不論是想做的事情、喜歡的事情、價值觀等，

都會不斷改變。我反而覺得改變更好，改變表示成長。

這時候，請你一樣用這個筆記本，探索接下來的道路吧！

就算想做的

順便一提，天生我才必有用。

只是一開始我們的才能

都只有小小的「芽眼」而已，

如果不小心呵護，很容易就沒了。

保護的方法只有一個，

就是以「美學」為盾牌。

美學就是珍惜一切我們覺得美好的東西。

如果你想讓你的才能開出美麗的花朵，

就要好好保有自己的美學。

丟！

原本當醫生的叔叔，後來也因為種種問題，而到食品公司上班。

這個人的人生

我道行夫（40歲）

原本在製作電視台的教育節目，但突然轉念，重新進入大學，後來當起學校老師。

只要想做，
年齡不是問題！

總覺得⋯⋯
不太對？

繼續積極努力的嘗試

過程中，常會有些驚喜。因為，你覺得「好無聊」，很可能只是你還沒發現那項工作的樂趣。

例如：一本起初覺得很難的書，只要真心想理解而一邊查意思，一邊閱讀，就會突然出現「啊，好有意思喔」的一刻。不過，如果是你多次嘗試過後仍讀不下去的書，就沒必要硬讀了。

值得去做！
有意思！

關於工作

有小路、捷徑，還有大馬路呢！

走很多人走過的「大馬路」當然很好，但順著自己的心，或是聽從旁人的引導而從事那項工作⋯⋯這樣的人其實相當多喔。有時這種「稍微不一樣的路」反而更有趣，所以，也不必太計較自己選的是哪一種路，叔叔就是一個很好的例子。

我從小學到高中，都是在家自學，我靠自學程式設計，目前擔任工程師一職。

石津世衣，23歲

也能靠自學
找到工作喔！

距今一百多年前的大正時代有個統計，在同一個職位待超過十年的人（正確來說是指負責事務、管理等業務的人）根本不到一成，幾乎所有人都是幾年就換一個工作呢。

事情改變了……

未知的道路

一定還有很多工作是叔叔都沒有想到的，而且很有趣的道路。請務必好好尋找自己要走的路。

那片雲，長得好像筆記本啊……對了，做成筆記本來賣好了！

什麼都不做

也可以暫時從工作的煩惱中抽離，好好想一想，畢竟人生不是只有工作而已。

改變工作方式

除了工作，我們的生活中還會發生其他事情，例如自己突然生病、家裡人口變多、要照顧年老的父母等。因此，要考慮的可不只是做什麼工作而已，而是必要時重新檢討：「為配合目前的狀況，應該採取怎樣的工作方式才對？」縮短工作時間、在公司以外的地方上班等，隨著人生階段改變工作方式已是「理所當然」了。

換工作

換工作可以是更換工作地點，也可以是更換職務內容。而「職涯顧問」就是提供換工作協助的專家。有些公司要找人的時候，也會向職涯顧問諮詢，他們都很清楚所有工作的狀況。凡是有換工作的煩惱，都可以找他們諮商。

創業

創業就是自己當老闆。不論多大的公司，剛開始都只是一家小公司。如果有想做的事情，自己開公司或許是最快的方式。

特輯

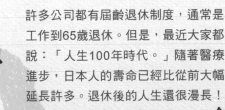

我女兒出生了，所以我請了三個月的育嬰假。後來回去上班，也調整成一週有兩天在家工作。
M，30歲

許多公司都有屆齡退休制度，通常是工作到65歲退休。但是，最近大家都說：「人生100年時代。」隨著醫療進步，日本人的壽命已經比從前大幅延長許多。退休後的人生還很漫長！叔叔我接下來要做什麼呢～

職涯顧問

尾路先生，您說的「成長」是指什麼事情呢？

我認為待在這家公司沒辦法成長……

10年前的叔叔

我在46歲前只是一個普通的家庭主婦，後來，我為了健康而開始健走，沒想到很多人跟我問起健走的事，於是我在50歲時開了一家健走教室。真沒想到我也能自己開公司呢！

是喔！

開始做副業

副業就是除了主業外的其他工作。由於從副業獲得的知識及技術也能應用到主業上，因此最近很多公司也開始允許員工從事副業。或許這是個可以將喜歡的事情變成工作的可行性辦法。

接下來全是空白頁。請您自己填寫吧！

請將這個筆記本介紹給你的朋友喔！

好像是呢……

咦結束了？

192 【田徑選手】

📝 參加 100 公尺賽跑、跨欄、標槍、馬拉松、競走等田徑比賽。每天都要進行訓練以求進步，締造出來的佳績也會為所屬企業帶來宣傳效果。有些人本身即是企業員工，負責固定業務。

✏️ 登錄各地政府的田徑競技協會，進入日本田徑競技聯盟。很多選手是高中、大學畢業後，進入企業的田徑部。

✡ ❶ 為贏得拿手項目而不斷提升實力的「專項訓練能力」。❷ 由於比賽時間多半很短，因此須具備在正式比賽時發揮最佳實力的「超級自我管理能力」。

☹️ 以 0.01 秒之差落到第四名。

193 【職棒選手】

📝 與加入日本職棒機構（NPB）的球團簽約，參加正式比賽。平常要不斷練習，在一年大約舉行 140 場正式比賽中，取得聯賽優勝，進而爭取日本第一。

✏️ 在高中、大學、社會人的棒球隊中表現優異，被球團的球探挖掘，並在日本職棒選秀會議中成為各球團指名想簽約的選手，進而通過球團舉辦的入團測驗。

臺灣資訊
請見287頁

✡ ❶ 具有優異的跑攻守其中一項或全部能力的「一枝獨秀或全能型運動能力」。❷ 在關鍵時刻對獲勝做出貢獻的「不假思索行動能力」。

😄 獲勝而與隊友舉杯慶祝，一年的疲憊就此一掃而空。

194 【排球選手】

📝 隸屬參加日本排球聯賽的企業隊伍或俱樂部隊伍，在企業擔任職務同時練習，然後出場比賽。每年的 10 ～ 2 月於全國各地舉辦的聯賽中爭奪排名，贏得冠軍。

✏️ 在高中、大學的排球隊表現優異，實力獲得認可而與企業或俱樂部球隊簽約。

✡ ❶ 看到球飛過來，就知道自己該扮演什麼角色而立即行動的「迅速判斷力」。❷ 與隊員共同打拚的「全員合體能力」。

☹️ 明明每次比賽都很精采，但觀眾人數都沒增加。

195 【職業拳擊手】

📝 舉辦一決勝負的拳擊比賽，取得名為「格鬥獎金」的報酬。依體重分成「輕量級」、「重量級」等不同級別，以取得該級別的冠軍為目標，提升排名。

✏️ 成為加盟日本職業拳擊協會的格鬥運動館的見習生，學會技術後，通過專業考試，取得執照。16 ～ 34 歲的男女，只要健康合格，皆能參加專業考試。

✡ ❶ 擁有「非比尋常的動態視力」並閃避快攻到眼前的每一拳。❷ 體重過重就不能出賽，因此須徹底管理體重的「堅毅耐性與卓越知識」。

😄 對方的動作全在事前的預料中，最後一拳獲勝。

196 【籃球選手】

📝 男生可參加日本職業籃球聯賽的球隊，女生則是隸屬參加日本女子籃球聯賽的球隊，然後出場比賽，爭取冠軍。由於日本沒有女子職籃聯賽，因此都是一邊在企業工作，一邊當選手。

✏️ 在高中、大學的籃球隊表現優異，因企業或俱樂部球隊的球探挖掘而簽約。在男生的日本職業籃球聯賽，有些人是參加「測試會」，球技獲得球團賞識後簽約成為選手。

臺灣資訊
請見287頁

✡ ❶ 靈活運用身體四肢運球的「馴服籃球能力」。❷ 比賽中雖會激烈衝撞，依然「勇往直前的能力」。

😄 不用言語，球隊一樣默契十足，運球暢行無阻。

197 【橄欖球選手】

📝 隸屬企業的橄欖球隊，參加日本橄欖球頂級聯賽，爭取冠軍。贏得比賽能提高球隊的知名度，自然能為公司帶來宣傳效果。很多選手同時兼具公司職員（負責一定職務）及選手兩種身分。

✏️ 在高中、大學的橄欖球隊表現優異，被球探挖掘因而進入球團。也有人是參加「測試會」，實力獲得認可而進入球團。

✡ ❶ 比賽中，即便激烈衝撞仍能看清周圍情況而採取適當行動的「冷靜能力」。❷ 為求勝利，與全體隊員一起執行戰略的「One for all, all for one 精神」。

☹️ 練習很辛苦，連帶身體也很痛苦。

198 【職業摔角選手】

📝 在聯賽上華麗的表演，或是舉辦「職業摔角」比賽，與對手較勁各種技巧。與其他格鬥競技不同，職業摔角是一種「娛樂表演」，因此會穿著特殊服裝，或是設計擂台招式來取悅觀眾，與粉絲互動也很重要。

✎ 參加各職業摔角團體舉辦的 18 至 25 歲新人招募活動，通過體力測試成為見習生，之後接受培訓再出道。

✧ ❶ 不論對方出什麼招，都能接得住的「不屈不撓身體」。❷ 不在擂台上也能全力取悅觀眾的「娛樂能力」。

😀 不僅有藝人般的人氣，技巧也同時受到肯定。

199 【職業網球選手】

📝 參加國內外舉辦的網球比賽，獲勝並贏得獎金。為了保持最佳狀態，要不斷與教練及訓練員巡迴各地參賽。根據每次獲勝所累積的積分決定排名，與全世界的網球好手爭奪世界第一。

✎ 在網球學校磨練球技後，參加有積分制的比賽並獲勝，提高在國內的排名，待成績獲得認可後，即可登錄日本網球協會成為職業選手。

✧ ❶ 比賽時全神貫注，不論什麼球都能回擊的「極致瞬間爆發力」。❷ 即便因失誤而氣餒，也能快速揮別陰霾的「意志掌控能力」。

😀 瞄準球且不偏不倚的打中。

200 【游泳選手】

📝 參加國內外的游泳大賽，取得好成績。很多選手是隸屬於企業的游泳隊，由企業贊助比賽費用，如果取得好成績，就能為企業宣傳。

✎ 登錄各地政府的游泳聯盟即可成為選手，但若要參加比賽，成績必須優於該大會的標準紀錄才行。大部分人是在高中、大學時留下好成績，然後隸屬於企業隊伍而參賽。

✧ ❶ 在水中這個人類不擅長活動的世界，也能手腳運用自如的「如魚得水能力」。❷ 開發適合自己身體特性的泳技，並將該技巧練到極致的「精益求精能力」。

😣 不論怎麼練習成績都無法進步，而且找不到原因。

認 真 工 作 宇 宙 人

職業名稱

全宇宙工作資料蒐集員

工作內容

從傳送到宇宙最夯穿戴型資訊通訊機器「資料觀測鏡」的資料中，蒐集與工作相關的資料。立即找出宇宙中不斷產生且尚未命名的新工作，調查其工作內容、具備資格、特殊能力、讓人們開心或辛苦的時候，整理成資料。有時會與宇宙瞬移士一起往來於星際間，實地勘查是否有新的工作。

＊這位宇宙人出現在書中的哪些地方呢？找找看吧。

具備資格

進入資料蒐集公司，隸屬工作資料部。各星球都有分公司，剛進入公司的新人，通常會派至現場調查。

特殊能力

❶當有人問：「什麼是工作？」就能滔滔不絕說上好幾天的「對工作的愛」。❷為了與宇宙瞬移士建立信賴關係而具備的「柿種供給能力」。

辛苦的時候

由於資料容量有限，只能列出該工作「開心的時候」或「難過的時候」，無法兩者都列出來時。

201 【美甲師】

📝 用銼刀等工具修整客人的指甲，塗上指甲油並裝飾華麗可愛的小零件，讓指甲變美麗。傾聽客人的希望，依客人的服裝及氣質，推薦適合的設計及顏色，同時建議保養指甲的方法。

臺灣資訊
請見288頁

✏️ 在專門學校學習技術與知識，取得相關證照後，進入美容相關公司工作。

⚡ ❶ 能在小小的指甲上表現出優美藝術的「在小世界創造非凡藝術能力」。❷ 學習最新技術及流行知識，讓客人覺得「我下次還要再來」的「一試成主顧能力」。

☹️ 長時間做精細的作業，導致肩膀痠痛、眼睛疲勞等。

202 【經絡按摩師】

📝 按摩客人腳底或手掌上的穴道反射區，促進血液循環，提升內臟機能，協助客人維持健康。推薦客人符合其身體及健康需要的課程，藉由舒服的按摩來消除身心疲勞。

✏️ 在日本經絡按摩師認定機構等民間團體所開設的學校學習，然後取得團體所認定的執照，進入經絡按摩店或美容沙龍。

⚡ ❶ 在「舒服」和「疼痛」的中控制得宜的「指壓控制能力」。❷ 將陌生的健康保養方式先用在自己身上的「以身試法研究精神」。

😄 看到客人的體態變漂亮時。

203 【美容師】

📝 傾聽客人對皮膚或身材的煩惱或是願望，然後用手或器具幫客人實現願望。除了讓客人變美麗，也要按摩讓客人覺得舒服。有時要教客人自我按摩的方法，甚至是幫客人除毛。

✏️ 在專科或大學學校學習知識與技術，取得民間的認定資格後，進入美容沙龍或美容院等。

⚡ ❶ 不只用知識，還要用感覺去探索客人身體變化的「指尖魔術師能力」。❷ 抱持「美能豐富人生」的信念，為此不斷學習知識與技術的「美的哲學家能力」。

☹️ 忙到沒時間休息，沒辦法好好坐下，以致體力吃不消。

204 【芳療師】

📝 傾聽客人的身體狀況及心情，挑選合適的植物精油，塗抹在客人的肌膚上並按摩。藉精油的香味及輕鬆的聊天幫助客人放鬆心情，藉按摩來改善身體及肌膚狀況。

✏️ 在設有美容科系的專門學校或資格認定學校學習，取得「芳療師檢定」資格。除了在美容沙龍、芳療用品店、醫療機構工作外，有些人則是累積經驗後在自家開設沙龍。

⚡ ❶ 依照客人的身體及心情狀況調製最佳精油的「客製化芳療能力」。❷ 運用精油香味讓環境舒適的「創造氣氛魔力」。

😄 客人有感而發的說：「香氣雖然看不到，但真的很重要。」

205 【推拿按摩指壓師】

📝 傾聽有腰痛、肩膀僵硬等煩惱的患者心聲，理解其疼痛部位及症狀後，施以揉捏、按壓、磨擦等按摩技法。不使用器具而徒手按摩，促進客人的血液循環，緩和疼痛和僵硬。

✏️ 具備「推拿按摩指壓師」國家資格。在大學或專門學校上3至4年的培訓課程，通過資格考試。在治療院所、醫院、安養中心等累積經驗後，可以獨立開業。

⚡ ❶ 看出肉眼看不到的肌肉狀態的「神之眼」。❷ 依照肌肉狀態巧妙調整力道的「神之手」。

☹️ 其他店家削價競爭，而且生意很好時。

206 【針灸師】

📝 「針」是用注射針大約3分之1的細針，插進身體的穴位給予刺激；「灸」是將艾草放在皮膚上點燃，用熱度來刺激穴位。針灸師即利用針灸療法，促進患者血液循環，以減輕腰痛、肩頸僵硬等不適。近年不少運動選手或是想變美的人也會尋求針灸師的協助。

臺灣資訊
請見288頁

✏️ 具備「針師」、「灸師」等資格。在國家認定的大學或專門學校上三年以上的培訓課程，取得考試資格並通過這二種考試。有些人在治療院所工作一段時間後即獨立開業。

⚡ ❶ 操作細針的「手指靈巧度」。❷ 將過去治療經驗應用在其他患者身上以提升技術的「探索身體奧妙能力」。

😄 治好連醫師都治不好的患者。

207 【整復師】

📄 對患者施行「整脊」療法，協助矯正骨骼或脊椎，導引出身體本來就具有的力量。仔細檢查患者的身體狀態，用徒手或電療等方式矯正身體的歪斜，使姿勢正確、消除疼痛，讓身體健康。

📎 在取得國際認證的正規學校學習技術及知識後，進入整復診所或按摩沙龍。

✧ ❶ 從患者的身體歪斜情形看出疼痛的原因，並協助解決的「身體重整能力」。❷ 喜歡研究人體而持續精進的「探究身體機制能力」。

😃 不斷鑽研伸展方式或身體的按摩方式，進而發現有效的新方法。

208 【健美先生】

📄 鍛鍊健美的肌肉，展現在大眾面前。每天在健身房花費數小時鍛鍊全身肌肉，採取增肌飲食，打造具平衡美的肌肉，然後參加健美大賽。

📎 登錄日本健美健身聯盟（JBBF）就能參加健美大賽。由於獎金很少，因此很多人會同時尋找提供資金的「贊助商」，或是經營健身房。

✧ ❶ 每天確認重訓及飲食對肌肉產生何種影響的「假設檢證能力」。❷ 將所有辛苦化作肌肉的「熱情」。

😃 比賽前，肌肉如願完美成形！

209 【健康運動實踐指導員】

📄 在健身俱樂部等運動設施、安養中心、醫院，一對一的配合客人或患者的身心狀態，擬出運動計畫，並實際進行指導。有時也要指導高齡者或患者復健。

📎 參加健康運動實踐指導員培訓講座，通過認定考試。

✧ ❶ 讓客人追求健康生活「要活就要動說服力」。❷ 不斷提出新的建議，讓客人永不厭煩的「創意能力」。

😣 多次糾正客人的錯誤動作，但對方依然調整不過來，因此感到無力時。

210 【運動教練】

📄 教導人們從事游泳、體操、舞蹈等運動，使之樂在其中並獲得進步，還要指導活動身體的正確方式、運動器具的正確使用方式等。讓大人小孩、甚至是老人家，都能知道運動的好處及樂趣。

📎 在大學、專門學校學習運動學及營養學後，進入健身俱樂部或運動設施單位。

✧ ❶ 鼓勵人們想做運動、持續運動的「激勵人心能力」。❷ 觀察人們使用身體的方式，找出做不到的原因並加以指導的「觀察支援能力」。

😃 不擅長運動的客人說：「沒來這裡就全身不對勁。」

211 【瑜伽老師】

📄 教導「瑜伽」（一種源自古印度的養生方法），及以其呼吸法為基礎的運動。老師示範動作並教導學生做法及思考方式。一邊做瑜伽一邊放鬆，能促進身體血液循環、身心舒暢。

📎 參加瑜伽團體所舉辦的講座，然後進入瑜伽學校或健身俱樂部。也有人獨立開設瑜伽教室。

✧ ❶ 能親自示範，將困難的動作優美的表現出來的「身體柔軟度」。❷ 考量季節、天氣、學生的身體狀況，而準備每天課程的「與大自然一體的能力」。

😃 看到學生做出正確且優美的動作，開心的喊出「漂亮！」。

212 【健身俱樂部職員】

📄 經營設有游泳池、健身房、舞蹈教室等運動設施，供使用者健身運動。為使用者介紹設施及使用條件、辦理入會手續、接電話，還要保養機器、指導使用方法等。

📎 進入經營健身俱樂部的公司。除了在店裡工作，有時也要負責企劃及宣傳活動。

✧ ❶ 用真誠的笑容迎接使用者的「誠摯歡迎能力」。❷ 每天都默默支持努力運動的人，「讓會員安心、放心的無形力量」。

😣 好不容易跟會員建立感情，卻要調去其他分店的時候。

213

家事調查官

好想趕快知道這孩子真正的想法……不,不行!不能急著要答案。不要被那些常用的理由給綁住,要仔細詢問清楚。

214

少年保護官

這孩子起初都不理我,花了好長時間,現在總算願意敞開心門了……雖然有點寂寞,但希望他不要再回來這裡了。

216

個案管理師

她自己也很想起來走路呢,這樣的話,短期目標就設成「可在室內自由走動」,長期目標則設為「可以散步至附近的公園」。

盛山太太,這位是鈴木朋美,今天起由她負責照顧您。

三餐都吃得開心嗎?

215

照護服務提供專員

鈴木好像有點緊張,但她很體貼,做事也很細心,可以放心把工作交給她。

盛山太太,您有什麼煩惱的事嗎?

219 長照專案專員
明天前要處理完這件申請案才行⋯⋯可是下午有會議,照顧服務員也有事拜託我,啊,來不及了!

222 護佐人員
水川先生的孫子昨天來看他,所以他今天看起來很有精神呢!我雖然不能代替他的家人,但至少能開心的和他說說話!

223 營養師
盛山太太好像沒什麼食慾,聽說她最近體力變差了,希望她能多攝取蛋白質啊⋯⋯

今天的肉是不是味道太鹹了?

218 生活諮商人員
盛山太太是今年三月來的,她很積極的參加活動,看來已經很習慣這邊的生活了,只是,都沒有看她笑過⋯⋯

盛山太太,慢慢來沒關係喔!

221 照顧服務員
慢慢來沒關係,重點是自己做。我看我就先不幫忙,看著她做好了。

217 照護輔具諮商專員
嗯,跟之前比起來,現在走起來順暢多了。果然從鐵製改成碳纖維製比較輕。

用起來有什麼地方不方便呢?

關於住院費用,如果利用這裡的制度,就可以領到補助金。

224 寵物犬訓練師
莉莉原本很怕生的,現在好多了。牠的個性穩定又活潑,真是一隻最棒的治療犬啊⋯⋯

這隻狗狗叫「莉莉」。

220 醫療社工人員
既然盛山太太的兒子來了,我就可以好好跟他說明費用的事情。嗯,有點複雜,先從住院費用說起⋯⋯

213 【家事調查官】

📄 在家事法庭（專門處理夫妻、家人間的糾紛，或是少年犯下的案件）負責調查事情的發生背景，蒐集資訊，再向法官報告。與關係人、本人對話，進行心理測試，然後寫成報告提供法官判斷。有時也要負責做心理諮商。

✏️ 通過「法院職員任用綜合職考試」，取得「家事法庭調查官補」資格後，獲得各地家事法庭聘用，再通過兩年培訓。

臺灣資訊
請見288頁

✡️ ❶ 除了聽懂對方的意思外，還要能聽出難言之隱的「洞悉心聲能力」。❷ 即便是四處碰壁的案件，仍能從微小訊息中看出希望的「探索光芒能力」。

😊 一直不願開口的少年，終於一點一滴吐露心聲時。

214 【少年保護官】

📄 協助犯法的未成年者反省罪過，重新回到社會。在少年觀護所照顧他們，並觀察他們的言行，製作審判資料。有再犯之虞者則送進少年輔育院，也有少年保護官在輔育院教授各個科目，訓練他們就業。

✏️ 通過法務省專業職員（人類科學）任用考試的「少年保護官類考試」，再通過志願管區（希望工作的區域）面試。

臺灣資訊
請見288頁

✡️ ❶ 與對方面對面，逐一解決其困擾的「認真盯住對方的韌性」。❷ 從未成年者的表情和動作，看出他在想什麼的「心機微觀能力」。

😊 收到從前輔導過的少年寫來的感謝信。

215 【照護服務提供專員】

📄 協助高齡者在自家接受高品質的「居家照護服務」，並負責統籌居家照顧服務員。協助辦理手續、家訪問、面談以了解需求、安排適合對方的居家照顧服務員。還要做現場管理，例如技術指導照顧服務員進行等。

✏️ 取得「照顧服務員」國家資格，或是修完「照護職員實務者研修」課程。

✡️ ❶ 在顧及照顧服務員之間情誼的情況下安排班表的「三方皆滿意管理能力」。❷ 根據使用者的身心狀態而下達詳細指示的「領導照顧服務員能力」。

😊 個案管理員說：「謝謝你每次都介紹很有能力的照顧服務員過來。」

216 【個案管理師】

📄 被照護者與提供照護服務者之間的橋梁。大致分為兩類，一類是在老人之家等照護機構工作的「機構個案管理師」，一類是協助居家高齡者的居家照護支援事務所的「居家個案管理師」。根據使用者的健康狀態及家人的想法擬出照護計畫後，然後安排照顧服務員。

✏️ 通過各地政府舉辦的「照護個案管理師」資格考試，參加實務研習後再進行登錄。應考條件為，取得醫療社福相關的國家資格，並工作五年以上。

✡️ ❶ 針對每一位需要照護者的期望而擬定計畫的「客製化能力」。❷ 無法按計畫進行時，能夠馬上歸零重新思考的「從零開始的能力」。

😞 照護者的家人要求太多，無法逐一滿足。

217 【照護輔具諮商專員】

📄 輪椅、欄杆、電動床等協助被照護者生活的用具稱為「照護輔助用具」，而諮商專員就是在輔具出租店工作，向客人介紹輔具的挑選方法及使用方法。了解使用者的狀態及生活環境後，推薦合適的用具，並於開始使用後，定期到使用者家裡訪問，檢查用具等。

✏️ 參加「照護輔具諮商專員指定講習」，通過筆試，取得「照護輔具諮商專員」資格，或是具備「照顧服務員」、「護理師」等國家資格。

✡️ ❶ 向使用者推薦最合適用具的「找出最佳用具能力」。❷ 有新產品出現時，覺得「又有很多人會很開心」的「照護進步能力」。

😞 腰部受傷疼痛而沒辦法工作。

218 【生活諮商人員】

📄 在醫療、教育、社福、長照等機構，成為利用者及其家人諮商的窗口。很多人是在老人之家工作，工作內容依職場不同，例如守護利用者、成為與相關機構的窗口、根據個案管理師所寫的計畫書來執行業務等。

✏️ 各地政府要求的工作資格不同，通常須畢業至大學的社會福利相關科系畢業，取得「社工師」、「精神保健社工師」、「社會福利主事任用資格」中任何一種資格，多半是進入老人福利機構或身心障礙者福利機構。

✡️ ❶ 幫助生活有困難的人將「陰霾」轉為「陽光」的「吹散內心風雨能力」。❷ 能夠招待參觀，也能協助照顧服務員的「全方位能力」。

😊 看到開始使用設施或服務的人臉上綻放著光彩。

219 【長照專案專員】

在長照機構負責接待、接電話、結帳、製作文件等行政作業，協助機構營運順暢，讓使用者及其家人心安。主要業務是根據國家的社會福利保險制度，分別計算出使用者的自付金額及國家的補助金額，然後製作申請書。

進入長照服務事業機構、老人福利機構等。具備長照保險制度相關知識、照護相關資格等比較有利。

❶ 每位照護者的服務內容不同，因而必須具備「清楚掌握照護者個別狀況的能力」。❷ 能親切對待照護者，同時耐心完成複雜作業的「瞬間切換模式能力」。

交出每個月的申請書後，終於可以喘口氣。

220 【醫療社工人員】

接受患者及家屬對於任何問題的諮商。待在醫院、社會福利機構、保健所等，傾聽各種煩惱，例如：「醫藥費太貴，付不起」、「對治療方式感到不安」、「出院後需要人照顧，不知怎麼辦才好」，給予具體的協助。

依工作場所而異，公立醫院和機構須通過公務員考試。一般就業條件是具備「照顧服務員」等國家資格。

❶ 確認對方能申請的保險及社會福利後，立即與相關單位聯繫的「完全善用制度的能力」。❷ 協助患者在煩惱中釐清現實與看見希望的「讓人積極向上的能力」。

受限於制度，無法如願提供支援。

221 【照顧服務員】

協助殘障人士或老人過日常生活。為了讓使用者可以盡量自理生活，視其需要而給予飲食、如廁、入浴、更衣等協助，有時也會幫忙做洗衣、打掃、購物等家事。

從設有照顧服務員培訓課程的大學、短大、專門學校畢業，或是在長照機構工作3年以上，上過研習課程後，通過照護相關資格中的國家資格「照顧服務員」考試。

❶ 將對人的友善化為能量的「心理整備能力」。❷ 同樣的回憶已經聽過好多遍了，仍能打從心裡歡喜憂傷的「尊重對方人生的敬意」。

被照顧者一天天進步的時候。

222 【護佐人員】

在長照機構或醫院守護照護者，或者幫忙打掃等雜務。為了讓照顧服務員專心從事協助飲食、入浴、如廁等直接接觸到照護者身體的工作，幫手要負責更換床單、餐點配送、陪對方聊天、協助參與活動等雜務。

登錄專門提供照護幫手的派遣公司，或是直接到招募照護幫手的機構應徵。

❶ 看出照護者想要做某事而及時協助的「時機察覺能力」。❷ 與照護者聊天，讓現場氣氛輕鬆愉快的「努力讓人愉悅的能力」。

很想快點上手，但老是幫不上忙而心急時。

223 【營養師】

具備飲食、營養相關專業知識，提出健康生活的建議。在醫院則配合個別患者的狀況製作菜單，提供營養指導；在長照機構和學校則思考營養均衡的菜單，進行調理。

從設有管理營養師培訓課程的大學或專門學校畢業，通過國家資格「管理營養師」考試。也有人取得「營養師」資格後，再去考取「健康管理師」的執照。

❶ 腦中儲存豐富的食材成分、味道等資料，隨時可提取運用的「營養圖書館能力」。❷ 讓人無損食慾並吃得很健康的「讓身體一直維持健康狀態的能力」。

老人家說：「肉煮得很軟嫩，好久沒吃到這麼好吃的肉了。」

224 【寵物犬訓練師】

負責訓練寵物。在家裡飼養寵物的話，先聽主人描述生活環境及寵物個性等，再用適當的方式教導寵物上廁所、吃飯、散步等規矩，訓練牠們不要亂叫。有些人是專門訓練「治療犬」來陪伴老人。

在專門學校學動物、寵物相關知識，取得「寵物犬訓練師執照」等資格，即可進入寵物犬訓練教室或寵物店工作。

❶ 隨時將心比心，思考寵物犬每一項行為原因的「寵物犬視角」。❷ 教導飼主如何與寵物犬溝通的「翻譯寵物犬心思的能力」。

透過訓練，寵物犬的表情和態度都有明顯轉變，主人也因此十分開心的時候。

225 【兒童生活輔導員】

📋 可能是基於家庭因素，有些 2～18 歲的小孩無法與家人同住，而須送到兒童教養機構，兒童生活輔導員的工作就是照顧他們的生活，培養他們獨立。除了擬定指導計畫、準備每天的餐點、洗衣服等，還要指導功課、陪伴遊戲、與父母面談、輔導升學就業等。

✏️ 取得「兒童生活輔導員」資格。方法有：在大學學過社會福利學、心理學、教育學、社會學等，並順利畢業；或者修過各類教師教育學程、受過生活輔導人員專業訓練，並獲得認定等。

✨ ❶ 調整生活步調以配合小朋友的「生活適應能力」。❷ 透過遊戲或閒聊來了解小朋友真正心聲的「家族觀點觀察力」。

☹️ 看見小朋友因為想念爸媽而難過。

226 【助產師】

📋 協助產婦平安順產。從生產過程到懷孕時期、生產後，都要關心媽媽的健康管理，進行飲食指導，並對如何照顧小寶寶提出建議，從身心方面協助母子展開新生活。

✏️ 取得國家資格「護理師執照」後，從設有助產士培訓課程的學校畢業，通過「助產士執照」國家考試，然後進入設有產科的醫院、診所或助產所所。

臺灣資訊請見288頁

✨ ❶ 能夠自然而然細心照顧媽媽的「喜歡照顧別人的能力」。❷ 生產時，能立即處理突發狀況的「臨危不亂能力」。

😊 即便多次參與寶寶出生那一刻，仍會被生命的奧妙所感動。

227 【嬰兒按摩指導員】

📋 教導爸媽如何用雙手溫柔的幫小嬰兒按摩。嬰兒按摩不但能讓嬰兒心情穩定，也能有效刺激身體和大腦，爸媽本身也能獲得放鬆效果。將這門技術告訴更多人，創造出更多的溫暖時光。

✏️ 參加嬰兒按摩指導員培訓，取得資格，然後在自家或醫院、保健所、幼兒園、地區活動上進行指導。

✨ ❶ 熱切想幫助容易產後憂鬱媽媽的「肯定媽媽辛勞能力」。❷ 將快樂傳達給爸媽的「散播幸福快樂能力」。

😄 看見滿臉疲憊的爸媽因為嬰兒按摩而露出笑容。

228 【婦產科醫師】

📋 分為從懷孕期到生產、產後，定期為媽媽和嬰兒診療的「產科」，以及專門診療女性特有疾病的「婦科」2 種。由於生產時間無法準確預估，相較起來，負責接生的產科醫師總是比其他醫師更容易遇到突發狀況。

✏️ 在大學的醫學系或醫科大學修學六年，通過國家考試取得「醫師執照」，然後在醫院當兩年以上的「住院醫師」，再以婦產科醫師為志願。

✨ ❶ 讓患者安心接受治療的「說明能力」。❷ 不論遇到何種狀況，都能做出最妥善處理的「拯救生命能力」。

☹️ 連續接生小孩，已經好多天都住在醫院，而且都是很緊急的狀況。

229 【衛教師】

📋 負責各種指導與協助，以預防當地人生病，促進健康生活。例如到有小寶寶的家庭做訪問，了解成長發育狀況，進行預防接種，指導家人如何照顧老人，還要宣導疾病相關知識等。每天充實的進行各種活動，力求人人健康平安。

臺灣資訊請見288頁

✏️ 在臺灣除了「糖尿病衛教師」需另外考取證照，其他衛教師皆是具備「護理師」資格，除了在醫院服務，也有人在地區衛生所、學校、長照機構或企業等服務。

✨ ❶ 即便對方說他沒問題，仍會默默關心的「隨時關心別人的能力」。❷ 不分男女老幼都能親切對話的「開闊胸襟」。

😊 地區民眾的平均壽命提高。

230 【教保員】

📋 在專收 0～6 歲兒童的幼兒園中照顧小朋友，守護他們的生命安全。隨時注意小朋友的身體狀況及安全，並在室內為他們讀繪本、教唱歌，在公園一起玩耍，協助他們自己進食與更換衣服等。創造一個安心托育的環境，讓無法全天候照顧小孩的父母無後顧之憂。

✏️ 從設有教保員培訓課程的大學或短大、專門學校畢業，如果要任職於公立學校則要另外參加國家考試。

✨ ❶ 保護小朋友的人身安全，並照顧他們身心成長的「愛與覺悟」。❷ 不論什麼時候，都能耐心陪伴小朋友一起慢慢學習的「守護能力」。

😊 看到平時很內向的小朋友在運動會的接力賽上全力奔跑。

231 【育兒諮商師】

📄 傾聽有育兒煩惱者的心聲,給予正確的建議,助其解決問題的「育兒專家」。開設親子教室,教導育兒方法,以及如何透過按摩、遊戲等肌膚親密接觸來撫慰親子的心。

✎ 取得「臨床心理師(58頁)資格或其他民間團體認定的資格。有些人是在地方政府的「育兒諮商」窗口服務。

✧ ❶ 讓心情煩躁的父母能夠好好說出心事的「引導對話能力」。❷ 讓對方放鬆心情的「平穩說話能力」。

☹ 眾人的問題差異過大,以致無法逐一順利解決時。

232 【小兒科醫師】

📄 治療0～15歲兒童的疾病,讓兒童本人及家人都能安心而恢復笑容。如果是還無法用言語表達的小朋友,則要從他的動作及表情來解讀症狀。不論是感冒、皮膚病或耳疾,只要是身體的症狀都要醫治。

✎ 在大學的醫學系或醫科大學修學六年,通過國家考試取得「醫師執照」,然後在醫院當兩年以上的「住院醫師」,再以小兒科醫師為志願。

✧ ❶ 讓小朋友覺得「生病一點也不可怕」的「溫柔可靠眼神」。❷ 用綜合性觀點來判斷疾病的「超級診斷能力」。

😊 定期前來的小朋友一見面就喊出:「醫生叔叔!」並伸手討抱抱的時候。

233 【幼兒園老師】

📄 照顧學齡前小朋友的基礎教育。守護自由玩耍中的小朋友,或是在歌唱、跳舞、做勞作的過程中,讓孩子自然學會良好的生活習慣、語言表達能力、與朋友相處等。小朋友回家後,則要準備隔天的教學課程、打掃教室等。

✎ 在設有幼兒園老師培訓課程的大學、研究所修課,然後取得「幼兒園老師執照」。

✧ ❶ 有「在心裡播下希望種子的能力」,讓小朋友快樂的迎向未來。❷ 讓小朋友體驗各種生活的「活潑多樣化能力」。

☹ 雖然多少知道會有這種情況,但沒想到會親眼看見小朋友欺負別人。

234 【兒童社工員】

📄 在兒童諮商所(接受育有未滿18歲小孩之父母的諮商,或是保護受到父母虐待的小朋友)的諮商人員。傾聽這些父母及小朋友的心聲,進行家庭訪問等調查,然後指導親子恢復正常平和的生活。

✎ 通過日本地方公務人員考試,然後自兒童福利司養成學校畢業或是上完指定的講習會的課程,最後須取得「兒童福利司」資格。

臺灣資訊
請見288頁

✧ ❶ 面對任何問題都不放棄,持續努力解決的「不屈不撓精神」。❷ 不從外表判斷,而能思考原因的「追根究柢能力」。

😊 在關係不佳的親子間搭起溝通橋梁後,看見親子都流下感動的眼淚。

123

235 【護理師】

📋 協助醫師診察及治療，讓患者逐漸康復。測量患者的體溫、血壓，幫忙打針、打點滴，還要照顧住院中的患者。緩解患者及其家人的情緒也是重要工作之一。

✏️ 在大學的護理學系、護理專門學校學習，或是國中畢業後進入五專的護理科學習，然後通過國家考試。

✨ ❶手腳俐落，能進行許多工作的「全方位辦事能力」。❷耐得住人命關天的緊張感，以及辛苦值夜班的「強韌意志力」。

😊 長期住院的患者出院時，雖然有些不捨，但還是為他高興。

236 【醫事放射師】

📋 為了檢查患者的身體內部，根據醫師指示，用一種稱為「放射線」的特殊光線照在身體上，以拍攝體內狀況。其他還有拍攝身體斷層面的「CT檢查」，使用電磁波觀察內臟、血管的「MRI檢查」，以及使用放射線照射以殺死癌細胞等。放射線帶有危險性，放射線技師是正確使用儀器的專家。

✏️ 在設有診療放射線技師培訓課程的大學或專門學校學習，然後通過國家考試。

✨ ❶正確解讀影像訊息的「體內想像能力」。❷邊緩和患者的不安，邊讓檢查及治療順利進行的「安心可靠能力」。

😄 在拍攝方法上下了工夫找出生病原因，而聽到醫師說謝謝。

237 【臨床醫檢師】

📋 在醫院或檢查中心，根據醫師的指示檢查，製作診察、治療所需的資料。分為「生理機能檢查」：使用各種醫療機器，直接檢查患者的心臟、大腦、肺臟等的活動狀況，以及聽力狀況；「檢體檢查」：檢查患者的血液、尿液、細胞等。

✏️ 在設有培育臨床醫檢師課程的專門學校或醫科大學等學習後，通過國家考試。

✨ ❶找出些微異常的「絕不漏看眼力」。❷與醫師、護理師等其他醫療人員合作的「關係建構能力」。

😄 明明不認識患者，但從檢查中看出他已逐漸康復，就感到很開心。

238 【病歷管理師】

📋 管理並分析醫師針對診察、檢查、治療所記錄下來的病歷資訊。確認病歷內容、將病名等資料輸入電腦，加以匯整。有時還會受醫師的委託整理患者資訊，以應用在日後的治療及醫院的經營上。

✏️ 在日本政府指定的大學或專門學校學習三年以上，或是自非指定大學、短大、專門學校畢業後，接受兩年的「病歷管理師通訊教育」，再通過認定考試。

臺灣資訊請見288頁

✨ ❶立即整理出對方所需資料的「管理能力」。❷想出更有效資訊運用方法，促進醫療發展的「用資訊開拓未來能力」。

😄 精心製作完成的資料，成為改變治療方針的關鍵因素。

239 【醫師】

📋 為患者看診、治療。正確判斷疾病的狀態，或是預防生病。查明身體不適的原因後，給予注射、點滴、用藥等處方，守護患者至康復為止。主要分為動手術治療疾病或受傷的「外科」，以及用藥物治療體內疾病的「內科」等。

✏️ 在大學的醫學系或醫科大學學習六年，通過國家考試取得「醫師執照」後，在醫院當「住院醫師」兩年以上。之後在醫院或診所工作，也有人是自行開業。

✨ ❶從患者的表情、言談、動作等解讀出症狀的「獨特觀察力」。❷持續學習新的治療法，追求成長進步的「日日精進能力」。

☹️ 有幾位患者處於危險狀態，因此連續好幾天都不得休息。

240 【藥師】

📋 具備醫藥品知識以及調配藥劑技術的「藥物專家」。在藥局或醫院的調劑科，根據醫師開立的「處方箋」（指示藥品的名稱及分量）準備好藥品，告知正確服用方式。必須確認患者是否對藥物過敏，以及不同的藥能否同時服用等。

✏️ 在藥科大學或大學的藥學系學習6年後，通過國家考試。

✨ ❶因為事關人命而絕不能出錯的「完美正確度」。❷讓患者可以放心詢問用藥事項的「可信賴親切感」。

☹️ 被患者問到非自己專業上問題時，例如「我的腰好痛，該怎麼辦？」

241【醫院祕書】

📄 在大醫院協助醫師處理各式各樣的雜務，讓他可以專心在醫療工作上。管理院長、醫師、護理長等的時程表，調整會議或訪客的時間，代訂出差用的機票及住宿等。此外，院長和醫師參加學會時，也要幫忙整理資料。

✎ 被大醫院聘任為醫療祕書。在專門學校或通訊講座上課，取得「醫療祕書技能檢定」。

↗ ❶ 安排時程表或視情況變更時程表，讓醫師做事更方便的「相關連結調整能力」。❷ 隨時筆記重要事項，隨時記住重要談話的「筆記魔人＆記憶魔人」。

☹ 醫師的指示不夠清楚，以致於不知道要跟誰聯繫時。

242【醫療器材臨床工程師】

📄 幫助患者呼吸的「人工呼吸器」，清除血液中毒素及廢物的「血液透析裝置」等，都是輔助患者的身體運作，保護生命安全的醫療機器，而醫療器材臨床工程師就是負責操作這些機器的技術人員，必須隨時檢查機器，使其運作無誤。

✎ 在醫療器材臨床工程師培訓所指定的大學或專門學校學習後，通過國家考試。具備護理師、臨床醫檢師資格的人，只要在設有臨床工學專業課程的學校學習一年以上，就可以參加考試。

臺灣資訊請見288頁

↗ ❶ 一發生任何異常都能立即處理的「絕不漏掉任何一個異常的能力」。❷ 每天學習新的醫療機器，並為能改善患者病情而開心的「連結機器與人的能力」。

☹ 放假時，只要一聽到救護車聲音，便緊張的想到：「說不定醫院會打電話過來……」

243【醫療事務員】

📄 在醫院或診所的窗口，負責患者的掛號、引導、結帳、預約、出入院手續等，協助患者順利的接受診察及治療。工作性質偏向從事行政工作來支撐醫院與診所的營運。。

✎ 獲得醫院、診所錄用。由於具備醫療費用計算方式等專業知識較有利，許多人是在專門學校或利用通訊教育學習後，通過「醫療事務技能審查考試」而取得資格。

↗ ❶ 除了患者以外，也要擁有與醫師、護理師友善互動的「仔細聆聽能力」。❷ 快速且正確的做好瑣碎事務的「靈活應變能力」。

😄 協助對診察感到不安的患者能夠與醫師好好配合醫師，最後獲得雙方的感謝時。

244【醫藥行銷師（MR）】

📄 在製造醫療用品等藥品的公司上班，到醫院對醫師及藥劑師說明自家藥品的正確使用方法、效果及安全性等，請對方採用。「MR」是「Medical Representative」的簡稱。同時蒐集醫院使用該藥物時的效果及副作用等資料，帶回公司提供參考，以製作更安全有效的藥品。

✎ 進入製藥公司擔任銷售人員，接受研習訓練後，通過「MR 考試」。

↗ ❶ 能與忙碌的醫師建立起信賴關係的「超級溝通能力」。❷ 不僅自家公司，對其他公司的藥品也保持高度關心，不斷吸收新知的「藥學能力」。

😄 某間醫院從前都是用別家公司的藥，經過努力後，現在改成採用本公司的藥了。

245【醫療軟體工程師】

📄 製作並管理用電腦輸入的電子病歷系統、透過網路進行的診察預約系統等。隨時檢查伺服器以防出狀況，要是發現問題便立刻解決。此外，不斷學習保護患者個資的「安全對策」，藉資訊技術「IT」之力來協助醫院發展。

✎ 通過日本醫療資訊學會舉辦的「醫療軟體工程師能力檢定考試」，進入銷售「醫療相關系統」的公司，很多人是派駐在醫院內工作。

臺灣資訊請見288頁

↗ ❶ 藉 IT 之力製作出嶄新又方便的系統「為醫療界帶入新氣象的能力」。❷ 讓人人都能使用該系統新功能的「開發無障礙系統的能力」。

☹ 系統故障雖然責任不在我，卻被不由分說的臭罵一頓。

關於器官捐贈，要請各位家屬您們溝通一下是否同意。

妳說症狀沒有繼續惡化嗎？

今天狀況如何？

251 NO DATA

他們能夠接受這個全新的產品，真是太感激了。應該不會辜負患者、照顧服務員，以及醫療人員的期待吧……不，這個產品肯定沒問題的！

246 器官移植協調師

好難過……這種情況下，我實在不願提這種事，但是我得振作起來，必須延續本人的遺願才行……

248 臨床試驗協調員

田中先生每次都問這件事，想必很不放心吧？

250 語言治療師

村上先生吃果凍不會嗆到，看來他的吞嚥功能已經恢復了。不知道能不能吃點糊狀的東西？

252 物理治療師

嗯，腳能活動了，平衡感也變好了！應該是復健訓練出現成效了。

247 職能治療師

山根小姐的手還是很僵硬，光做這項練習，不太可能突然就靈活起來，我來試試讓她做點肌肉放鬆的動作。

249 視覺復健師

眼睛看不清楚？嗯，術後的恢復情況還不錯，是不是睫狀肌的調節能力還太弱的關係？

護理站

你是要看加納先生嗎？

256

醫療機器廠商職員

已經配合這家醫院重新製作資料了，今天應該就能導入才對！

新藥用得如何？

257

臨床研究專員

嗯？醫師的表情有點沉重？莫非是副作用？到底發生什麼事，我得好好問一下。

254

病房事務員

加納先生住在208床，他兒子很常來看他呢！真孝順。對了，等等去跟他們說明一下檢查內容。

253

義肢裝具師

有點痛的樣子？膝蓋太緊了嗎？削掉一點好了。

看來這個義肢已經不合腳了，你長得真快啊！

255

救護技術員

快……小心！
快……注意安全！

有腿骨折，頭部也有撞到，請你們檢查一下。

急診中心

246 【器官移植協調師】

📝 辦理或協調器官移植手續，將同意死後捐贈器官者的器官移植給其他患者。移植後，還要將患者的狀況告訴捐贈者家人，關心相關人士的心情。見證生與死的場面，將生命延續下去。

✎ 取得「醫師」、「護理師」等醫療相關資格，或是大學畢業後，進入公益社團法人日本臟器移植網絡。

臺灣資訊請見289頁

✨ ❶ 體貼捐贈者家屬失去親人心情的「關懷能力」。❷ 碰到臨時要移植的狀況仍能立即行動的「超級應對能力。」

😊 將接受肝臟移植的患者因此恢復健康的消息告訴捐贈者家屬，對方說：「爸爸的器官能夠救人一命，真是太好了。」

247 【職能治療師】

📝 和因為受傷、生病、老化而手部活動不便的人，一起進行各種訓練，直到他們能順暢恢復日常生活中需要的各種動作為止。也要負責照顧有精神障礙的患者。協助因動作不便而痛苦的人，讓他們恢復正常生活。

✎ 在設有職能治療師培訓課程的大學、短大、專門學校學習後，通過國家考試。

✨ ❶ 全心關注患者的小小進步及變化，和他一起「感到開心的能力！」。❷ 從患者的小動作看出他辦不到的日常「體內透視力」。

😊 半身麻痺的患者能夠用單手做菜。

248 【臨床試驗協調員】

📝 協助「臨床試驗」（確認製藥公司正在開發的新藥的效果及安全性）計畫順利進行。到醫院向患者說明臨床試驗的內容，消除不安，並製作預定表，取得記錄，讓或許能救更多人的新藥順利誕生。

✎ 由於須具備醫學、藥學、醫療系統等專業知識，因此很多人都有「護理師」、「藥師」等醫療相關資格。

✨ ❶ 與患者、醫師、製藥公司互動的同時，讓臨床試驗順利進行的「調整＆安排的能力」。❷ 能發現患者的微小變化並且詳實報告的「掌握＆報告的能力」。

😊 患者說：「能夠參加臨床試驗真是太好了。」感覺對方完全理解其意義的時候。

249 【視覺復健師】

📝 檢查視力、進行改善視力的訓練，管理眼睛健康的技術人員。除了視力正在發展中的小朋友以外，還要幫助因眼睛受傷、生病而視力不良的大人及老年人等，協助對象的年齡相當廣泛。

✎ 在設有視能復健師培訓課程的大學、專門學校學習三年以上，或是從一般大學、短大畢業後，在培訓學校學習一年以上，然後通過國家考試。

臺灣資訊請見289頁

✨ ❶ 正因為眼睛是極為精細的部位，因此必須能夠詳細說明檢查內容的「令人安心的說明能力」。❷ 即便不能馬上見到復健的成果，仍能耐心守護患者的「長遠的眼光」。

😊 患者表示：「這個眼鏡看得好清楚！整個世界都亮起來了！」

250 【語言治療師】

📝 訓練溝通障礙（聽說讀寫等）及吞嚥障礙的人進行訓練，幫助他們恢復這些能力。對象包括天生有缺陷的小嬰兒到老年人，年齡範圍極廣。工作場所也很多，有些在醫院，有些在患者家裡。

✎ 在設有言語治療師培訓課程的大學、短大、專門學校學習後，通過國家考試。

臺灣資訊請見289頁

✨ ❶ 看懂患者想表達內容的「解讀內在語言的能力」。❷ 把理所當然能做到的動作原理，應用在做不到的患者身上的「支援恢復日常生活能力」。

☹ 患者拒絕復健，而且不願表明原因。

252 【物理治療師】

📝 協助因受傷、生病而手腳無法自由活動的人、天生有肢體障礙的人，恢復身體及大腦的功能。透過活動身體的訓練（運動療法）、導入溫暖的電波（物理療法），讓患者可以做出站立、步行等基本動作，進而可以自理生活。

✎ 在設有物理治療師培訓課程的大學、短大、專門學校學習三年以上，取得物理治療系研究所學歷，然後通過國家考試。

✨ ❶ 了解患者日常生活必須做哪些動作，然後訂定治療計畫的「建構能力」。❷ 激勵病人不要放棄的「鼓舞士氣能力」。

😊 身體已經可以活動自如的患者積極的說：「我想跳舞了！」

253【義肢裝具師】

📄 幫助因受傷、生病而失去手腳的人，製作可替代手腳的輔助器具技術員。從製作符合患者身體的模型開始，一直調整到患者穿戴舒適為止，減輕患者的不便，協助其過日常生活。

🔖 在設有義肢裝具師課程的大學或培訓機構學習，或是自一般的大學、短大畢業後，在培訓機構學習兩年以上，學會各種專業知識及技能後，通過國家考試。

臺灣資訊請見289頁

🎋 ❶ 製作出患者「最佳夥伴」的「職人魂」。❷ 小小的不滿將累積成龐大的不愉快，因此需具備「讓對方誠實說出感想的能力」。

☹ 做好的義肢無法完全吻合患者的身體，因而必須請患者再等一等。

254【病房事務員】

📄 在大醫院的病房（有許多間病室）內，向住院患者說明相關事項、製作病歷、輸入會計資料、電話應對等，一手包辦治療以外的事務作業。一方面讓患者能安心住院，一方面讓醫師、護理師能專心治療。

🔖 進入綜合醫院。具備醫療相關知識或「照護員」資格較有利。其他還會用到保險、入出院手續等廣泛的知識。

🎋 ❶ 在患者、醫師還沒注意到之前就先行動的「事前準備能力」。❷ 能同時進行多項工作的「管理能力」。

😊 患者或醫師、護理師說：「謝謝。」、「太好了！」的時候。

255【救護技術員】

📄 將突然生病、受傷的人送上救護車，在抵達醫院的過程中，協助緊急處置以維持生命。如果在救護車上發生呼吸停止等緊急事態，有時得依醫師指示施以電擊等醫療行為。救護車上配備 3 名救護隊員，最少須有一人具備救護技術員資格。

🔖 在設有救護技術員培訓課程的專門學校、大學等學習後，通過國家考試及地方公務員考試，進入消防署。成為消防署的救護隊員達五年或是兩千小時以上，即可參加考試。

臺灣資訊請見289頁

🎋 ❶「絕不放棄生命」的「超強使命感」。❷ 無論現場多麼混亂，都能採取適當行動的「沉著冷靜能力」。

☹ 沒能救活有可能救活的生命時。

256【醫療機器廠商職員】

📄 在專門製造並銷售醫療現場不可或缺的用具（從繃帶、注射器等消耗品，到助聽器、心律調節器等小型機器，用於檢查、手術的大型機器等）的公司上班。分為實際製造產品的「技術員」、將產品賣給醫院的「業務員」等。

🔖 通過醫療機器廠商的錄用考試。技術員可從電機、資訊相關研究所畢業，業務員的話則是工業相關大學畢業較有利。

🎋 ❶ 擁有「讓醫療更進步的意志」，將能幫助患者的機器推廣出去。❷ 在治療現場想出更好用工具的「觀察醫院的能力」。

☹ 沒能讓對方知道自家新產品的卓越之處，以致沒獲得採用。

257【臨床研究專員】

📄 在醫院監督開發新藥時所進行的「臨床試驗」是否依事前擬定的計畫進行，是否依法規正確執行等。睜大眼睛，不讓病人暴露在無以挽回的致命危險中。

🔖 進入製藥公司。由於必須有廣泛的醫藥專業知識，通常都具備「護理師」、「藥劑師」等資格，或是在醫療界有豐富工作經驗的人。

🎋 ❶ 公正鑑定臨床試驗獲得的資料是否正確的「公平精神」。❷ 將協助臨床試驗的醫師、患者聚在一起的「具信賴度的說明能力」。

☹ 製藥公司和醫院的意見不同，夾在中間找不到解決方法。

工作開拓者

PROFILE

2011 年在千葉工業大學未來機器人學科就學時，創立了 abc 公司，進入開發照護機器人領域。由於曾在特別養護老人之家看過照顧服務員處理老人大小便的辛勞，因此開發出可以藉氣味偵測器偵測到排泄物的感應器「Helppad」，並且量產上市。這麼一來，即便不打開尿布，也能知道是否排便或排尿了。

POINT 照護╳AI（人工智慧）
NAME abc 股份有限公司　宇井吉美
JOB 開發出全世界最早上市的產品「Helppad」——由 AI 告知排泄時間。幫助照護者及被照護者更加舒適健康。

NEW DATA

什麼是「Helppad」？

世界第一部高齡者或身障人士在床上排泄時，可以偵測到氣味而通知照護者更換尿布的「排泄偵測器」。在床單上開幾個洞，偵測器從洞口吸進氣味後，AI 就會告知已經排泄了。只要鋪在床上即可使用，因此能大大減輕照護者及被照護者的負擔。

開發的契機？

國中時，祖母罹患憂鬱症，因此知道照護者的辛勞。高中時，在一場大學招生說明會上接觸「照護機器人」的存在，從此對可幫助人類的科學技術充滿了興趣。長大成人後，看到照護者在處理排泄物時的辛勞，於是下定決心：「要用科技的力量來幫助照護者，創造一個互相支援的社會。」

未來的夢想

讓日本的照護機器人業界更加蓬勃發展。希望我們的產品和服務，能夠幫助到想從事長照事業的公司。目前國外正不斷推出新產品和新服務，希望我們不輸人家，透過日本的技術，讓全世界知道日本長照事業的進步。

喜歡的食物

因為家裡開拉麵店，所以很喜歡吃拉麵。我們家「媽媽的味道」不是味噌湯，而是拉麵！

覺得特別辛苦的時候

實證試驗（實際以人為對象測試「Helppad」的功能）無法順利進行時。很多人覺得大小便是一種丟臉的行為，因此要找人來測試「Helppad」倍加困難。後來多虧許多人的協助，例如經營長照機構的公司、從事長照工作的人、參與開發「Helppad」的人等，才終於能夠把「Helppad」變成商品上市。

覺得特別有意義的時候

身為一名研究者，事先發覺世界上沒人注意到的問題，然後進行研究，並且率先找到解決方法時，就會覺得特別有意義。而身為一名開創新公司、發展新事業的「創業家」，當「解決方法」變成產品上市，獲得很多人的愛用時，就會感到無比的欣喜。

MESSAGE

你可以暫停一下，只要不放棄就好。最終，你會找出世界上誰都不知道的新發現。

宇井吉美

沒辦法，我還是不要當搞笑藝人好了……

哇！這是什麼啊？

那個人在心中嘆氣，他嘆的氣已經變成暴風雨了！

都拚十年了，還是不紅！我喜歡逗大家哈哈大笑，所以一直努力不懈，但是到現在，我要是不打工賺錢，我連房租都付不出來，有時更是有一餐沒一餐的。

我果然沒辦法靠搞笑吃飯……

原來那個人是搞笑藝人啊，他好像想放棄了……

唉，好想讓媽媽看見我站上大舞台的樣子。

媽媽
打電話

就是這樣，所以我想回去接你們的店……

笨蛋！大笨蛋！

你曾經說：「讓人展露笑容是我人生的意義。」這句話是說假的嗎？

這個……

你不做搞笑藝人也沒關係，可是啊，小俊，你要看重你的「人生意義」。只是讓人捧腹大笑不是真正的搞笑。媽媽雖然不是什麼搞笑藝人，但我每天都讓你爸爸露出笑容。

要怎麼表演才能讓更多人開心，這點你再好好的思考。

於是，我走上電影這條路，現在在當導演，能逗觀眾開心，也能養活自己……

這是我的最新作品

金錢？ 或是
熱情？
2088年2月18日
全宇宙即將上映

結果，竟然是廣告！

工作與金錢

金錢果然

在某個城市有兩個年輕人。
從小立志當有錢人的長谷川先生，
長大後進入一家知名的大公司上班，
薪水相當高。

另一名年輕人是川嶋小姐，她很喜歡
看書，在一家小出版社兼職當編輯。
雖然薪水不多，但因為做的事情都跟
書有關，所以每天都很快樂。

今天是等了好久的發薪日。
終於有錢匯入兩人的銀行帳戶了，
他們都很開心。

話說回來，為什麼工作
能夠拿到錢呢？

工作與金錢的關係

有些工作並非直接由使用者付費。例如警
察和消防員等「公務員」，他們領的薪水
是大家繳納的稅金給付的。

工作

歡迎光臨！

將自己的人生時間及擁有的技
術，提供給公司或商店，這就
叫做「工作」。

客人購買

謝謝！

客人來買「想要」的東西，然
後付錢。這就是把物品的價值
換成金錢。

商店或公司賺錢

客人付錢給商店或公司，變成
「營業收入」。商店或公司再用
這些收入製作或採購新的商品。

領薪水

營業收入的一部分拿來當作員工
的薪水。從給付薪水的公司角度
來看，這些錢稱為「人事費用」。

很重要

長谷川先生見到了好久不見的同學。
兩人聊了一下往事，
接著話題轉到各自的薪水上……

你在那家公司，年薪肯定很高吧？

這是祕密！

* 為方便讀者理解，此處金額皆以匯率 0.22 將日圓換算為新臺幣呈現。

工作能領多少薪水？

以日本來說，員工一年的平均薪水約新臺幣 95 萬（433 萬日圓）*1。金額會隨工作種類、員工的經歷、工作方式等而不同。

* 1：根據國稅廳「2020 年度民間薪資實態統計調查結果」，工作一年的薪資所得者資料。

不同條件的平均年薪（新臺幣）

性別	男性	約 117 萬
	女性	約 64.5 萬
工作方式	正職	約 109 萬
	非正職	約 38.7 萬
公司大小	5000 人以上	約 112 萬
	30～99 人	約 90 萬
	未滿 10 人	約 76.6 萬

仔細一看，長谷川先生的公事包裡有這個月的薪資明細。
哦哦，有領到的錢，也有被扣掉的錢，項目很多。
順帶一提，以新人來說，
長谷川先生算是高薪，這點請留意。

不同職業的平均月薪（新臺幣）

礦業	87,440
建設	91,589
製造	86,030
電氣	123,917
批發業	62,145
資訊	108,414
運輸	79,536
金融	105,910
學術	105,984
旅宿	27,518
不動產	76,927
生活	46,256
教育	82,269
醫療	65,768
複合	83,586
服務	57,363

（以匯率 0.22 計算）

這就是薪資明細表！

公司告知領薪水的員工「這個月的薪水算法」文件，就叫做「薪資明細表」。

出缺勤
工作的天數或時間

基本薪資
薪資中最基本的金額。

給付金額
員工拿到的錢。

扣除金額
從拿到的錢中扣掉的金額。

所得稅
工作的人繳給國家的稅金。

實領金額
實際領到的金額。

健康保險費
為了生病或受傷時可以請領補助而支付的保險金。

厚生年金*2
在公司上班的人，除了全體國民都要參加的國民年金外，另外再支付的年金。

僱用保險費*2
為了萬一失去工作時可以請領補助而支付保險金。

住民稅（日本獨有）
繳給居住地區政府的稅金。

部門名稱	營業部		姓名	長谷川政信		單位：新臺幣
出缺勤	出勤天數	缺勤天數	有薪假天數	婚喪假天數		實領金額
	22	0	0	0		
	遲到次數	早退次數	出勤時間	加班時間		47,507
	0	0	176：00	0：00		
給付金額	基本薪資	職務津貼	資格津貼	加班津貼	通勤津貼	總給付額
	55,000	0	0	0	1,870	56,870
扣除金額	長照保險	健康保險	厚生年金	僱用保險		社會保險合計
	0	2,814	5,234	171		8,219
	所得稅	住民稅	出社會第一年不會被扣			扣除金額合計
		0				9,363

* 2：日本的「厚生年金」與「僱用保險費」等同於台灣薪資的「勞工保險」。

「總務省統計局　產業別常用勞動者每人每月平均現金薪資（2019 年）」

怎麼這也扣那也扣……

兩人在目前的公司都待一年。現在首次迎接新進人員，兩人都有點緊張。

我是正式職員長谷川，請多多指教。

我是在這裡打工的川嶋，請多多指教。

我是新進的正式職員岩倉。

工作方式

長谷川先生是「正式職員」，川嶋小姐則是「打工」的職員。

這些工作方式的形態稱爲「僱用形態」，大致分爲「正職員工」和「非正職員工」。

有些人有工作，但並沒有被任何公司僱用

公司經營者
屬於僱用員工的一方，負責公司的經營。有些人是自己開公司，有些人是接下別人的公司而負責經營事務。

個人事業主
以個人身分經營事業，也稱為「自由工作者」。向國稅局提交開業申請書，申請從事該事業即可。

	正職員工	非正職員工
工作期間	沒有規定，基本上可以工作到「退休年齡」。	依合約訂定工作六個月或一年等。
工作時間	多半是採用所謂的「全職上班時間」，即一天八小時，一週上班五天約四十小時。如果正在育兒，可以選擇「縮短上班時間」而提早回家。	沒有上班時間或上班天數等限制，可根據個人希望而「每週上班三天」等。
好處	·公司會負擔一半的健康保險等社會保險費。 ·薪資、福利津貼等待遇較好。	·時間較自由。 ·可以兼顧其他工作。 ·不會轉調到其他地方。
壞處	·有可能被公司要求轉調到其他地方，或是更換部門，或是派到其他公司去。	·年紀越大越不可能轉為正職員工。 ·如果公司不賺錢，恐怕會比正職員工更早被解僱。 ·即便工作期間很長，也很難被認定「資歷」夠久。 ·收入不穩定。 ·可能沒有津貼或無法利用公司的福利制度。

非正職員工的種類

兼差員工
工作時間比正職更短的「短時間勞動者」。「打工」和「兼差」在法律上並無明確的差別，但通常「打工」用於學生，「兼差」則用於還需要處理家事、育兒的人。

派遣員工
登錄派遣公司，然後到與之簽約的公司上班，由派遣公司給付薪資。

非正職員工即便與正職員工做同樣的工作，薪資依然不同？
不對。國家有制定「同工同酬指引」，只要是相同的工作，就必須支付相同的薪資。不僅基本薪資，連各種津貼，正職員工和非正職員工都應獲得相同的待遇。

要是被炒魷魚，該怎麼辦……

這一季的業績也是下滑……

紅酒圖鑑

川嶋小姐是打工而不是正式職員，
所以收入並不多。
究竟她一個月要花多少生活費呢？
我們一起來看看吧。

1個月要花多少生活費？
～川嶋小姐的生活，月薪約 3 萬 7 千元新臺幣～

人的一生中，最花錢的是？

研究顯示，人生中最大的支出是「教育、住宅、老年生活」這三項。以教育為例，一個小孩從幼兒園到高中畢業，如果都讀公立學校，大約花費是新臺幣 119 萬。如果買一間四人住的房子，平均要花約新臺幣 660 萬至 880 萬元。然後是老年生活，必須先想好年紀大不能工作後的生活費。

房租 6 萬 5 千圓

房租

房租

房租

房租／餐飲費 5 千圓

水電瓦斯費 1 萬圓

餐飲費 2 萬圓

餐飲費

醫療費、保險費 1 萬圓

通訊費 1 萬圓

衣服、美容費 1 萬圓

興趣 1 萬圓

交際費 1 萬圓

年金 1 萬 5 千圓

年金／儲蓄 5 千圓

135

啊，長谷川先生和長嶋小姐
不知為什麼表情很痛苦……

薪水、熱忱

工作上的各種問題

騷擾

長谷川老弟，聽說你這個月的業績又沒達標啊？
怎樣的父母才會養出你這樣的魯蛇啊？
說看看啊！

例如有權力的上司對下屬的「職權騷擾」、用與性或性別有關的言行舉止來傷害人的「性騷擾」、不當對待懷孕者或生產育兒者的「生育騷擾」等，種類繁多。最近還出現一個新名詞叫「微騷擾」，指稍微說對方一下就被反控：「你這是在騷擾我喔！」這種遭到對方過度控訴的情況。

目錄和索引，
明天以前做得出來嗎？
妳確認一下。
沒辦法？怎麼搞的？
妳不是想趕快獨當一面嗎？
而且，以妳的程度，
總不會還敢說
要加班費吧？

熱情剝削

所謂「熱忱」，就是你做某件事後獲得的滿足感等情緒。「剝削」是指不當的掠奪。換句話說，「熱忱剝削」就是利用工作者的「熱忱」，卻不支付相應的工資。特別是很多人都想爭取的工作，基於「好不容易可以做到這份工作，薪水少一點也沒關係吧？」的想法，就會被迫以低薪做長時間的工作。「金錢」和「熱忱」本來就不該用數據來衡量。

我想要成功……

因為工時太長沒時間睡覺，或是為人際關係苦惱，這類因工作上的問題導致睡眠不足、心情低落而罹患「憂鬱症」等「心病」。日本厚生勞動省已訂定「過勞死」（因過度工作而死亡）的標準，連續六個月每月加班超過八十小時而死亡，就極有可能是「過勞死」。工作本來就不應該看得比生命更重要。

心病

哪個重要？

窮忙族

啊，我有帶便當……

又稱「薪貧族」，例如月收入不到 3 萬元以下等，有各種不同的定義，但主要是指做全職工作，收入卻少得只能過最低限度的生活。之所以出現窮忙族或薪貧族，一般認為是企業不賺錢，因而增加僱用薪資較便宜的非正職員工以減低人事費用。據統計，日本目前想成為正職員工卻屈就非正職員工的人數大約占兩成。這是日本的問題，也是許多先進國家共同的問題。

什麼是「勞動基準法」？

勞動基準法是民國 74 年制定的關於最低工作條件的法律。只要是有僱用員工的公司，不論正職或兼職，都得遵守這些法律。將來，如果你對自己的工作方式有疑問的話，如果不方便詢問公司，可以向各地政府設立的勞動基準監督署的諮詢窗口洽詢。

其中，也有為了賺錢而做壞事的公司……

誠信經營

顧客至上

反正客人也不知道嘛！

不說出名字嗎？

請問，我可以保密

信：

　　一切都好嗎？身體還好嗎？工作還習慣嗎？我跟阿嬤還是老樣子。

　　對了，前幾天整理家裡時，發現了你還是小嬰兒的照片，想起你當時大聲哭喊的樣子，令我記憶猶新。

　　每個人的人生都是非常珍貴的，我們能夠生活在這世界上，就是一種幸福，所以……此時此刻我們能做的事情，其實有很多，所以每天不管工作再怎麼忙碌或疲勞，都別想太多，要隨時保持愉快的心情，每天都要好好吃飯、好好睡覺喔！我們都很想念你，有空時記得要回來看看我們喔！

　　　　　　　　　　　　　　媽媽

258 【網際網路公司職員】

📋 經營與網際網路相關的各種服務。例如，提供家用電腦等通訊機器連接網路的上網服務，或是出租可保管大量資料的伺服器，提供電腦安全對策等。

🖊 進入網路服務公司。

✨ ❶ 喜歡學習日新月異尖端資訊的「秒知新資訊能力」。❷ 網路無國界，因此要有與全世界企業競爭的「氣魄」。

😀 提案的新服務能讓客戶公司的通訊環境變得更好而獲得感謝。

259 【日用品廠商職員】

📋 製造並銷售大眾日常生活不可或缺的清潔劑、肥皂、洗髮精等日用品。分為許多部門，例如思考客人想要什麼而製造出新產品的「商品開發部」、思考如何更有效率的生產製造的「生產技術部」、將商品送到超市等商店的「經營銷售部」等。

🖊 進入日用品廠商。如果擔任研究職、技術職，可能須具備理工類大學畢業資格。

✨ ❶ 製作出對人類及地球皆友善的「永續發展目標 SDGs 能力」。❷ 從客人的行為及需求等找出商品創意，讓人們感覺「有這個他們會很開心」

☹ 請客人試用新產品的樣品，沒想到竟收到嚴厲負評。

260 【行動電話公司職員】

📋 提供通訊服務，讓大眾可以使用行動電話或智慧型手機。管理電話或網路，讓大眾使用順暢。分為營業、企劃、系統工程、技術開發等各種業務，除了通訊以外，有些公司也發展新興的 IT 服務。

🖊 進入行動電話公司。如果是開發通訊網路等技術職，須具備專業知識。也有公司只專門銷售行動電話。

✨ ❶ 說明自家公司與其他公司有何不同、有何優點的「分析同中互異的能力」。❷ 思考如何將新技術應用於生活中的「科幻想像力」。

☹ 因為網際網路出問題而無法使用行動電話，造成很多人困擾。

261 【物流公司職員】

📋 將產品、資材、美術品、巨大機械等所有物品，從公司送到店、從店送到人、從人送到人，有時甚至是跨海送到國外。配合物品的特徵及客人的要求，安排卡車、飛機、船舶等運輸方式。先在倉庫仔細包裝好再開始運送，並確保平安送達。

🖊 進入物流公司。具備能擬定安全運送計畫的「運送管理者」、能辦理進出口手續的「通關士」等國家資格及英語能力較有利。

✨ ❶ 無論發生什麼事，都能將物品送達的「使命必達能力」。❷ 不是將物品當成一個箱子，而是當成某人無可取代的寶物般的「體貼珍惜能力」。

😀 完成困難的運送計畫。

262 【地產開發商】

📋 買下大片土地，興建大型華廈、購物商場、住宿設施等。依公司的不同，有些是代替所有權人守護建物的「管理工作」，有些是開闢山林，整理成住宅地的「宅地開發工作」，有些是將街區改建得更適合居住的「都市更新工作」。

🖊 進入不動產開發公司。具備能夠進行不動產交易的「宅地建物交易士」等國家資格較有利。

✨ ❶ 創造出讓五十年、一百年後人們住得很開心的城市的「未來想像力」。❷ 取得土地主人或地區居民信任的「誠實交涉能力」。

😀 參與開發的購物商場已經完工營運，吸引大量人潮。

263 【鋼鐵公司職員】

📋 將加熱後能做成各種形狀，但冷卻後堅硬無比的「鐵」，從「鐵礦石」開始製作，完成後賣給建設公司、汽車廠商、家電廠商等。分成許多部門，例如接受客戶訂單的「營業部」、擬定生產計畫的「生產管理部」、管理及保養製鐵場所的「設備技術部」、開發新素材及技術的「研究開發部」等。

🖊 進入鋼鐵公司。世界各國都會用到鐵，日本的鋼鐵也有不少是輸出到國外，因此具備外語能力較有利。

✨ ❶ 做出符合客戶要求的形狀及硬度鋼鐵的「魔法師職人能力」。❷ 花心力將事業發展到全世界的「鐵杵磨成針能力」。

😀 有機會讓大家重新認識鋼鐵的妙用。

264 【食品廠商職員】

📄 採購麵包、優格、香腸、美乃滋等各類食品的原料，經過加工製作後，送到超市或賣場販售。分為許多部門，例如向客人介紹新商品的「營業部」，開發新產品的「研究開發部」，思考讓產品更衛生可靠、生產更有效率的「生產部」等。

✎ 進入食品廠商。如果是研究開發等技術職，具大學理工科畢業資格較有利。

✧ ❶ 不但追求「熱銷」，而且能投入熱情以取悅客戶味蕾的「對美味的自尊心」。❷ 能夠形容出味道、口感、香氣等的「用言語表達美味的能力」。

😣 商品出問題，必須全部下架回收。

265 【纖維廠商職員】

📄 製造布的原料「纖維」，然後加工、銷售。不只用傳統的纖維，還與棉、毛、絹、尼龍、聚酯等各種素材合成，研發出「強韌」、「彈性佳」等特殊機能的纖維。很多公司也在製造用於家電、汽車零件、化妝品等的素材。

✎ 進入纖維廠商。如果在研究開發部門，多半須具備大學理工科系畢業資格。

✧ ❶ 將前所未有的纖維送到客戶手上的「從細微處改變世界的精神」。❷ 經常思考纖維「如何應用在生活中的能力」。

😣 花了很多時間研發，但遲遲看不到明顯的成果。

266 【文具廠商職員】

📄 製造鉛筆、橡皮擦、剪刀、筆記本等文具，然後批發給文具店、超市、書店去販賣。分成許多部門，例如發想新產品的「商品企劃部」、實際做出來的「生產技術部」、設法增加賣場讓更多客人能接觸到商品的「營業部」等通路。

✎ 進入文具廠商。如果擔任生產技術方面的職務，自理工類大學或專門學校畢業較有利；如果擔任商品設計方面的職務，自美術類大學或專門學校畢業較有利。

✧ ❶ 追求超越功能的設計性及樂趣性的「文具創新能力」。❷ 追求好寫、好拿、好收納等完美度的「讓人們覺得這個真好用的能力」。

😄 發現自己負責的文具，發揮出意外的便利性。

267 【化工原料廠商職員】

📄 利用「化學反應」，製造出食品包裝盒、塑膠袋、塑膠、電腦上的電子零件等日常生活用品的素材，然後販賣。分成許多部門，例如開發素材的「研究部」，向廠商推薦該素材用途的「營業部」，製作設備以便大量生產的「技術部」等。

✎ 進入化工原料廠商。如果是研究職和技術職，需具備工類大學資格。

✧ ❶ 對所有物品的生成機制都感興趣的「構造探究能力」。❷ 實驗失敗也能立刻將心情調整成積極正向的「『不過是發明了一行行不通的方法罷了』的精神」。

😄 自己參與的素材首次上市，團隊成員全都買來用看。

268 【運動用品廠商職員】

📄 製作棒球、足球、高爾夫球、網球等各種運動所使用的球或球拍、球鞋等商品，然後銷售。分成許多部門，例如分析身體活動狀況等而應用在商品上的「研究部」、實際做出商品的「商品開發部」、將商品送到商店去的「營業部」、直接向客人推銷商品的「販賣部」等。

✎ 進入運動用品廠商。如果是研究職和技術職，需具備工類大學畢業資格。

✧ ❶ 平時就常對選手的運動狀況做精細分析的「瘋狂觀察力」。❷ 讓全世界都使用自家產品的「向全世界推銷的能力」。

😄 看見小朋友拿寶貴的壓歲錢去買新球鞋的時候。

什麼是「廠商」？

廠商就是製造產品的公司，也稱為「製造商」，專門將原料加工後，做成可以賣出去的產品。主要可分成素材廠商、零件廠商、加工廠商，以及從研究、開發、生產至最後加工，全都一手包辦的綜合廠商等。

▶建築公司

272 長照業務

這裡做一道牆，再裝上扶手欄杆，住在這裡的老人家就能安全的走到玄關，生活會更方便一點……

要兼顧客戶的希望與安全性的話……

考量到居住者的安全性，或許這裡做個欄杆比較好。

270 建築師

要提高這個長照機構建物的安全性，就要在這裡蓋一道牆。可是客戶又希望有寬敞的空間……

269 室內設計師

房間要雅致，客廳要明亮……這樣的話，客廳採光用的窗戶根本不夠，怎麼不早說！現在增加窗戶應該還來得及吧？

273 室內裝潢協調員

房間要有典雅的氣氛是嗎？基底用象牙色，再點綴一些深紅色，感覺是會很高雅沒錯，但以老人家來說，比較適合用對眼睛好的綠色系，而且跟胡桃木地板也比較搭。

我希望房間能給人放鬆舒適的感覺。

271 燈光設計師

如果利用可調色的燈光，配合一天的日照變化及生活節奏來照明的話，應該會很有質感。

269 【室內設計師】

📋 企劃及設計商店、辦公室、飯店、美術館等室內空間。根據客人的希望提出想法，再決定合適的整體色調、燈光、素材等。有些人會包辦設計和製作，一併負責與建物合一的固定櫥櫃、燈光設備等。

✏️ 自專門學校的室內設計科系，或是大學的美術系、建築系畢業，再進入建築事務所、設計事務所、家具廠商等。具備「室內設計師」、「建築師」等資格較有利。

✨ ❶ 不論多麼大的空間，都能掌握在手中般的「空間掌握能力」。❷ 如果找到理想中的東西就自己打造的「DIY 精神」。

😄 客戶的目光依自己的預期移動。

270 【建築師】

📋 設計住宅、商店、大廈、公共設施等各種建築物。為了讓使用者能夠住得舒服，根據委託人的希望，並且考量周遭環境，提出合適的構想，然後興建完成。過程中必須確認工程是否按照設計圖進行。

✏️ 取得「一級建築師」、「二級建築師」、「木造建築師」等國家資格。要取得一級的話，有許多種管道，例如大學建築系畢業，累積兩年以上的實務經驗等。

✨ ❶ 考量安全性及宜居性後，發揮玩樂精神的「空間美學」。❷ 讓設計師、在建築現場工作的職人都能夠發揮最大力量的「做出好東西能力」

☹️ 委託人的公司改變經營方針，連帶整個計畫泡湯。

271 【燈光設計師】

📋 用燈光來表現家庭、商店、大型設施等的空間之美。首先是傾聽客戶的希望，然後擬出燈光的種類及照明方式等計畫；再挑選適合的燈具，如果沒有現成的就自己設計、準備、安裝。有些人也負責舞台劇及活動場上的舞台照明、街道的燈飾等。

✏️ 進入燈具廠商或建築室內設計事務所等。有些人是在大學、專門學校的美術或建築科系學習過。許多室內設計師和建築師也身兼燈光設計師。

✨ ❶ 完全掌控現場的「燈光表演能力」。❷ 善用燈光而讓空間面積變大的能力。

☹️ 客戶說：「與其把錢花在燈光上，我寧願花在家具上。」

272 【長照業務】

📋 提供建議，讓高齡者或身心障礙者能在自家生活得更安全舒適。到對方家中訪問，了解身體的狀態及不便之處後，提出施工建議，例如改善地板的高低差、裝設欄杆等，或是介紹長照專用的照護輔具。

✏️ 通過東京工商會議所舉辦的檢定考試，取得資格。很多人是在長照機構、照護輔具廠商、裝潢工司、住宅廠商、醫療機構等地方工作。

✨ ❶ 滿足照護方及被照護方的需求的「無障礙＆無壓力的能力」。❷ 不是做短期的計畫，而是用長遠眼光思考如何住得更舒服的「居住百年能力」。

😄 對方感謝：「現在住起來更方便了。」

273 【室內裝潢協調員】

📋 針對住宅或商店的室內裝潢給予建議。地板和牆壁的素材和顏色、廚房和廁所的設計和功能、家具、插座等，依客人的喜好和預算來挑選搭配，然後畫出設計圖。有些人也負責採購家具。

✏️ 在大學、短大、專門學校等的建築、室內設計學系學習後，進入與室內裝潢有關的公司。有些人是取得「室內裝潢協調員」資格後才工作。

✨ ❶ 為了裝飾出客戶想要的空間而熟悉各種產品的「豐富知識」。❷ 想像客人實際居住情景後而提案的「美學意識提案能力」。

😄 客戶看到完成後的房子，開心的說：「比我想像的還要棒！」

274 【建築模型師】

📋 製作即將興建的建築物的小模型，讓人更能一目了然。用專用的模型紙板做出建築物的各個零件，然後組裝起來。為了與設計圖完全相符，一天要跟設計者溝通好多次。

✏️ 進入建築或室內設計事務所，邊做邊學，或是到專門學校學習、用通訊教育的方式學習。很多人同時兼做與建築相關的另一個工作。

✨ ❶ 雖然是模型，但做得與實物一模一樣，打造「迷你小人都想住進去般的真實感」。❷ 沒有範本也沒有說明書，仍能不停動手製作的能力。

😄 自己做的模型，展示在大門入口處。

275【建設公司職員】

📄 接受客人的委託興建、銷售房屋。分成許多個部門，例如接受客人對於房子的諮詢，或是聽取客人的需求後提出興建計畫，協助興建房屋相關事項的「營業部」；製作房屋設計圖的「設計部」；實際興建房屋的「施工部」等。有些也藉興建房屋來創造街道的風景。

✎ 進入建設公司業。如果是在設計或施工部門，就要具備大學建築系畢業資格。

✧ ❶ 擁有「具體實現夢想的能力」，將客人的希望變成實際的家。❷ 理解這是每個人一輩子的大事，認真對待每位客人。

😊 經過十年前負責的房子前，聽見屋內傳出歡笑聲。

276【建築設備廠商職員】

📄 從地板、牆壁、窗框等建築材料，到廚房、浴室等設備器具等，製造並銷售這些興建房屋所必要的各種零件。大致分為思考要製作什麼樣的產品，然後實際做出來的「技術職」；以及向客人說明商品的特色，然後銷售出去的「營業職」。

✎ 進入住宅設備廠商。如果是擔任技術職，多半須具備大學或專門學校的理工相關科系畢業資格，如果是營業職，通常須大學畢業但不限科系。

✧ ❶ 找出「超越方便」的「生活革命能力」。❷ 一邊想像客人的生活情景，一邊介紹商品優點的能力。

😊 朋友家裡用了自己參與製作的產品，而且還跟大家推薦：「這個很好用喔！」

277【電腦輔助設計員】

📄 利用電腦輔助設計軟體「CDA」，將設計師畫的設計圖做成一目了然的圖稿，如有變動時，也用這種軟體進行修正。可以做出平面圖、立體圖、多角度觀看圖等；應用範圍也很廣，可用來製作建築、機械、汽車、家具、服飾品等的設計圖。

✎ 在大學或專門學校學習相關技術後，進入建設公司、土木公司、家具廠商、室內裝潢廠商、汽車廠商等。

✧ ❶ 將構想轉換成設計圖的「立體化表現能力」。❷ 即便沒有細部指示，也能知道設計師想法的「解讀意圖能力」。

☹ 修改的地方太多，雖然知道修改會比較好，但弄得精疲力盡。

認 真 工 作 宇 宙 人

職業名稱

宇宙多語口譯員

工作內容

會說超過2000億種星球語言，將一種語言翻譯成另一種語言，讓對方理解。活躍於各銀河系代表聚集的高峰會、新聞轉播台、受邀到其他星球訪問的藝人和運動選手的記者會等。共有七隻腳，每一隻腳上都有一顆大腦。七顆大腦中貯存了龐大的語言資料。有些人是在開發並銷售「資料觀測鏡」的公司上班。

＊這位宇宙人出現在書中的哪些地方呢？找找看吧。

具備資格

取得銀河認定資格「多語口譯師」，然後進入口譯員派遣公司。

特殊才能

❶能夠流利使用各種語言中的敬語和謙讓語，有「了解語言文化背景的學習力」。❷七隻腳可說是與「資料觀測鏡」通訊的七根天線，因此必須保持清潔的「保養美腳的能力」。

開心的時候

在其他星球的人面前說：「$d2＊w；0‧‧‧‧」這些外星語時，逗得大家捧腹大笑。

▶廣告公司

279 平面設計師

山內,你是認真的嗎?你的一句「大一點!」,我可是要兼顧平衡而一毫米一毫米的細細調整,這是很累人的大工程啊!

我覺得A案比較好,有經典的感覺又能令人驚訝。

讓你發光的水!」

278 電視廣告企劃

畫面有個寶特瓶浮在水面上,因為很奇怪,會讓人想一看再看,我就是希望創造出這種看上癮的效果。音樂也是要找能寫出洗腦旋律的人來寫。

如果是A案,那麼我想找演家檸檬來作曲,肯定洗腦的!

啦啦啦♪

281 藝術指導

業務說要有震撼力,所以考慮B案,但客戶的目的是要讓商品大眾化,所以不能弄成曇花一現的那種。

280 作曲家

概念是「經典加上癮」嗎?那就是七和弦再加點轉折……嗯,每次都用電腦,這次就改用吉他來作曲,會更有新鮮感吧!

282 電視廣告導演

A案那個把商品黏在手上浮起來的部分,如果只是黏在手上,看起來會有重量。要怎麼樣才能不用電腦繪圖表現出無重力感呢……

146

147

278 【電視廣告企劃】

📋 發想電視廣告的企劃案。為了做出一則電視廣告，能在 15 秒或 30 秒的短時間內將商品魅力表現出來，並且令人印象深刻，必須先傾聽委託人的希望，然後提出故事、演出人選等想法，整理成企劃書或分鏡。企劃案通過後，就要集合必要的人員拍攝、剪輯等，完成一則廣告。

✏️ 進入廣告代理商、廣告製作公司等。大部分人是累積一些電視廣告製作經驗後，再成為企劃人員。

🌠 ❶ 讓世界更美好，同時讓企業更強大的「卓越創意能力」。❷ 在極短的時間內，甚至能讓觀眾感到意猶未盡的「將好點子付諸實現的能力」。

☹️ 想不出好點子，懷疑自己沒有才華時。

279 【平面設計師】

📋 設計報紙和雜誌的廣告、海報、商品目錄等印刷品。根據委託人的要求，構思如何讓想傳達的資訊、商品的魅力等留在人們的印象中。該構思獲得採用後，就在電腦上組合文字、插圖、照片，並且考慮版面配置、大小、顏色等，做出平面設計稿。

✏️ 進入設計事務所、廣告製作公司、廣告代理商等。很多人是先在大學或專門學校學習美術或設計。

🌠 ❶ 讓人從標誌等圖像瞬間感受到商品價值的「品牌塑造能力」。❷ 在大小、強弱、樸素或花俏、嚴肅或幽默之間自得其樂的「靈光乍現能力」。

😀 為某公司製作海報，該公司的職員說：「這張海報超酷的，真棒！」

280 【作曲家】

📋 用吉他、鋼琴、電腦等作曲。歌手主唱的歌曲，音樂家演奏的歌曲，電視節目、動漫、電影、遊戲的主題曲，電視廣告音樂等，參與的領域極廣。有些人也兼作「編曲」（製作主旋律以外的伴奏部分）。

✏️ 方法很多，例如參加唱片公司舉辦的音樂比賽，或是加入音樂事務所、將樂曲放到社群媒體上發表等。

🌠 ❶ 了解委託人的想法後，做出超越眾人想像的曲子的「顛覆大家想法能力」。❷ 學習過去那些打動人心的歌曲，然後創造出新旋律的「腦內唱片儲備能力」。

☹️ 參加徵選活動，和很多作曲家一樣，期待有人採用作品，但每次都落選。

281 【藝術指導】

📋 製作廣告或商品包裝時的「設計方面的負責人」。根據委託人的希望，決定出企劃概念，找設計師和攝影師等工作人員一起著手製作。過程中須不斷確認狀況，提出修正指示，指揮到工作完成為止。有時簡稱為「AD」（Art Director）。

✏️ 在大學或專門學校等學習美術或設計，可先到廣告代理商或設計事務所擔任平面設計師，累積經驗後再升格成藝術指導。

🌠 ❶ 充分了解廣告的目的是為了銷售商品，同時為世界增添美麗風景的「兼顧買賣與藝術能力」。❷ 秉持誠實原則，但同時又震撼眾人的「打動人心設計能力」。

☹️ 完全按照委託人的想法去做，結果作品變成四不像。

282 【電視廣告導演】

📋 電視廣告製作現場的指揮官，製作出令人印象深刻的影像。根據委託人的希望或電視廣告企劃人員的想法，構思如何拍攝才更能傳達出商品的魅力，並且安排拍攝事宜。拍攝時，要對攝影師、燈光人員作下達明確的指示，拍攝結束則要剪輯影片，直到作品完成。

✏️ 進入廣告製作公司，先累積電視廣告製作經驗再成為導演。

🌠 ❶ 連預算、時間等限制都能化為作品魅力，不斷提升品質的「十八般武藝」。❷ 思考市面上的作品為什麼會用這種方式表現的「企劃分析能力」。

😊 看到有人注意到自己當初十分堅持的小地方，而且顯得非常開心。

283 【廣告代理商業務】

📋 接受想宣傳商品的企業的委託，思考如何向更多人介紹該商品的魅力，然後付諸實現。詳細聽取委託人的希望，然後與創意團隊討論。如果構想被採用，就要開始製作，同時，也要與電視台、出版社等交涉，將完成的廣告讓消費者看到。

✏️ 進入廣告代理商後，分配到業務部門。

🌠 ❶ 不斷和創意團隊溝通，完成最佳作品的「加倍交涉能力」。❷ 一有好點子，就用熱情和道理讓所有人，包括委託人，心悅誠服的「專家驕傲力」。

😀 參加有許多廣告代理商一起競爭的企劃比稿，結果自家企劃案脫穎而出。

284【包裝設計師】

📄 設計食品、日用品、化妝品等所有商品的容器或用來包裝的盒子、袋子等。構思容器的形狀、素材、商品名稱的配置等，不只外觀，還要兼顧容易使用與安全性。

✎ 在大學或專門學校等學習美術與設計，然後進入設計事務所、廣告代理商、廠商的設計部門等。

☆ ❶讓人看到包裝就想購買的「刺激購買慾能力」。❷除了讓人對商品留下好印象外，還追求好帶、好摸、好用的「職人能力」。

☹ 完成時，委託人又有新的要求，於是設計得整個重來。

285【飲料廠商職員】

📄 銷售果汁、茶、水、酒等日常生活不可或缺的飲料。工作內容大致可分成思考新商品的企劃，研究原料及加工方法而開發出新產品，在工廠製造產品的「製作類工作」，以及將商品介紹給超市等商店，並思考宣傳方式的「銷售類工作」。

✎ 進入飲料廠商。如果是在研究開發部門，具備理工學系、營養學系等畢業資格較有利。

☆ ❶隨時洞悉時代潮流，在競爭激烈的飲料市場上仍能大放異彩的「傳達能力」。❷讓人喝了飲料後能忘卻疲勞與忙碌的「商品開發能力」。

😄 商品更新後，一如預期業績大漲。

286【廣告文案師】

📄 撰寫宣傳商品等要用到的文句。報章雜誌廣告或海報上的簡短廣告標語，或是更詳細介紹商品特色的文章等，從各種角度寫出幾十種，甚至幾百種文案，從中選出能打動人心、刺激購買慾的，再提交給委託人。

✎ 進入廣告代理商或廣告製作公司累積工作經驗。

☆ ❶看到有趣的句子就能連同感受一起儲存起來的「內心搭載筆記功能」。❷將文字做新鮮有趣的排列組合，呈現出前所未見感覺的「文字描繪能力」。

😄 提出很有自信的文案，並且一次就中選的時候。

287【展示設計師】

📄 裝飾百貨公司的店頭及店內，或是活動會場等各式各樣的空間。聽取委託人的目的及想法，配合空間大小及預算，考量展示品的陳列方式及客人的動線等，用電腦做出立體示意圖，再將施作工程交給業者處理，有時須到現場監督。

✎ 進入廣告代理商的展示部門，或是進入專營展示布置的公司。有些人是在大學學過空間設計。

☆ ❶注意→停下腳步→拿在手上→購買。能夠讓客人自然的做出這套動作的「操控人心能力」。❷每次都要檢驗展示效果，並回饋到下個設計案的「刷新最高得分紀錄能力」。

☹ 經過之前完成的展示現場時，後悔的想：「當初要是那樣就好了……」

288【活動企劃師】

📄 為了讓企業、地方政府所舉辦的各種活動能夠順利進行，協助相關的企劃、準備、舉辦事宜。配合「宣傳新產品」、「讓大家知道運動的樂趣」等目的，構思內容、會場、呈現方式等，然後向主辦者提案。過程中還要負責尋找贊助企業、集合必要的人員並做出指示、廣為宣傳等，一直準備到活動當天為止。

✎ 進入廣告代理商、活動企劃及製作公司等，累積經驗。

☆ ❶正確預測出能夠聚集人潮方法的「洞悉能力」。❷不能按計畫進行時，能夠立即修改調整的「機動能力」。

😄 在重要的活動上，響起如雷的掌聲。

「嘴巴裡出大事了！」

保母

小隆以前都不會這樣亂丟玩具的……他現在會說一點點話了，或許就是因為還沒辦法好好表達才情才急急敗壞吧，我得好好觀察他到底在想些什麼。

化妝品廠商職員

這個口紅新品的評論要怎麼寫呢？只要強調不會沾在口罩上，這點各家公司都在做了；如果只是強調成分，好像又不太能吸引消費者。

珠寶設計師

做成水滴在葉子上快滴下來的感覺應該不錯！希望年輕人也會戴，所以不要用珍珠寶石……珠寶才能壓低價格。

298

珠寶廠商職員

這款新戒指在青山店賣得很好，不知道為什麼在新宿店賣不太動？是客層的關係嗎？還是展示的問題？我去找找兩家店的人問問看，找出原因。

301

作詞家

用「活著真好」這種千篇一律的歌詞，太膚淺了。可是，再怎麼改來改去，都沒辦法表達得更好。如果用真弓的搖滾魂來唱，應該會唱成「咬牙，用力活下去」？

304

廣播電台企劃

伊崎先生的狀態很不錯吧，相信聽眾也聽得很開心。應該把進歌的時間延後一點，拉長這一段的時間才對。

300

廣播電台主持人

「獨立製作現場」這個單元有很多忠實聽眾寫信來支持，這個節目成功了，真開心！

303

雕金師

想修改爸媽結婚戒指的大小，讓他們能再戴上，真是孝順啊！這個是白金搭配黃金的，熔點不一樣，我得小心處理。

299

毒品取締官

有消息說這棟大樓七樓的酒吧在做賣毒品！先把出入的人好好查一遍，該不會又有小野似應該已經金洗手了啊……

302

辦公大樓

289 【調酒師】

📄 提供客人美味的酒及舒適的空間。站在吧檯前，接受客人的點餐，然後端出威士忌等洋酒，或是調製在洋酒裡加入果汁等的「雞尾酒」。還要愉快的陪客人聊天，如果客人想獨自靜靜喝酒，就要保持一點距離。

✏️ 到酒吧、餐廳、飯店的休息廳應徵，以獲得錄用。起初會先從實習開始，學習接待客人的禮儀及調酒等學問。

✨ ❶ 腦中儲存好幾種雞尾酒食譜，然後依客人喜好調製的「客製化技術」。❷ 創造宜人的氣氛，讓客人覺得「來這裡真好！」的「讓人卸下心房的能力」。

😔 日夜顛倒的生活，而無法配合家人及朋友的放假時間。

290 【侍酒師】

📄 在餐廳或葡萄酒店為客人挑選、推薦葡萄酒。具備豐富的知識，負責挑選及採購葡萄酒，以及管理存放地點的溫度、溼度等。接待客人時，配合客人的喜好及預算、餐點，推薦最合適的葡萄酒。

✏️ 進入餐廳、飯店、酒吧等，分配到負責提供葡萄酒的工作。許多人是邊做邊學，並以取得民間團體認定的「侍酒師」資格。

✨ ❶ 葡萄酒的歷史悠久，而且種類繁多，為了解其特色，將所有感覺奉獻出來的「五感熟成能力」。❷ 將葡萄酒的魅力告訴所有人的說服力。

😊 很喜歡某種葡萄酒，首次遇見製造這款酒的造酒人，直接領略他的造酒哲學時。

291 【報關員】

📄 代替進出口的人向國家機關「海關」辦理申報手續。企業進出口商品時，不只要申報該商品的種類、數量、價格，還要計算稅金，然後正確的填寫在申報書上，取得海關的許可。如果未取得許可，可以直接由報關員進行交涉。

✏️ 大學、短大、專門學校畢業，取得「報關員」國家資格後，進入報關業者、貿易公司等，再向該地區的海關登記。

✨ ❶ 與截止時間奮戰，並正確的完成各種文件，通過海關檢查的「靜默的戰鬥能力」。❷ 如果是食品，就要具備能夠分析出原材料、詳細成分等的「顯微鏡眼力」。

😄 依照經驗仔細查過後，真的能讓關稅更便宜的時候。

292 【貿易公司職員】

📄 從國內外企業或生產者那裡進貨，然後賣給需要該貨品的企業。食品、精密機械、汽車、藥品、能源、通訊服務等，商品範圍廣泛。而且，不只是進貨再賣出去而已，還要向廠商提案以做出更好的商品，並思考新的銷售管道。

✏️ 大學或研究所畢業，進入貿易公司。具備外語能力較有利。

✨ ❶ 站在「製造者」與「銷售者」之間，開拓出更好商品銷售管道的「導航能力」。❷ 不論金額再龐大的案件，只要對世人好，都願意投資的實力。

😔 連續到海外出差，完全無法休息。

293 【工業設計師】

📄 設計家電產品、飛機、大型機械、相機、醫療機器等主要在工廠大量生產的「工業產品」或「機械產品」。配合企劃，考量外觀及安全性、使用方便性後，畫出草稿。有時也要做內部設計。

✏️ 進入廠商或設計公司。很多人是在大學和專科學校學習美術、工藝、工業設計等專長。

✨ ❶ 超越國籍、文化、年齡，將產品設計成人人都能選購使用的「使用者觀點」。❷ 設計到最後，能為產品帶來新特色的「優良設計能力」。

😔 對於設計的意見，企劃部與製造部沒有共識，遲遲無法拍板定案。

294 【調香師】

📄 調製會讓食品、化妝品等散發香味的原料。分成專門調製食物、飲料、牙膏等放進嘴裡物品的香味，以及調製化妝品、清潔劑等不放進嘴裡物品的香味兩種，都必須從數千種香料中不斷搭配、調整，以產生新的香味。

✏️ 進入化妝品廠商、食品廠商、香料公司等，累積經驗。

✨ ❶ 依目的不同，呈現記憶中幾百種香味的「重現那天那時候那個香味的能力」。❷ 在空間中描繪出宜人情境的「肉眼看不見藝術能力」。

😔 因為感冒而嗅覺失靈。

295 【電子廠商職員】

📋 專門開發、銷售「電子產品」，即使用電力的機械，包括電腦、手機等資訊終端設備，電視、冰箱等家電產品，在工廠使用的重電產品，以及裝進這些產品裡面的電子零件等，項目包羅萬象。工作內容則有新興技術研究、機械設計及系統設計、品質管理等。

🔧 進入電機廠商。

⚡ ❶ 將電力化為人皆可使用的形式的「魔術師能力」。❷ 不斷累積小小的進步後，總有一天變成巨大進步的「創造未來能力」。

😊 因為是大公司，本以為挑戰難度相當高，但沒想到自己的提案竟然過關。

296 【化妝品廠商職員】

📋 製作並銷售能讓客人變美的化妝水、粉底、口紅、頭髮定型液等化妝品。調查目前大眾需要的化妝品，然後進行商品企劃，研究原料的配方及製造方法等，不斷試做。有時也包含商品的推銷和宣傳，在商店銷售等工作。

🔧 進入化妝品廠商。

⚡ ❶ 經常思考：「不分男女老幼的美是什麼？」而且也能努力做到的「美麗化身能力」。❷ 將現今的價值觀、社會問題，放入商品或推銷方法的「與時俱進能力」。

😊 自己長年研究開發出來的成分用於某種商品上，且獲得廣大迴響時。

297 【保母】

📋 看管、照顧 0～12 歲的兒童。依規定，一名保母一次最多只能照顧 3 名兒童，通常是在自家、委託人家中、托兒所、幼兒園等照顧每一名兒童的飲食、上廁所等，陪伴玩耍。

🔧 透過通訊講座等學習，然後通過認定考試，取得「保母」資格。

⚡ ❶ 了解家長的心思，像父母般守護兒童的「另一個爸媽能力」。❷ 重視兒童身心發展的「發育成長專家能力」。

😊 照顧的兒童非常活潑有精神，但自己體力不足而覺得吃不消。

298 【珠寶設計師】

📋 設計使用寶石、貴金屬製成的戒指、項鍊等首飾。了解商品企劃部或委託人的希望後，運用自己的品味並兼顧流行趨勢，畫出包含素材搭配及成本考量在內的詳細設計圖，並監督後續作業到作品完成為止。

🔧 在大學或專門學校學習美術、工藝、設計後，進入珠寶廠商、也兼做首飾的服飾品廠商等。

⚡ ❶ 運用礦物擁有的能量，做出首飾讓配戴者閃閃發亮的「鎂光燈能力」。❷ 看幾年都看不膩，每一次都戴得很舒服的「耐看耐用製造能力」。

😣 發現市面上一些珠寶的設計，跟自己過去的設計十分相似。

299 【雕金師】

📋 製作使用金、銀、白金等金屬做成的戒指等首飾，或是餐具、家具、佛具、建築物的裝飾等。運用金屬材料的特性及顏色，製作出想要的形狀，然後拋光表面，用專業工具雕刻花紋，或是與寶石等其他素材搭配等，一件一件的完成。

🔧 在大學或專門學校，學習美術、工藝、設計後，進入珠寶廠商或金屬雕刻工作室等。

⚡ ❶ 反覆雕刻、打磨，能夠如此練功超過十年，做到精雕細琢的「欲速則不達耐力」。❷ 磨練手指技巧及眼力，充分發揮金屬之美的「金屬專注力」。

😊 客人說：「這個戒指，戴起來舒服到好像沒戴一樣。」

300 【廣播電台企劃】

📋 負責廣播節目的企劃、構成、廣播流程管理等的「現場指揮官」。思考節目要傳達的資訊、播放的音樂、每一節的時間分配等，整理出腳本。廣播時，要對演出者說話的時機、播出其他聲音的時機做出指示，並且隨時確認聽者回饋的訊息。

🔧 大學或專門學校的廣電科系畢業，進入廣播公司或節目製作公司，累積經驗。

⚡ ❶ 用適當的距離連結聽者與說話者的「雖近猶遠製造能力」。❷ 因演出者講話時間太長等因素而突然改變節目的節奏時，仍能漂亮的調整時間分配的「總指揮能力」。

😊 聽眾說：「因為聽了你的節目，所以才能活到現在。」

301 【珠寶廠商職員】

📄 製作並銷售戒指和項鍊等寶石、貴金屬做成的首飾。負責商品的企劃及設計，採購寶石、黃金等原料，依照設計為材料加工後做成商品。有時也要負責將商品賣到百貨公司，或是在商店將商品賣給客人。

✑ 進入珠寶廠商。

✧ ❶ 為了製作、傳遞華麗的物品而隨時觀察事物的「美麗攝取能力」。❷ 不是以珠寶為主角，而是用珠寶來襯托人們「更加美麗的能力」。

😄 客人表示想送給在一起多年的另一半禮物，因此讓我有機會為他挑選商品。

302 【毒品取締官】

📄 取締非法使用毒品、興奮劑等法律規範中的藥物。蒐集偷偷使用或進口規範藥物者的資料，然後進行搜查，罪證確鑿就予以逮捕。也要負責確認醫院、製藥公司的醫療用麻藥等是否管理妥當。

✑ 通過國家公務員考試或「藥師」國家資格後，再通過厚生勞動省毒品取締官任用考試，並完成毒品取締官研習課程。

臺灣資訊
請見289頁

✧ ❶ 僅憑扣錯釦子這個小動作，就能看出該人是否沉溺毒品的「洞悉能力」。❷ 強化青少年反毒宣導，即時關懷涉毒青少年的輔導能力。

😄 搜查大型毒品犯罪組織，取締到大批毒品。

303 【廣播電台主持人】

📄 主持廣播節目。在進行廣播之前，與工作人員討論當天的廣播內容，確認腳本後開始正式做節目。在節目中傳達對大眾生活有用的資訊及最新話題，播放音樂，與來賓對話，取悅聽眾。

✑ 有人是以主播身分進入廣播電台，有人是先通過考試才獲得聘用。

✧ ❶ 讓聽眾光聽聲音，腦中便能浮現情景的「言語描繪能力」。❷ 不僅忠實聽眾，也能讓新聽眾一聽就上癮的「敞開心扉迎向世界能力」。

☹ 在節目中的談話遭人斷章取義，成為網路新聞。

304 【作詞家】

📄 為作曲家或歌手寫的曲子填上歌詞，成為一首「歌」。作詞時不僅要顧及歌詞的意思，還要符歌唱者的形象。有些作曲家、編曲家、音樂製作人也身兼作詞家。

✑ 參加作詞比賽獲得認可，或是與樂團一起寫的歌曲獲得音樂界人士賞識時。

✧ ❶ 讓人光聽一小段的前奏，眼前世界便彷彿改變的「進入想像世界能力」。❷ 乍看是負面的歌詞，卻擁有療癒力量的「人間讚歌能力」。

😄 擺脫腸枯思竭，突然文思泉湧時。

眞實心聲❷ ～聽聽這些人的想法～

國際協力機構職員，負責政府開發援助事務 (39歲)

我一直想去國外生活，也想從事會用到英語的工作，如果可以，最好是能夠具體幫助別人的工作。又因爲我的偶像麥可·傑克遜曾去過開發中國家當志工、參與國際援助活動等，讓我深受感動，於是決定效法他而選擇這個領域的工作。

數位行銷公司，負責法務工作 (30歲)

大學剛畢業時，我來到這家公司擔任企劃，但我根本沒有能力發想出「有趣的企劃案」，於是申請調到比較重實務面的會計部門。後來工作的範圍越做越廣，公司就來徵詢我的意見，我便開始兼任法務工作。結果，比起必須遵照規則的會計工作，我覺得一方面合乎邏輯，一方面又能根據公司屬性以及與客戶關係而下判斷的法務工作反而更有趣，於是目前我的工作內容，法務方面占的比例較高。

健身教練 (39歲)

我太熱愛鍛練肌肉了。

聽力語言治療師 (24歲)

因爲看到家人沒辦法用嘴巴進食，於是想幫助有同樣困擾的人。

臨床試驗協調員 (38歲)

高中時讀的生物（特別是跟基因有關的部分）很有趣，於是在大學修了分子生物學。我自己也一直有病在身，於是對製藥相關工作充滿興趣。我去廠商應徵沒有被錄取，他們只招收臨床試驗協調員，於是我就進了這一行。

英語老師 (68歲)

我受到美國戲劇的影響，想到國外居住，於是開始學習英語會話。那時，我認識一個跟我有同樣夢想的朋友，兩人結伴去英國（她有朋友在那裡）生活了一年。之後，我雖然從事英語教學工作，但有了小孩後就專心當家庭主婦，完全沒想到會再教英語，是因爲一個住在附近的媽媽朋友，有很豐富的英語教學經驗，邀我一同開英語補習班，我便開始教附近的小朋友（包括我的小孩）英語了。

化學廠商，負責新素材開發 (42歲)

我在高中和大學學習物理、化學。思考分子、原子這類無法直接看到、摸到、確認到的東西構造是什麼，然後進行各種實驗，從得到的結果驗證當初的想法是否正確，這一套過程持續做下來，我就做到了現在的工作。

157

305 【銷售工程師】

📝 在 IT 企業（開發利用電腦提供的各種服務及系統）、精密機械廠商等地方工作，將自家公司的產品銷售給客戶公司。詳細說明產品特色，介紹具體的使用方法等，兼具銷售員及技術員兩種本領。

✏️ 進入 IT 企業或機械廠商、銷售公司等，一邊累積經驗一邊學習專業知識。也有人是先當工程師，再慢慢兼做銷售業務。

☄️ ❶ 引導客戶說出真心話，再應用到服務上的「連結心情與軟體的理解力」。❷ 能將專業用語解說得淺顯易懂的「IT 消化能力」。

😀 自己提案的系統，讓客戶公司的業績大幅成長，因而獲得對方的感謝時。

306 【基礎設施工程師】

📝 如果沒有自來水管等基礎設施，水就沒辦法自動送到家裡，同樣的，如果沒有一些必要的基礎設施，也就沒辦法使用網際網路。因此，要配合委託人的需要而製作設計書，然後設置機器，建構基礎設施環境，並且檢查、管理這些設施是否正確運作。

✏️ 進入承包系統開發或系統運作的公司，或是進入企業的系統部門。有些人是先在大學學習資訊工程。

☄️ ❶ 將速度、穩定性、安全性、方便性等建置得無懈可擊的「銅牆鐵壁般的能力」。❷ 能立即解決客戶公司系統任何問題的「確保平安無事的能力」。

😣 配合委託人的要求，必須在深夜或清晨進行設置作業時。

307 【市場行銷人員】

📝 思考如何銷售商品及服務，以確實獲利的「銷售專家」。實際調查客人的反應、需求的商品及服務等，分析結果後，應用在商品概念、價格、銷售方法、宣傳方法上，擬定戰略。銷售後，仍要一邊留意銷售狀況，一邊調整戰略。

✏️ 進入專門負責行銷的公司，或是先在製作商品及服務的公司擔任銷售工作，累積經驗。

☄️ ❶ 不會被時代淹沒，相反的，能夠在「潮流前端衝浪的能力」。❷ 不將客戶籠統的看成一個大群體，而是單獨看待每個人，願意「注視每個人的眼睛」。

😣 自己擬定戰略並充滿自信而推出的服務，結果反應相當冷淡時。

308 【數據分析師】

📝 分析數據以解決該企業的問題。先從該企業的「大數據資料」中選擇需要的部分，然後整理、累積，做成「資料庫」。接著，仔細分析資料庫，整理成簡單易懂的報告。

✏️ 在大學學習統計學、資訊工程、數據分析等知識，然後進入 IT 類企業、大型廠商、從事數據分析的公司等，累積經驗。

☄️ ❶ 看到數據就可以發揮想像力的「邏輯性創造力」。❷ 拓展要調查的數據範圍，將無意義數字變為有意義寶藏的「轉變能力」。

😀 分析某公司業績下滑的商品後，得知原因不是出在公司，而是出在社會因素，因而獲得該公司的感謝時。

309 【產品經理】

📝 為了實現企業的目標，而研發產品，並且實際進行的「產品製作負責人」。先決定目標，再調查客戶的需求，然後思考成功之道。當提案決定後，就對負責開發、製作、銷售該產品的各個團隊提出指示，直到產品完成為止。

✏️ 進入廠商或網際網路服務公司，累積豐富的經驗，直到實力獲得肯定。

☄️ ❶ 發現問題後能立刻改變做法的「奮勇達標能力」。❷ 始終高舉一盞明燈，讓所有工員都緊緊跟隨的「願景創意能力」。

😀 自己本該是鼓勵別人的立場，但精心培養出來的團隊，竟能反過來鼓勵沮喪的自己時。

310 【UI／UX設計師】

📝 UI 是「使用者介面」，即使用者與該服務的「接點」。UX 是「使用者體驗」，即使用者透過該服務所獲得的「體驗」。重視這兩件大事，配合使用者的思考模式而建構網站內容，設計容易點擊的按鍵等。

✏️ 學會基本知識及技術後，先成為網站設計師，再晉升為 UI 設計師或 UX 設計師。

☄️ ❶ 了解人們的心理，連細部的違和感都不放過的「萬人眼睛能力」。❷ 克服使用方式的不同，讓每個人都覺得超好用的「掌控萬人之手能力」。

😣 做出友善使用者的設計，委託人卻說：「這樣反而很無聊。」

311

【後端工程師】

📋 使用高級程式製作網站或應用程式（App）的系統。例如購物網站上使用者購買商品的系統、商店管理者使用的系統、使用者登錄的系統等，都是藉由與「資料庫」（整理、保存資訊）交換資料而設計建立起來的。

✍ 進入網際網路服務公司或網站製作公司等。

✧ ❶ 寫出井然有序、不會造成伺服器過度負擔程式之「對伺服器的愛」。❷ 體貼團隊裡的工程師，寫出親切好用程式之「對工程師的愛」。

😄 將亂七八糟的程式重新整理得有條不紊，因而獲得大家的讚嘆。

312

【前端工程師】

📋 在網路上組建使用者看到的網頁畫面及進行的各種活動等。根據設計師的要求，標記出標題等網站構成要素、設定版型及顏色、讓畫面能活動、配合使用者的動作而產生變化等，完成網站。

✍ 進入網際網路服務公司或網站製作公司等。有些人是在程式設計學校學習。

✧ ❶ 忠實呈現設計師的設計並「尊重設計師」。❷ 不論什麼樣的畫面，都能做得簡單易懂的「體貼使用者」。

😣 花了一整天調查，仍不知道 JavaScript 哪裡出問題。

313

【白帽駭客】

📋 守護網路和防護資訊及系統安全的「電腦保安專家」，防止企業遭到網路攻擊或資料遭到竊取等。調查現今安全系統的問題，思考對策，設計並建構出防護系統。此外，還要建立預防資料外洩的機制。

✍ 擔任基礎設施工程師或系統工程師，同時學習電腦安全相關專業知識，再晉升為白帽駭客。

✧ ❶ 敵人越強大就越有戰鬥意志的「網路戰鬥力」。❷ 抱持著最壞打算，提早擬定最佳對策的「未雨綢繆能力」。

😄 感受到白帽駭客的重要性越來越被社會肯定時。

什麼是「系統工程師」？

說到 IT 類的工程師，相信很多人先連想到的是「系統工程師」。系統工程師又稱「SE」，主要工作是構思對世人有益的系統（機制），然後與程式設計師合力完成。

例如，只要用手機掃一下，就能在超商購物，這不是魔法，而是 SE 想出來的機制。

SE 的工作就是接受企業的委託，與該委託人充分討論，了解需要什麼樣的系統後，畫出設計圖，再交給實際製作系統的程式設計師（47 頁）；系統設計出來後，要再確認、修正，直到正確無誤為止。之後，仍要隨時檢查該系統是否正常運作。

順帶一提，一般網站及應用程式的製作，都是由前端工程師或後端工程師來兼做 SE 的工作。

此外，近年也有很多一人同時兼任前端及後端工程師的「全端工程師」。可見今後的 IT 業界，能夠兼具數種技術的人會更有發展機會。

▶共享工作空間

這會涉及到安裝問題，我再找小林工程師商量看看。

316

Web 總監（網站總監）

設計師說得沒錯，指定的要素實在太多了。這兩個應該可以拼成一個吧，這樣不但符合客戶的希望，畫面也會簡潔一點。

318

Web 寫手（網路寫手）

這篇文章的對象是美食達人，那麼主題就叫做「丼」好了。到底飯上面放什麼才叫做「丼」呢？學問很大呢！好，先來查一查「丼」的歷史。

再少一點嗎？

首頁的元素不能

314

Web 設計師（網站設計師）

客戶指定的元素太多了啦，減少一點，讓留白多一點，使用者才容易看，網站畫面才能呈現洗練的感覺。

315

嵌入式系統工程師

連續敲一個按鍵會怎樣？如果兩個按鍵同時按呢？啊，問題一大堆啊！

317

AI工程師

最近很多這種會表達情緒的機器人，如果他們也會解讀對方的情緒而開口說話……對了，主題就叫作「共感」！我馬上來測試技術上能不能做到。

319

機器人工程師

這個設計太像機器人了，所以我想讓它的關節更柔軟一點，才會比較像人類……再重新檢視一下控制系統好了。

歡迎光臨～♪

320

點字翻譯師

這篇文章如果直接照著點譯，根本不知道在說什麼，我得再好好想想，作者為什麼要用這種方式來表現……

322

影片創作者

這個表情太讚了，一定要用！所以，我可以大膽一點，放手來做吧！

321

網路商店老闆

為什麼這個福井鯖魚罐頭會有這麼多人回購呢？我得了解客人的感想，還是來設個專賣區好了？

323

應用程式（App）工程師

接下來實際操作看看。我稍微改了一下，不知道順不順？啊，果然跟舊版的Android不太合，問題出在畫面的尺寸嗎？

314 【網頁設計師】

📋 設計網站內容。工作性質跟 UI／UX 設計師（157 頁）很類似，但更注重網頁的美觀及設計性。以網站的骨架「線框稿」（Wireframe）為基礎，構思整體印象及使用方便性等，然後決定配色，設計文字、圖片、插畫、按鍵等。有時也要拍攝照片、影片、繪製插畫等。

✒️ 進入網頁製作公司、廣告代理商等。

⚡ ❶ 呈現「很酷卻很好懂」、「很可愛卻很充實」的「絕妙平衡力」。❷ 兼顧委託人的意見及自己品味的「品味自由變化力」。

😣 覺得技術更新得太快而跟不上時。

315 【嵌入式系統工程師】

📋 設計、開發電腦，用於裝進洗衣機及冰箱等家電、汽車、銀行的 ATM、自動販賣機等各種電子機器裡面。確認該機器要做出什麼樣的動作，然後設計出可實現該動作的系統，寫好「程式」（47 頁）後，反覆測試，直到完成為止。

✒️ 進入製作電子機器的廠商、系統開發公司等，累積經驗再升任。

⚡ ❶ 寫出能夠處理異常動作的程式，並預測危機，反映在機器上的能力。❷ 將大量程式壓縮到極限的「收納能力」。

😊 跟阿嬤說：「我的工作就是讓這個電鍋煮出香噴噴的飯。」阿嬤因此開心。

316 【網頁設計總監】

📋 根據委託人的需要，製作網站及網站內容的「製作現場司令官」。先了解網站的目的及目標等，製作網站的大框架「線框稿」，然後交給工作人員，管理進度及預算，解決問題，在截止日期前完成。

✒️ 進入網站製作公司後，擔任網站設計師，累積經驗。

⚡ ❶ 打開網頁的瞬間，讓人「想再多看一點」的「不停移動滑鼠能力」。❷ 看出工作人員的能力，並讓他充分發揮的「找出才能能力」。

😊 團隊成員合作無間，眼看就要完成非常棒的作品時。

317 【AI工程師】

📋 開發「人工智慧（AI）」（254 頁）。汽車的自動駕駛、掃地機器人等，根據委託人的希望，思考需要哪一種 AI，然後提案。決定樣式後，開始創建系統，讓它學習「演算法」，即作為模型的動作及計算方法。

✒️ 進入 AI 開發公司，或是企業的 AI 研發部門等，學習知識與技術。

⚡ ❶ 不斷更新 AI 極限的「持續往前推進能力」。❷ 正因為是最尖端的技術，必須能從無數資訊中掌握到所需要的，並加以應用的「不輸 AI 資訊蒐集能力」。

😊 做出來的程式，比預期還更像人類的時候。

318 【網頁寫手】

📋 撰寫文章刊登在網路上的。接受企業或個人的委託撰寫文章，例如在網路媒體、企業網站、網路廣告上介紹商品，體驗心得報告、採訪文、電子報上的文章等。有時也會寫些隨筆散文，或是自己企劃的文章。

✒️ 進入經營網路媒體的公司後，累積經驗。許多人是以自由寫手的身分活躍於各種媒體平台。

⚡ ❶ 在充滿相似資訊的網路世界中，讓人們率先讀到自己文章的「吸引力撰寫能力」。❷ 徹底蒐集資訊，寫出人人都能理解文章的「真格探究能力」。

😊 自己寫的文章打動人心，收到感謝的留言時。

319 【機器人工程師】

📋 開發並設計掃地機器人、在工廠製造汽車等的產業用機器人、協助高齡者移動或入浴的照護機器人等。決定機器人的功能及用途後，就要著手開發相當於機器人的眼睛和耳朵的「感應器」、相當於大腦的「智能、控制」、相當於手腳的「驅動」等三個領域的工程，最後合體完成。

✒️ 進入負責機器人開發的公司、機械廠商、電機廠商、汽車廠商等。

⚡ ❶ 找出機器人可以解決的問題，然後付諸實現「從零開始的思維與一百分的創造力」。❷ 相信自己的工作能創造人類未來的「身負歷史重任榮耀感」。

😊 歷經多年才開發出來的機器人終於要做初期測試。機器人與大家握手時，感動得熱淚盈眶。

320【點字翻譯師】

📄 為服務視障人士而將文章變成「點字」，又稱「點譯師」。點字是一種將六個凸點排列組合後，讓人能用手指觸摸而閱讀的文字。從前，點字翻譯師必須用手一點一點的打出來，現在則可以用電腦輸入。除了書籍、報紙、雜誌、會議資料外，街上的標幟和看板，有時也會做出點字。

🦪 在專業的培訓機構、可學習點字的大學或專門學校，學習相關知識及翻譯技巧，再進入點字出版社、點字圖書館。

✂ ❶ 思考讀者的心情，並且具有翻譯成容易理解的「細心」。❷ 將圖畫、照片等做成點字的「充分發揮想像的撰文能力」。

😊 在圖書館看到有人將自己點譯的小說開心的借回家時。

321【網路商店老闆】

📄 在網路上販售食品、衣服、化妝品、雜貨等各種商品。製作商店網站，當客人下單後，要確認付款，然後打包商品寄出。須思考客人會買什麼樣的商品、放上什麼樣的說明文字及照片較有吸引力、如何讓購買程序更簡便等，每天都要下工夫優化。

🦪 只要具備網路及系統相關知識，並有電腦等機材、網路環境、進貨管道等，人人都可開業。

✂ ❶ 雖然開店很自由，但仍能從眾多商店中定位出「賣點」的「獨一無二概念創造力」。❷ 雖是網路商店，仍能體貼客人，勤於回應的「隨時在線客服能力」。

😞 與自家競爭的網站推出低價商品，客人都被拉走了的時候。

322【影片創作者】

📄 製作在電視或網路上播放的節目、廣告、音樂錄影帶、動漫等影片。思考企劃、製作分鏡及腳本。找到必要的工作人員後開始拍攝。拍完以後，還要經過剪接師的剪輯、專業技術人員做電腦繪圖、上字幕等，才能完成作品。

🦪 進入影片製作公司或廣告代理商、電視台等。

✂ ❶ 不是用影片的「意思」，而是用「印象」來打動人心的「目不轉睛能力」。❷ 構思不平凡的創意，並想像人們將做何反應的「雙重人格能力」。

😞 腦中有想表現的意象，卻無法用影片如實呈現出來時。

323【應用程式（App）工程師】

📄 開發應用程式。思考什麼樣的應用程式能夠實現委託人的希望，而且方便使用者操作，然後設計機制，進行程式設計（47頁）。反覆測式運作狀況是否符合預期，然後耐心地修正錯誤直到完成。之後仍須持續管理，並視需要追加功能等。

🦪 進入應用程式開發公司或企業的系統部門等，累積程式設計師及系統工程師的經驗。

✂ ❶ 連委託人沒說出口的需求都掌握得清清楚楚，並且設計出來的「掌握心聲程式設計能力」。❷ 不論背後進行多麼高階的處理程序，依然「讓使用者覺得簡單的能力」。

😞 持續埋首於設計程式中，卻突然接到委託人說：「我想更改全部的樣式。」

什麼是「共享工作空間」？

共享工作空間是一種新的工作型態，由許多人共用一個空間一起工作。創業家、自由工作者等沒有固定辦公室的人，以及隨時隨地都可工作的上班族等，由各式各樣的人共享一個工作空間。

什麼是「Web」？

「Web」原本是「蜘蛛網」的意思，後來人們用它來形容網際網路這個通訊網密布全球的樣子，而出現「World Wide Web」（全球資訊網）一詞，簡稱「Web」。

什麼是「App」？

「App」是「application software」的縮寫。「application」的意思是「應用」、「適用」；至於「software」（軟體），如果把電腦、手機當成「箱子」，那麼「software」就是裡面的內容。發布影片、遊戲、購物、公司業務所需要的資料處理等，配合各種目的而製作的專用軟體就叫做「App」，中文為「應用程式」。大致可分為公司使用的、網站使用的、手機使用的程式等。

▶ 街區小巷

324
時尚顧問
這位小姐應該是為了改變一直以來給人的印象而來買衣服的吧……那我就請她隨意試穿一下，取得她的認同後，請她大膽冒險吧！

325
雜貨設計師
啊，我設計的玻璃杯！這種杯子周圍有水滴也不會手滑，可以拿得很穩，好想跟她說啊！

327
模特兒
健身到六點結束，六點半上走路課程，中間的空檔可以去買些按摩油吧。明天要拍照，所以最晚九點一定要睡。

326
NO DATA
睡得好，就要能控制「夢」。就算現實世界很辛苦，只要睡覺的時候感到幸福，自然會心情愉快。例如，睡前看一些可愛的泡泡，會做什麼樣的夢呢？

328
巧克力製作師
好，調溫OK。倒進盆裡……嗯，光澤很漂亮。接著是烤可可豆，時間差不多了，哇，好香啊！

329
咖啡豆是現磨的，請稍等一下。

330
咖啡店老闆
他帶了雜誌來，可見不會馬上離開，那麼，我希望他能喝看看我們的特調咖啡，肯定會讚不絕口！

採購專員
我們有很多客人都喜歡這種小巧有趣的設計。可是，以目前的批發價來算，定價會超過二千元……

要不要大膽嘗試一下這種寬褲？

我好像都一直習慣買同樣的褲子……

第二顆鈕扣是用捷克玻璃珠？！太有意思了！我想要一百件，能不能算便宜一點？

324 【時尚顧問】

📝 在服飾店為客人介紹商品特色、建議如何穿搭、協助客人愉快購物。裝飾店內、為人形模特兒穿上精選的服飾以吸引行人目光，協助人們穿上喜歡的衣服，度過愉快的每一天。

✒️ 進入服飾店或服裝廠商等。有些人是先打工，後來才變成正式職員。

✨ ❶ 擁有「將幸福融入衣服裡的能力」，讓客人在穿上衣服那一刻便有好心情。
❷ 探究其他公司服飾特色及研發祕辛的「熱愛衣服能力」。

😊 客人買得很開心，看著他心滿意足的回去的背影時。

325 【雜貨設計師】

📝 構思廚房用品、收納用品、文具用品等各式生活雜貨的創意，再製作出來。有了創意後，先畫草稿，然後開會討論，通過後就在電腦上畫出詳細的設計圖，再委託工廠製作。不僅要注重外觀，也要兼具安全性及使用方便性。

✒️ 進入雜貨廠商或設計事務所。有些人是在藝術大學或專門學校學習產品設計。

✨ ❶ 將自己的喜愛注入雜貨中，讓人也一樣喜歡和愛用的「產生愛的連鎖能力」。
❷ 讓人每天使用也不會膩的「以使用者眼光看待的能力」。

😊 企劃的商品大賣，公司說：「再設計出各種不同的顏色來！」

327 【模特兒】

📝 穿戴衣服及飾品，登上時裝秀或雜誌，展現該商品的魅力。為了讓看見的人能產生「我也想那樣」、「我想要那件衣服」的想法，除了要能創造出獨特的美以外，也要研究姿勢、表情、穿搭方式等。

✒️ 通過選拔，或是在社群媒體先引人關注，再加入模特兒經紀公司。

✨ ❶ 用一個表情、一個動作就改變現場氣氛的「壓倒性存在感」。❷ 配合服裝及拍攝內容，瞬間變換表情及動作，將每一種角色都扮演得唯妙唯肖的「吸收所有人物形象的能力」。

😣 被不認識的人批評長相及個性的時候。

328 【巧克力製作師】

📝 使用以可可豆做成的巧克力，再做成蛋糕或點心來販賣的「巧克力甜點職人」。一大早就要開始製作巧克力，開店後也要邊接待客人邊繼續製作到下午。不僅味道，也要講究巧克力的風味、口感、外表的美觀等。

✒️ 許多人是先在甜點專門學校學習後，進入甜點店或飯店當甜點師，再邊磨練手藝邊以巧克力製作為目標。取得「製菓衛生士」國家資格較有利。

✨ ❶ 不斷探究看似簡單，但其實深不可測的世界，有「沉溺在可可海中的能力」。
❷ 腦中儲存著所有巧克力味道及口感的「巧克字典能力」。

😊 做出像雕刻作品般的巧克力，展示出來後，吸引人山人海前來觀看。

329 【咖啡店老闆】

📝 擔任咖啡店的經營負責人，要創造收益，同時提供客人美味的餐點及舒適的空間。從搜尋開店地點開始，開發菜單、與咖啡豆等材料的廠商交涉進貨事宜。有些是自己包辦調理食物和待客，如果是請店員，就要負責指導各項作業、管理薪資等。

✒️ 在專門學校或大學學習調理食物及餐飲店經營，或是在餐飲店工作累積經驗後再獨立開店。開設餐飲店的話，必須有一人擔任「食品衛生負責人」。

✨ ❶ 了解做生意的基本知識才能穩定經營，因此應具備「經營事務能力」。❷ 將每一次的危機都化為轉機，讓商店不斷發展下去的「越挫越勇能力」。

😣 下雨天，店裡的營收不到三千元時。

330 【採購專員】

📝 在銷售各種廠商、各種品牌商品的商店裡，思考應該銷售什麼樣的商品，然後進行採購。了解流行趨勢、客人喜好、商店的特色後，從無數的商品中，挑選出「這家店會大賣的東西」，然後跟廠商溝通，決定採購金額及數量。

✒️ 除了服飾廠商外，也可以在百貨公司、食品材料店等各種企業工作。通常是先從店員開始做起，也有人是先當助理，累積經驗。

✨ ❶ 討自家客戶的歡心，然後運用這股力量帶動流行的「創造時代力量」。❷ 將尚未成名的年輕設計師的才華推廣出去的「金雞母發掘能力」。

😣 力推商品，卻還有一大堆庫存賣不掉。

331 【服裝廠商職員】

📝 在製作銷售服裝的公司工作。工作內容很多,例如「文宣」是負責設計、企劃、商品的生產管理、宣傳等;「採購企劃員」(見編號 335);「銷售」是在廠商經營的店裡賣衣服;「批發」是將商品賣到其他商店;「業務」是將商品賣到店家等。

✎ 進入服裝廠商。先在商店當銷售店員,累積經驗後再調回總公司。

✧ ❶ 對於「人們為什麼不裸體而要穿衣服」有個人獨到見解的「服裝哲學師」。❷ 將該哲學變成收益的「賦予衣服價值的能力」。

😄 專為身體有障礙的人製作的衣服,也受到一般人喜愛時。

332 【俱樂部DJ】

📝 在展演空間、俱樂部等地方,使用唱片、CD、電腦等,配合現場狀況播放音樂,取悅客人。平時聆聽以舞曲為主的各類型音樂,喜歡的就儲存起來,待正式演出時,就要精選播放的曲目及播放順序等。

✎ 向活動的主辦單位、俱樂部老闆等自我推薦,或是加入經紀公司、將影片放到網路上等,爭取工作機會。

✧ ❶ 不僅特定類型的音樂,而是所有音樂都愛聽的「沉浸音樂能力」。❷ 曲目安排、DJ 技術、即興演奏等,都能在會場高水準演出的「讓氣氛沸騰能力」。

😄 全場嗨到令人嚇到時。

333 【紡織品設計師】

📝 設計用在衣服、雜貨、寢具等各種商品上的布料。思考用於布料的線、線的織法、染色方式,連加工方式都要講究,製作出觸感佳、方便好用,並且適合該商品的布料。

✎ 進入紡織品廠商、纖維廠商、設計事務所等。有些人是先在大學或專門學校的設計科系、工藝科系學習。

✧ ❶ 讓紡織品因光線或動作導致顏色、圖案改變時,依然很漂亮,「對彷彿活生生會動的布料有愛」。❷ 讓人觸摸布料便覺得有精神、獲得療癒的「將愛心織進布裡的能力」。

😄 做出的布料富含能量,讓人覺得「裁掉邊邊角角都好可惜。」

334 【服裝設計師】

📝 構思服裝設計。首先,將對衣服的想像畫成設計圖,然後在製作樣品的過程中,對打版師和縫製工廠做出細節指示,包括使用的布料、鈕扣、縫法等,並且隨時確認,直到完成符合設計的商品。

✎ 在專門學校或大學的服飾科系學習,然後進入服裝廠商。也有人獨立創業,創造自己的品牌。

✧ ❶ 由於是穿在身上的東西,因此必須有追求「穿著舒適」、「活動方便」、「美觀」等「鑽研穿著學問的能力」。❷ 將人們的內在藉由衣服展現出來的「內在激發能力」。

😞 樣品以完成,但成品卻做不出來,因而沮喪不已時。

335 【採購企劃員（MD）】

📝 負責企劃(從商品企劃到銷售企劃)、預算管理等的「綜合製作人」。調查目前客人需要的是什麼,然後與設計師商量,擬定企劃。決定以後,訂定素材、預算、數量、價格、交貨時間等計畫,創造收益。

✎ 進入服裝廠商,分配到與促進銷售有關的部門。也有人是先當店員累積經驗。除了服裝廠商外,超市等零售業基本上也需要 MD。

✧ ❶ 做出左右商品業績的判斷,並且相信該判斷正確無誤的「等同經營者的知識與勇氣」。❷ 在店鋪或街上蒐集即時資訊,利用該資訊來創造收益的「調查能力」。

😞 離開現場太久,感覺變遲鈍以致判斷失誤時。

336 【打版師】

📝 根據設計師畫的設計圖,製作出版型圖樣。例如裙子,只有小小幾毫米的長度之差,感覺就完全不一樣了,因此必須與設計師不斷討論,決定出最理想的版型,然後套在裁縫人台上,或是製作樣品,反覆修改調整。

✎ 在服飾相關學校學習打版,再進入服裝廠商。很多人是先跟著資深員工學習,以磨練技術。

✧ ❶ 從設計圖上的小地方看出設計師心思的「和設計師一起築夢能力」。❷ 用舒適、實穿的版型來表現設計師品味的「商品理想化能力」。

😄 穿上製作完成的夾克時,感覺和想像一樣的舒服。

工作開拓者

PROFILE

1983 年出生於日本滋賀縣。同志社大學畢業。通過會計師考試後，擔任審計員，2008 年到京都，創立「悟空的心情」。這是全球第一家按摩頭皮專門店，曾經寫下預約等待人數超過 60 萬人的紀錄。2019 年到紐約展店，目前正積極向全世界推廣頭皮按摩技術。

POINT 頭╳療癒

NAME 悟空心情　金田淳美

JOB 放鬆頭皮，讓人入睡，創造睡眠主題公園

NEW DATA

工作內容

經營一家公司，專門從事一種新興的療癒方式，即用獨特的方法全面按摩頭皮，讓人放鬆，誘發睡意。目前主要是在教人施作這種自己獨創的技術服務，讓全世界更多人成為所謂的「頭皮按摩專家」。同時，也在進行其他新的商務活動。

從事這項工作的契機？

開始進入社會工作後，我常為頭痛苦擾。當時正處於時代變遷階段，越來越多人會使用電腦來工作，但市面上關於舒緩疲勞的「療癒」服務，都是針對身體勞動者的身體按摩之類。因此，我開始研究針對頭腦過度疲勞者的療癒服務。

喜歡的食物

炸雞。

我的童年

總之就是常常和別人起爭執。我很喜歡彈鋼琴，但討厭別人規定我怎麼彈，所以我總是隨自己的心情彈而挨罵。即便如此，我還是認定：「我這樣才對！」要我接受別人的規則真的很難。

覺得最辛苦的事

剛開店的時候，幾乎沒半個客人。很多人都來跟我說這種生意做不下去的。但我認為：「這是別人沒做過的事，能不能成功只有我自己知道。」所以我不聽別人的意見，只專心在自己相信的事情上。

未來的夢想

找出「許多人深以為苦卻找不到解決方法的事」，然後研究出「新的理所當然的方法」。我想多看看從沒看過的事物，也想超越一般人認為的「不可能」。

MESSAGE

別人認為對的，未必全是正確的。

金田淳美

168

耶！今天也看了好多工作，好有趣喔！真沒想到街區的小巷弄裡也有那麼多工作。

還有捷運……咦？你有在聽嗎？

啊，抱歉！我現在只能思考柿種和花生的最佳比例是什麼……

對了，你的家人在做什麼工作呢？

喔，我爸是做行政工作，我媽是業務。聽說我阿公從前在海邊開一家小商店

KAKINO 種

「行政」、「業務」？那是什麼樣的工作啊？

嗯，我問過他們，他們只說「普通的行政人員」、「普通的業務人員」，我也不知道詳細的工作內容是什麼……

我剛查了一下，日本目前在做行政工作的人，大約有1145萬人。

然後，業務的話……好像有336萬人*的樣子。你將來也要做行政或業務工作嗎？

可是，我對這些工作完全沒印象……但你這麼說，我倒是有點好奇了。

那我們去看看你爸和你媽平時在做些什麼事情好嗎？

因為是家人的工作，知道得詳細一點比較好，我把觀測鏡的敏感度調高一點。

小奈，晚餐要吃什麼？

特別模式開始

說話了！

接著將針對目標「工作」做詳細的說明……

*2015 年「國情調查」。

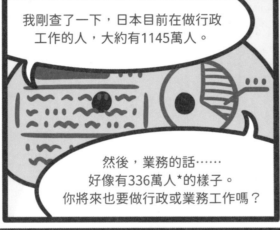

行政與業務

「行政人員」的一天

> 魔術箱裡的人

行政人員主要指的是在辦公桌上處理的各種工作。感覺很無聊？不，其實行政人員才是公司最主要的工作，可說是公司運作的「重要支柱」。

一本杉勇氣（42歲）的情況

在一家員工約30人的公司上班，6年前開始擔任行政工作。雖然一開始是以會計身分進入公司的，但做著做著，就變成一人身兼各種職務的萬用行政員了。

古川總是客客氣氣的，但她好像不太清楚工作流程，應該改善一下吧。

好，趁早上頭腦最清醒的時候，把業務的帳單處理完畢。

8：30

小奈，拜拜！

9：30

今日待辦事項
- 修理入口的門
- 請人修復信箱
- 約定修理日期
- 聯絡冷氣廠商
- 請對方開報價

這些全部要在今天完成！

10：00

11：00

From：淺野Mg.
不好意思，關於那件事……

淺野才剛當上經理，所以很多事情都不知道呢。

12：00

今天早上居家工作。很多事情都能用電腦處理，就在家一件一件專心處理。

將待辦事項詳細條列出來，做完一個就畫掉一個，這種感覺真好。

行政工作有很多要確認的部分，尤其金額的「0」，多一個少一個就問題大了，因此總是上緊發條。

想專心工作，卻很多人來詢問東西。告訴他們公司的文化及規矩，也是很重要的工作。

在辦公室內，會從平常與同事的互動中去思考如何讓公司更好。畢竟是行政工作在支持公司的運作。

「行政」的特殊能力

行政的特殊能力

行政人員常會接到突如其來的任務，因此別說是明天，連今天的工作時間都很難確定。所以要有「今日事今日畢」的精神，每天兢兢業業的持續達成一個個小目標，最後就能完成「守護公司」的大任務了。

「嚴以律己，寬以待人」的能力

別人來拜託幫忙時要親切對待，但自己做事時要嚴格要求速度、正確性、安排得宜等「工作效率」。這種嚴以律己的態度，正是從內部撐起公司的重要力量。

讓公司運作順暢的「機能美」

即便是製作一張表格，也要顧及觀看者的感覺，思考「這裡是不是大一點才看得懂？」追求最佳呈現方式。機器的配線如果配置得當，沒有一堆多餘的線，就能整理得乾淨俐落，而行政就需要具備這樣的能力。

行政人員的種類

行政的工作內容可分成許多種類，大公司會分得很細，有各自的負責人；小公司有時就由一個人完全包辦。

一般行政人員：協助公司內部的工作，例如文件製作、電話接待等。

業務行政人員：協助做業務的人，例如製作估價單、庫存管理等。

會計行政人員：管理公司金錢的收支，例如計算薪水、處理帳單等。

人事行政人員：協助在公司工作的「人」，例如聘用、教育、評價等。

總務行政人員：綜合性的協助公司運作所必要的行政。例如備品、防止犯罪及災害、公司的財產管理等。

除此之外，還有法務行政人員、醫療行政人員、學校行政人員、貿易行政人員等各種分類。

你不覺得我們公司的廁所佈告欄嗎？怎麼變化一下會比較好？

14：00

社長……

啊？要不要在牆壁上貼一些貓咪的照片？

人數也越來越多了，我想讓公司同仁都能有這種清單……

15：00

每次有事都來找我，真傷腦筋，我得找個時間把它弄好才行。

突然來了個奇怪的差事，急死我了，幸好今天的工作全部做完了！

16：00

這個門怎麼好像關不起來……

我先下班了！

17：00

18：00

由於他的靈巧，常會有意想不到的工作找上門。而為了滿足別人隨口說出的希望，他總是手腳並用的逐一解決問題。

不只被動的做事，為了公司的整體效率，主動提案：「如果能夠這樣的話？」也是事務的責任。

準備文具等備品、建物及機材的維修也是行政的工作，如果放著不管，公司就會真的垮掉。

工作如期完成的感覺最棒了，但不是每天都能這麼順利……，所以要不斷的下工夫。

做拿手的事會很有成就感，所以喜歡下廚，但白天在公司太拼太忙了，有點懶得整理家裡。

留意小細節，成爲「重要支柱」

行政要處理公司各種人的「拜託！」而每一個「拜託！」就像一根根細繩，十分瑣碎，但把它們一根一根仔細爬梳整齊，綁成一大把，最終就會變成支撐著公司的強力支柱。如果無視這些「拜託！」不論公司再大，基礎都會一點一點崩壞，最後就倒塌了。因此，行政可說是默默在創建組織的。

我爲什麼喜歡行政工作嗎？我認爲行政有點像是「魔術箱」。在箱子裡放進花瓣，就會跑出漂亮的花束。看的人覺得好神奇，但其實根本不是什麼魔術，而是裡面一定有人在努力工作。我喜歡這種做「實實在在的事」的感覺，所以我很喜歡行政工作。

「業務人員」的一天

製造相遇機會的人

「業務」就是「銷售」東西的人。但不只如此，從另一個角度看待客戶的希望，然後努力讓它實現，也是業務的工作。

一本杉愛子（43歲）的情況

在有120名員工的出版社上班，擔任專跑書店的業務，至今已15年。原本在保險公司上班，28歲時，因為喜歡書，想從事與書有關的職務而毅然決然換工作。

5：30

7：30

9：00

這本書為什麼會上排行榜？是因為今天早上《神清氣爽》節目介紹的原因吧。

這樣的書店再多一點的話，就能提高整體數字了！

多虧書店能夠這樣配合，和上個月相比，整體業績成長了148%。

10：00

《超前發展的天才》今天賣掉了8本！這本卻一本也沒賣出去……

11：00

趁孩子還沒起床，洗衣服、準備早餐，還要換好上班衣服。託老公送孩子去幼兒園後，出門上班。

在通勤的路上瀏覽新聞，掌握時代脈動也是重要的工作。

到公司後，先回信件。關於商品的問題、希望等，都要一個一個仔細思考後回覆。

參加一週一次的業務部會議。報告成功和失敗的例子，互相提出想法。

下午到書店調查銷售數字。為了不耽誤店員的時間，必須先做好事前功課。

業務的特殊能力

「頭號粉絲」的能力

通常客人會想買的，是那些被真心推薦「讚！」的產品，因此業務員本身必須愛那項產品，成為那項產品的「粉絲」。所以找出自己愛的產品很重要。

感受到數字背後「人」的能力

不光是看業績上的「數字」而已，而是要從中窺知數字背後有何訊息、有著什麼樣的「人」。

千千萬萬個「關心」

客人的要求五花八門，有多少人就有多少個不同的希望。因此不能自己認定，或是強迫別人接受自己的意見，而是要全力了解對方真正的想法。這也是贏得客人信賴的不二法門。

業務的種類

雖然都是「業務」，但銷售的東西、銷售的對象、銷售的方法不同，工作內容就會大不相同。

依公司型態而異

廠商業務：將商品直接賣給個人或企業。

代理商業務：尋找可代替自家公司將自家產品賣出去的商店。

貿易公司業務：從別家公司進貨，再賣給企業或個人。

依銷售方式而異

開發新客源業務：尋找新客戶，拓展銷售管道。

留住舊客源業務：以已經建立交易關係的客戶為對象。

除此之外，還有各種不同類型的業務。

在跑業務的途中，會在偶然看到的定食餐廳裡快速解決午餐。如果是出遠門的話，開拓新餐廳也是一種樂趣。

根據資料，與對方商量下單數量，並且討論如何刺激那些滯銷書的買氣。

請對方幫忙賣，沒想到卻賣不掉。這種時候不能當沒事，而要誠心道歉。

與編輯部開會，轉達書店回饋的感想及意見，提供下回編書參考。

有時會在小孩都睡了以後才回到家，但今天趕上了！還可以為他們讀一些他們最喜歡的書。

連結人與物，創造相遇的機會

不論哪種商品、哪種服務，如果只在那個地方才有，就不可能廣為人知。唯有接觸到人的眼睛，讓人拿在手上，商品才開始有了生命。業務的偉大之處，就在連結「物」與「人」，創造出「製作的人」與「使用的人」相遇的機會。大家喜歡的書和甜點，都是因為有這樣的人在，才能送到大家的手上。

▶公司內部

稽核專員

338

這個數字和會計青野小姐給我的文件不一樣,到底怎麼回事,該不會?

經營企劃

341

很好很好,目前為止,新案子都照計畫進行中,這樣下去,我們公司的業績肯定一飛衝天的!

投資人關係(IR)

339

好了,搞定下次股東大會要發表的資料了!應該會讓投資人覺得很吸引人吧……

綠川,新產品的資料忘了帶喔!

我出門了!

業務助理

342

綠川很有幹勁,但總是少根筋……才剛說完,又忘了帶東西!

行銷專員

337

「用手給它溫暖就會長大的麻糬玩偶」,會不會紅起來就看赤井和我了。廣告詞用「看形狀就知道有多愛!」好嗎?

產品企劃

340

接下來是「表情會隨現場氣氛改變的玩偶」,該怎麼做好呢?像是教室裡發生爭執就苦笑之類的……要怎麼做到呢?

337 【行銷專員】

📝 為了讓人對公司產生好印象，或是讓人知道公司的商品及服務，而向大眾廣發相關訊息。將資料提供給電視、雜誌、報紙等媒體以製作節目或報導，或是建立公司網站、透過社群媒體直接向大眾提供訊息。

✎ 進入公司，分配到行銷部門。但通常會在其他部門待一段時間，累積經驗後再調到宣傳部門。

✧ ❶ 將公司的產品及服務，正確且客觀介紹給世人的「誠實行銷能力」。❷ 用誠實且令人感興趣的方式，發布對公司有利新聞的「帶動流行創造力」。

☹ 產品出狀況，不得不撰寫文章向外界道歉時。

338 【稽核專員】

📝 檢查公司的事業是否依規定進行、有無不法情事，可說是公司的「糾察隊」。調查各部門的工作內容、員工的勤務狀況，若發現情況不對就要跟負責人一起商討對策，改善情況。

✎ 進入公司，先分配到會計等部門累積經驗。也可以進入審計公司或顧問公司，負責各種企業的內部稽核工作。

✧ ❶ 發現不法即深入調查的「劍及履及能力」。❷ 讓員工積極配合調查的「誠正信實人品」。

☹ 指出對方的做事方法有缺失，而惹人討厭時。

339 【投資人關係（IR）】

📝 「IR」是「Investor Relations」的簡稱，負責向投資人、股東發布公司的資訊。例如召開決算說明會等活動、向投資人及股東介紹公司的魅力及未來的發展性等，吸引更多資金投入而帶動公司成長。

✎ 進入公司，先擔任管理資金的「財務」，或是發布公司資訊的「宣傳」等，累積經驗。

✧ ❶ 讓投資人及股東覺得「這家公司很有希望」的「展現未來能力」。❷ 隨時掌握相關公司動向的「鷹眼蒐集資訊能力」。

😊 在股東大會上，股東都能接受公司接下來的戰略。

340 【產品企劃】

📝 構思新產品的企劃。一有好點子，就跟公司的技術人員、業務等討論製造方法及銷售方法，然後寫成企劃書於會議上發表。獲得認可後就著手準備，朝上市開賣的目標前進。

✎ 進入公司，分配到企劃部門。或是先到業務等其他部門累積經驗，直到企劃能力受肯定。

✧ ❶ 想像「自己如果是客人」的「將心比心能力」。❷ 徹底驗證大家是否想要該產品的「最佳企劃書製作能力」。

😄 自己經手的產品，受到客人超乎預期的歡迎時。

341 【經營企劃】

📝 檢查公司的事業是否如預期進行，或是思考新的事業並付諸實踐等。有時要參加有社長、高階主管等出席的公司發展會議，擔任主持人，或負責說明狀況等。

✎ 進入公司，多半是先在各個部門累積經驗，了解公司的各項運作後，再分配至經營企劃部。

✧ ❶ 看準公司這艘「船舶」的目的地，全力出航的「媲美航海王能力」。❷ 不能依照計畫進行時，能快速重新擬定計畫的「即時切換執行力」。

☹ 老闆與員工之間意見不合，自己夾在中間左右為難時。

342 【業務助理】

📝 為了讓業務員能夠專心銷售產品而協助他們處理各種事務。當業務員外出時，助理便代他們接電話、回信、製作合約書、估價單等文件，整理提案的商品資料等，協助業務員提升業績。

✎ 進入有業務部的公司擔任助理。具備電腦操作、計算能力、英語能力較有利。

✧ ❶ 小事情也不馬虎，讓整個業務部門氣氛愉快的「營造氣氛能力」。❷ 隨時將業務部今後的計畫及目標放在心中的「腦內便利貼能力」。

😊 有人稱讚：「你進來以後，我做事方便多了喔！」

343 【法務專員】

📋 除了製作與客戶公司的合約外，也要匯整公司的法規，讓公司和員工都能依法行事。有時還要提供法律見解以避免公司吃虧、接受員工的法律諮詢等，如果與客戶發生糾紛，也要運用法律知識加以解決。

◈ 進入公司，分配到法務部。由於這項職務需要具備豐富的法律知識，因此大學法學系畢業者較有利。

⚡ ❶ 看出這個案子是否潛藏風險的「風險預測能力」。❷ 隨時檢視公司所希望的事情是否都合法的「把關者能力」。

😊 聽到有人間接的稱讚說：「跟貴公司交手，在法律方面一點都沒辦法打馬虎眼啊。」

344 【人事專員】

📋 挑選公司需要的人才，然後將人才分配到合適的部門，或者思考薪水制度、工作績效評估制度等，並且實際運作。有時還要規劃提升職員能力的研修活動，與法務一起決定如何處分出問題的職員等。

◈ 進入公司，分配至人事部門。具備勞動相關法律知識較有利。

⚡ ❶ 能在短時間內，透過與對方的交流而知道其人品的「瞬間看穿對方的能力」。❷ 看出對方特有的才能，思考如何發揮在職務上的「好奇心」。

😊 看見從前來商量能否轉調部門的人，如今在新部門工作得很帶勁。

345 【總務專員】

📋 從準備文具、名片等小備品，到管理公司的整個建築等，工作內容相當廣泛，目的在創造一個方便職員工作的環境。企劃能加深員工交流的迎新會、員工旅遊等，制定公司的內規，有時還要舉辦邀股東齊聚一堂的「股東大會」等。

◈ 進入公司，分配到總務部。具備「社會保險勞務士」（63頁）、「簿記」、「商務職業檢定」等資格較有利。

⚡ ❶ 讓不同立場的職員皆能接受的「博愛調整能力」。❷ 創造一個人人都能發揮所長的環境「以公司主角是人的能力」。

😣 為了讓大家都能愉快工作而制定某些規定，但大家都不遵守。

346 【祕書】

📋 公司的董事長、高階主管等重要人物，可說每天都公務繁忙，祕書的工作就是協助他們，例如管理他們的行程、接待客人、確認信件、準備會議資料、安排出差事宜、送禮給客戶、計算經費等。內容繁雜。

◈ 進入公司，先在其他部門累積經驗；有人是到祕書派遣公司登記；也有人會去上「專業秘書」或「行政實務」等課程。

⚡ ❶ 不等上司開口就知道他要什麼的「早已準備好的能力」。❷ 言行舉止有禮、應對進退得宜，服裝儀容得體的「可以信賴的整潔感」。

😣 無法以成熟幹練的態度，對待一個狂妄傲慢的客戶。

347 【會計】

📋 從金錢的角度協助公司營運。計算每月要付給員工的薪水，然後匯進其銀行帳戶，還要檢查員工使用公費的收據，製作詳細記錄公司當月金錢收支狀況的「月決算書」；到了年終，還要結算一年份的月決算書，製作可說是公司成績單的「年度決算書」。

◈ 進入公司，分配至會計部門。具備基本會計學知識或學位較有利。

⚡ ❶ 能從乍看沒問題的數字中找出怪異點的「敏銳度」。❷ 能隨時專心處理工作的「ON → OFF 切換能力」。

😣 數字不合，怎麼查都查不出原因。

348 【總機接待員】

📋 在公司入口處負責接待訪客。由於是訪客第一個接觸到的人，因此堪稱是公司的「顏面」。向客人寒喧後，轉達職員，或是帶領前往接待室，奉茶。還要負責一些瑣事，例如保持接待室的整潔、接受會議室的預約、接受詢問等。

◈ 進入公司，分配至接待部門，或是到派遣公司登記。

⚡ ❶ 讓每個人都覺得「這家公司真棒！」的「受歡迎笑容」。❷ 立刻記住客人長相及其公司名稱的「一次就記住記憶力」。

😊 客人稱讚說：「你們的總機人員態度真是親切。」

349

人力派遣公司業務

成功了！提案了好久的櫻花飲料公司終於有大案子來了！我一定要藉這個機會努力贏得他們的信任才行！

要100名客服人員是吧！

350

國稅專員

因為生意興隆的關係，每次來這家公司都感受到滿滿的活力！如果能分一點到帳簿的管理上就好了……

喔，署的人，我是稅務

這是改善虧損狀況的計畫，您過目一下！

354

經營顧問

野田社長做事十分謹慎，但這套戰略講求的就是快狠準。如果能請他當機立斷，肯定對公司有利。

352

隱私權政策顧問

咦，這些不是個資嗎？一定要確實資料化，並限制存取才行！如果能取得隱私標章，大家的觀念就會改變才對！

353

職涯顧問

看來，小木先生只是和新上司不合而已，對工作還是很嚮往的。我試著往不辭職的方向和他談談看吧！

總之，我想辭職。

我們一起想想辭職的理由吧。

失作員先生，關於客服人員的事……

351

人力調度員

什麼？一百人？可見有大型商品要上市了。好，我來找有經驗又機靈的人。

349 【人力派遣公司業務】

📝 將想找工作的人介紹給企業，讓他在一定的期間內工作。主要是了解企業的希望：「我需要這樣的人力。」再從登記的人員中找到符合人選，向企業推薦。

✏️ 進入人力派遣公司。有些派遣公司服務各種行業，有些只服務醫療、金融等單一業界。

✨ ❶ 不論什麼工作，都能感受到該工作好處的「發掘工作魅力的能力」。❷ 讓介紹的人員工作愉快的「極細致後續追蹤能力」。

😖 找不到符合條件的人，無法滿足委託人的期待。

350 【國稅專員】

📝 監督民眾是否誠實納稅。依業務內容分為 3 種，「國稅調查員」：調查是否誠實納稅；「國稅徵收員」：追討逾期未繳的稅金；「國稅查緝員」：查緝非法逃稅的企業或個人。

臺灣資訊
請見289頁

✏️ 通過「國稅專員任用考試」，在各地國稅局擔任「財務事務員」後，接受三個月的訓練。然後在所屬的稅務署工作三年，再接受七個月的訓練。

✨ ❶ 面對強烈的反抗或壓力也不輕易妥協的「堅忍不拔意志」。❷ 貼近各種立場的人，指導時可親切也可嚴厲的「資深刑警能力」。

😖 找到沒繳稅的人，但對方哭著說：「我的生活過不下去了……」

351 【人力調度員】

📝 在人力派遣公司上班，詢問來找工作的人所希望的職業類別和條件，然後介紹相符的工作。有時也要找出對方自己沒發覺到的才能，推薦可供發揮的工作。總之，就是協助客人找到工作的場所。

✏️ 進入人力派遣公司，分配到負責介紹工作的部門。

✨ ❶ 讓來找工作的人覺得「可以跟這個人說真心話」的「讓人打開心扉的能力」。❷ 不是以半年、一年，而是用十年、二十年的長遠眼光來介紹工作，讓對方得以成長的「提升人生經驗值的能力」。

😊 客戶前來商量：「希望將這個人升為正式職員。」

352 【隱私政策顧問】

📝 有一種「隱私保護政策」制度，只要公司能妥善保管姓名、住址、電子郵件信箱等「個人資訊」不外洩，就能獲得認證。而「隱私政策顧問」就是在協助企業順利取得該標誌，或是協助設計相關的員工訓練課程及機制。

✏️ 進入隱私政策顧問公司或隱私標章認證機構以累積經驗，或是取得 JCPC（日本認證隱私政策顧問資格）。

✨ ❶ 從一般人不會注意到的角度來指出危險性的「風險察覺能力」。❷ 公司有任何想法都能應付的「提案能力」。

😊 客戶說：「多謝你的幫忙，讓我們公司贏得社會大眾更高的信賴度。」

353 【職涯顧問】

📝 與正在思考未來的人一起討論，找出他真正想做的事情。就業、升學或留學、轉職等，提供各種方案的建議，幫助對方做真正想做的事。

✏️ 進入人力派遣公司或人力資源公司、政府經營的職業介紹所、學校的未來發展諮商室等。要考取國際認證的「職涯顧問」證照，也被稱為「職涯諮詢師」或「人生教練」。

✨ ❶ 能夠同理諮詢者的心情及重視的東西的「激發出對方自信的能力」。❷ 不隨便貼標籤，而是用對方的個人特質來衡量的「天賦挖掘眼力」。

😊 前來諮商的客人道謝說：「現在我覺得充滿希望了！」

354 【經營顧問】

📝 接受面臨重大問題的公司老闆諮詢，有時得花好幾年和公司一起解決問題。例如，向一個想進軍海外卻無經驗的老闆提供收購海外公司的相關建議，並協助準備資金及人才。

✏️ 進入顧問公司。由於須具備公司經營相關知識，最好取得「中小企業診斷師」、「公認會計師」（63 頁）等資格，或是 MBA（經營管理碩士）較有利。

✨ ❶ 從豐富的知識及經驗中做出推斷的「邏輯思考能力」。❷ 精準掌握公司狀況的「分析透視能力」。

😊 專案結束後，向來沉默寡言的老闆點頭致謝：「下次還要麻煩你了。」

📝 工作內容　📎 工作條件　✨ 特殊能力　☹ 辛苦的時候　😄 開心的時候

355 【IT顧問】

📝 接受有 IT（電腦、網路等資訊技術）相關煩惱的經營者或負責人的諮詢，協助解決問題。例如，希望員工在家工作的話，IT 顧問就要思考必要的機制以及金錢、時間等問題，提出新的系統，並且管理預算及進度，促成專案順利完成。

📎 進入 IT 顧問公司。多半需具備 IT 相關資格，但在現場的話，更需要具備豐富的知識與經驗。

✨ ❶ 隨時掌握國內外熱門 IT 技術資訊的「趨勢敏感度」。❷ 將複雜的事情整理得條理分明的「頑強思考能力」。

☹ 客戶的公司出狀況，為了解決問題而好幾天有家歸不得時。

356 【人事顧問】

📝 「人事」工作主要是建立公司錄用、培養、考核員工的制度，並且負責執行。而人事顧問是為了提升公司的業績或評價，以專家的角度，思考應當如何改變人事制度，如何建立一個更方便工作的環境而提出建言。

📎 在公司的人事部門累積經驗，或是進入專門處理人事問題的顧問公司。

✨ ❶ 讓員工主動學習、積極工作的「向未來播種能力」。❷ 不斷學習新的工作方式，以及與工作相關法律，擁有「隨時代波動的應變能力」。

😄 一手規劃的人事制度為公司員工帶來更多方便，因此吸引更多人前來應徵時。

什麼是「國稅局」？

守護城市安全的警察及消防業務、垃圾的回收、道路的整備等，這些我們生活上不可或缺的公共服務，全是靠個人和企業繳納給中央及地方機關的「稅金」所維持的。而徵收、調查稅金，回答納稅人疑問的，就是「稅務署」，管轄稅務署的就是「國稅局」。稅金大致分為國稅（中央稅）和地方稅，國稅指的是勞動者支付的「所得稅」（P133）、購物時支付的「消費稅」。國稅局不僅要監督稅務署，也要主動調查大型企業的納稅情況。

357 【客服人員】

📝 連結客人與企業的「窗口」。接聽客人打來的電話、回答產品及服務的問題、處理訂單及要求、傾聽意見、接受討論、輸入資料等。也要負責維持公司的好形象。

📎 應徵企業的客服人員並獲得錄用。也有人是以派遣員身分就職。

✨ ❶ 從對話中，迅速掌握對方真正意圖的「捕捉心聲能力」。❷ 配合對方，採取合適的說話方式及說明方式的「八面玲瓏說話技巧」。

😄 客人專程打電話來：「謝謝你前幾天細心的為我解說。」

358 【維修工程師】

📝 辦公室的影印機等 IT 機器出狀況時，應客戶要求前去修理。有時要定期維修保養機器，讓客戶每天都能安心工作。

📎 以工程師身分進入 IT 機器廠商。進入公司後，要先接受訓練，或是實際到現場邊工作邊累積經驗。

✨ ❶ 不只修理機器而已，還要說明如何操作才不會又出同樣狀況的「讓客戶加倍滿意的能力」。❷ 為吸收最新知識而「每日更新的能力」。

☹ 明明不是自己或商品的問題，客戶卻大發脾氣時。

359 【影音串流公司製作人】

進行電影、電視劇、動漫、運動、即時影像等影片的播放服務。買進國內外現有作品來播放,也會自製或是與電視台合作製片。

進入影音串流服務公司,先累積經驗。如果是電視台旗下的子公司,通常是從電視台調派過去。

✡ ❶ 從過去至今的所有作品中,找出人人都想看的高品質影片的「代表大眾的能力」。❷ 向世人播放全世界的作品,同時保護版權的「外語能力與法律知識」。

😄 聽說準備多時的作品,在其他國家也大受歡迎時。

360 【電視導播】

在許多人員同時工作的節目製作現場擔任總指揮的「現場指揮官」。工作內容相當廣泛,例如發想節目單元、編寫腳本,如果是在錄影或外景現場,則要給予演出指示,錄影後還要剪輯影片等,一切都是為了製作出好看的節目。

進入電視台或節目製作公司,分配到製作部,或是先擔任電視助理導播(49頁)累積經驗。

✡ ❶ 看出有趣之處而放進影片中的「歸納魅力點能力」。❷ 徹底追蹤自己感興趣人事物的「任性探索能力」。

☹ 因為藝人鬧出醜聞,明天要播的節目不得不重新剪輯。

361 【電視節目編劇】

電視台或廣播節目的工作人員之一,為了讓企畫成形而提出構想、整理成腳本。也稱「放送作家」、「構成作家」。從製作人那裡了解節目的內容後,寫出企劃案,蒐集資訊,提出點子,構想節目的組成,完成腳本。有時會觀看完成後的影片並給予建議。

在搞笑藝人經紀公司的節目編劇培訓班學習、從蒐集資訊的研究員或藝人身分轉換跑道,成為知名編劇的學生等,方式很多。

✡ ❶ 注意到目前社會上什麼最熱門、應該將什麼炒熱起來的「對時勢靈敏的嗅覺」。❷ 將個人身邊的瑣事升格成有趣內容的「化私為公能力」。

☹ 「下週前必須想出來的作業」多到滿出來時。

362 【藝人】

上電視等媒體,炒熱現場氣氛,或是講一些話讓人思考。運用自己的人格特質上綜藝節目談話、演出電視劇、擔任企業的形象代言人上廣告等,有些人另有醫師或律師等本業。

通過試鏡進入藝能經紀公司。有些人是主動將影片上傳到網路而接到工作機會。依經紀公司的不同,各有不同的強項,例如偶像系、搞笑系、模特兒系等。

✡ ❶ 光是站在舞台就讓人有明顯感受的「存在感」。❷ 在廣大的藝能界中找到自己獨特的賣點,然後向眾人展示的「這就是我!」

☹ 好不容易上節目,結果畫面全被剪掉了。

363 【藝人經紀人】

協助演員、藝人等活躍於表演舞台。除了管理行程、接送到現場、照顧日常生活外,還要擬定如何捧紅藝人的策略,向製作人等推薦,交涉演出費用等。在街上挖掘明日之星也是重要的工作內容之一。

進入演藝經紀公司,擔任經紀人。通常是先決定想當哪一類藝人的經紀人,再挑選經紀公司。

✡ ❶ 展現藝人魅力的「琢磨寶石能力」。❷ 了解藝人的心情,為他加油打氣的「成為精神支柱能力」。

☹ 負責的藝人被爆出負面新聞,造成形象大崩壞。

364 【節目編排人員】

決定電視台的節目播放時間表。根據收視數據,提出「星期幾的這個時段這種觀眾最多,所以播出這類節目」等大方針,然後研究製作人構思的企劃,表達想法;還要針對無法提升收視率的節目提出改善意見。

進入電視台,分配到節目部門。

✡ ❶ 綜觀社會,找出還沒有人做過的領域的「飛鳥觀點」。❷ 兼具以數據為本的冷靜思考以及不被輿論左右的熱情信念的「冷靜與熱情並陳的能力」。

☹ 還不想結束的節目,因觀眾的噓聲而不得不喊停時。

365 【電視節目攝影師】

📄 拍攝在電視上播放的影片。與導演等人討論後，如果是資訊類節目，就用攝影機拍攝新聞現場、餐飲店的美食、觀光地點的美景等；如果是綜藝節目，就在攝影棚拍攝談話場景，或是到外面拍風景等。須依目的使用不同機材，並調整影像的色調、畫質等。

✎ 進入製作公司或電視台。有些人是先在大學或專門學校學習拍片後，累積經驗再成為自由工作者。

⚡ ❶ 立即判斷當下該拍攝什麼、觀眾想看什麼的「目不轉睛畫面捕捉能力」。❷ 讓畫面如詩如畫的「頂尖構圖能力」。

☹ 因為工作，不得不拍攝許多人受傷的車禍或災害現場。

366 【字幕速記員】

📄 在電視上播出節目或影片時，為了服務聽障人士和高齡者，將演出人員的講話即時翻譯成文字，打成字幕。使用僅有 10 個輸入鍵的特殊鍵盤，以每分鐘 300 字以上的速度輸入。有時在演講及會議場合，也會需要字幕速記員。

✎ 進入電視台等外包的字幕製作公司或速記事務所。有些人是先在專門學校或利用通訊講座的方式學會相關技術。

⚡ ❶ 即時正確理解發言意思的「精準的語文能力」。❷ 播放中，一個聲音都不漏掉的「精準的專注能力」。

😊 一字不錯的工作到節目播放完畢時。

367 【氣象預報員】

📄 分析氣象廳的 AMeDAS（氣象數據自動採集系統）及氣象衛星等數據來預測天氣。僅有少數人能成為出現在電視上的氣象預報員，大部分都是在民間的氣象公司工作，接受遊樂園等休閒設施、農家、食品廠商等靠天吃飯的企業的委託，通報氣溫、下雨機率等預測結果。

✎ 需要領有「氣象預報證照」，進入氣象公司或研究機構。考試及格率相當低，僅 5% 左右。

臺灣資訊
請見289頁

⚡ ❶ 能將簡單的數據資料，化為對大眾有益資訊的「連結大自然與人類生活的能力」。❷ 熱愛每天都變換無常氣象的「對天空的愛」。

😊 有人說：「多虧你的預報，我才能提早因應，每天都平安無事。」

368 【電視節目製作人】

📄 製作電視節目時，擁有決定一切權利與責任的「節目領航者」。從發想要做哪一種節目的企劃案開始，計算所需花費、挑選演出者及幕後工作人員、與公司的其他部門協調等。也要在製作現場下達指令、檢查節目內容。

✎ 進入電視台或節目製作公司，先當導播或製作助理等累積經驗後，再升格為製作人。

⚡ ❶ 讓身邊的工作人員覺得「我願意為他工作」的「熱忱工作態度」。❷ 樂於挑戰新事物，勇於為少數或弱勢族群發聲的「戰鬥力」。

😊 在街上聽見人們正在談論自己製作的節目時。

369 【計時員】

📄 為了讓節目能準時結束而負責管理流程。主要是在現場直播時邊看流程表及碼錶，邊以秒單位確認進廣告的時間、插入短片的時間等，對工作人員下達指示。即便只是延遲了短短幾秒，累積下來就可能造成不得不切斷某個重要單元的後果，因此對節目來說，這是攸關生死的重責大任。

✎ 進入節目製作公司，或是提供製作人員的派遣公司，也有人身兼電視助理導播（49頁）。

⚡ ❶ 在緊張氣氛中依然保持冷靜的「正確的計算能力」。❷ 因插播新聞快報而臨時多花時間，依然能妥善應對的「臨機應變能力」。

😊 長時間的現場直播終於順利結束時。

370 【主播】

📄 在電視等媒體，用簡明易懂的方式播報資訊。有時也負責新聞或綜藝節目的主持或解說等。須具備精準的遣辭用字、字正腔圓的發音、聲音強弱合宜等高明的說話技巧。有時既是資訊傳播者也是資訊製造者。

✎ 進入電視台或廣播電台的主播部門，或是加入主播經紀公司。有些人是在學校學習相關知識後再參加徵才考試。

⚡ ❶ 即便是清晨或深夜的節目，也絕不顯露睏倦或疲態的「容光煥發能力」。❷ 當天節目將播出的新聞及演出者的訊息，全都放進腦中的「資訊蒐集神人」。

☹ 在案件的採訪現場看見有人正在受苦，卻無法及時給予協助時。

187

371 【攝影記者】

📋 到事件、事故等新聞現場，或是話題人物、政治人物所在的地方，拍攝刊登在報章雜誌上的照片或影片。將文字難以形容的現場氣氛及實際樣貌，透過照片或影片詳細的傳達給世人知道。

✏️ 進入電視台、報社、出版社。有些人是先在大學或專門學校學習攝影相關知識及技術，或是先當知名攝影師的助手，累積經驗再獨當一面。

✨ ❶ 將要傳達的事情充分拍進影像裡的「凝聚現場氣氛能力」。❷ 想拍出震撼力，但仍能顧及被拍者心情的「在衝擊與誠實之間游移的心」。

😣 藝人出狀況，雖然會造成他的困擾，但仍不得不對著他猛拍時。

372 【報社記者】

📋 為了讓大眾知道社會上發生了什麼事，到各地採訪人事物，然後寫成容易了解的報導。處理的主題包羅萬象，從國際問題到身邊的話題皆有，只要一發生事情，即便深夜也要趕赴現場，採訪相關人士以蒐集資訊，連夜趕稿以便及時在隔天早上的報紙刊登出來。

✏️ 進入報社。多半不限科系，只要是大學畢業生即可。

✨ ❶ 即便是小小的不對勁，只要在意便緊咬到底的「堅定能力」。❷ 不自以為萬能，且願意為了揭露世間的矛盾而不辭辛勞的「將真相攤在陽光下的能力」。

😄 不斷的認真採訪，終於發現獨家，並且寫成報導時。

373 【速記員】

📋 使用速記符號（將五十音改寫成簡單的線和點），將別人的發言正確且快速的記錄下來，再改寫成人人都容易閱讀的形式。前往重要會議、法庭審判、演講、採訪等現場，當場邊聽發言邊速記，或是將錄音、錄影的音檔寫成文字稿。最近則以用 AI 將語音轉成文字為主流。

✏️ 大部分人都是先在專門學校或是透過通訊教育學習速記的技術及知識，然後進入速記公司。

✨ ❶ 先不管談話內容，先求聽懂談話使用的字詞的「特殊聽力」。❷ 使用有限的速記符號來呈現談話內容的「將技術發揮到極致的能力」。

😄 比任何人都更早知道重大新聞時，總會興奮不已。

374 【清潔公司職員】

📋 專門負責打掃清潔。辦公大樓、商業設施、電車和飛機等交通工具、醫院、工廠、飯店、電影院、一般住宅、有人過世的房屋等，將各種場所打掃乾淨。有時也要打掃大樓的外牆和窗戶、空調的內部等必須有專業知識及機器才能處理的地方。

✏️ 進入清潔公司。有些公司專門打掃醫院，有些則是辦公室、工廠等，各有各的打掃領域及目的。

✨ ❶ 對於外行人無法處理的汙垢，能夠分析原因並在一定時間內洗刷乾淨的「探究精神」。❷ 讓委託人及利用該場所的人感到內心都亮晶晶的「煥然一新的能力」。

😄 客人開心的說：「廁所就跟飯店的一樣乾淨！」

375 【紙廠職員】

📋 製造各式各樣紙張的公司。書本及報紙用紙、紙箱用紙、衛生紙、點心包裝紙等，開發出各種用途的紙張，然後賣給廠商。還要配合時代思考新商品、進行紙張材料的開發及採購、實際生產及加工紙張等。

✏️ 進入造紙公司。如果是擔任與開發、生產相關的技術職務，具備大學理工科系畢業資格較有利。

✨ ❶ 一摸就知道是哪種紙張的「神人般辨識力」。❷ 追求紙張的潛力，打開紙界新大門的「『看見紙張未來』夢想力」。

😣 地震或颱風造成工廠停擺，無法製造紙張時。

376 【印刷公司業務】

📋 當有些公司或商店想製作書籍、海報、名片、商品包裝等各種「印刷品」時，印刷公司的業務就會向他們介紹自家公司的印刷技術，並且提供印刷建議，接受印刷訂單。接受訂單後，要將客戶的需求告知公司的印刷師傅，並將試印品拿給客戶看，亦即擔任客戶與印刷師傅之間的橋梁。

✏️ 進入印刷公司，分配到業務部門。

✨ ❶ 為了提升作品的品質，那麼再怎麼嚴格的要求都能做到的「博大精深印刷知識」。❷ 動用各種人力，如期完成工作的「時間管理能力」。

😣 在很短的時間內一再出現難題時。

377 【出版社業務】

📝 向書店推薦自家公司出版的書、雜誌，爭取訂單。到書店或經銷商（大量進貨再批發給書店），確認每家店的銷售狀況及庫存，向賣場建議如何展示書籍及宣傳方式等。可說是出版社與書店之間的橋梁。

✎ 進入出版社，分配到業務部門。如果有「普通汽車駕駛執照」，跑書店時會更方便。

✗ ❶ 不光以「追求暢銷」為目標，而是具備「推廣好書的使命感」。❷ 為銷售下足工夫的「與書店共舞的能力」。

😆 為一本原本不賣但自己很喜歡的書做了一些促銷活動，結果大賣時。

378 【編輯】

📝 漫畫、小說、專業用書等書籍或雜誌的書籍負責人。出於「希望開心閱讀」、「向大眾傳播訊息」想法而思考編書企劃，並投入必要的經費及人力，擬定進度，確認每一頁的內容。與寫文稿的人、設計的人一起讓內容順利印刷出版。

✎ 進入出版社的編輯部或是專門承包編輯業務的編輯製作公司等。有些人會在出版社累積經驗後就獨立接案。

✗ ❶ 充分借助作家、設計師等個人獨特才華的「引導能力」。❷ 從日常生活中尋找靈感，發想暢銷企劃案的能力。

😞 一位非常有才華的作家正陷入人生低谷，無論怎麼努力，都無法把他拉出來的時候。

379 【印刷師傅】

📝 操作印刷機器，製作印刷品的「印刷專家」。與業務或企劃人員討論後，使用客戶指定的紙張、墨水來印刷。根據紙張的厚度、種類，以及氣溫、溼度等調節墨水用量，讓作品如預期般印出來。最後確認印刷成品的人稱為「印刷總監」。

✎ 進入印刷公司，有些人會取得「印刷技術士」國家資格。

臺灣資訊
請見289頁

✗ ❶ 正確印出該印刷品所需要的鮮豔度及色調的「精準符合要求的能力」。❷ 著迷於色彩的千變萬化，想與更多人分享的「請看這個！的能力」。

😆 首次可以獨力負責六色印刷的時候。

380 【美術編輯】

📝 設計書籍。思考怎樣的設計能吸引讀者目光，讓人覺得有趣，以及如何傳達出書籍內容或作者的心思。不但要決定封面、書衣、書腰，還要指定整體的形式、大小，甚至紙張的種類等。

✎ 在大學、專門學校的美術科系，學習印刷、設計、編輯等相關知識後，進入出版社或設計事務所。

✗ ❶ 重視讀者觀點加以設計的「內藏讀者眼睛能力」。❷ 從企劃或原稿所呈現的氛圍中，「掌握核心內涵並予以視覺化的能力」。

😆 覺得「有點誇張」的設計，意外獲得好評時。

381 【校對人員】

📝 閱讀還沒正式印刷前的書籍頁面，除了挑出錯字外，還要檢查遣詞用字是否正確、內容是否合乎事實等。如果需要修改，就用筆標示出來讓編輯知道。可說是「書籍信賴度」的守護者。

✎ 在培養校對員的專門學校學習知識與技能，然後進入出版社或校對公司。有些人是在家接案的自由工作者。

✗ ❶ 一般認為沒錯的地方，也會覺得「真的是這樣嗎？」而主動查證的「極致的懷疑能力」。❷ 比起文法上是否正確，更注重作家個人風格的「對作家的尊重」。

😆 作家說：「連這種地方都注意到了，真是謝謝你！」

382 【排版人員】

📝 使用電腦，將文章、照片、插圖等「零件」排列得一目了然，做成書籍或廣告的形式。看到編輯在校對稿上用紅字標示出來的「修改處」，就依指示修正，以提高作品的完成度。

✎ 進入印刷公司或專業排版公司。有些人是先在專門學校學習設計、印刷相關知識及技術。

✗ ❶ 不論什麼樣的紅字，都能立刻明白該怎麼修改的「機靈腦」。❷ 通常這是書籍製作的最後階段，因此要有「迅速且正確的能力」。

😞 插圖沒分好圖層，修改起來非常麻煩的時候。

▶國會及其週邊

富安！

你聽懂了嗎？

387

議院事務局職員

今天要討論的議事一直定不下來，真急死人了。直到開議前2分鐘才終於把備忘錄交給議長。饒了我吧……

391

隨扈

就是那個死角！總理從這道門出來時，最危險的地方就是那裡。我得設想所有狀況，模擬對策才行。

385

內閣總理大臣（首相）

我從政不是為了「政治」，是為了帶給更多人幸福。我要好好傾聽民眾的心聲，在重要時刻勇於做出決定。

389

國會議員

我的家鄉最近也有很多公司倒閉，人口也減少了，如果提不出振興地方的具體政策，我在這裡就沒意義了。

這個法案的目的是為了促進區域社會的獨立發展。

383

國會議員助理

支持者代表平井先生好嚴格，這個政策是當地人多年來爭取的願望，如果不盡早實現，他們會很痛苦，這點我得好好向議員說明。

388

國會圖書館職員

咦，這個資料上有這樣的數字啊？這次的調查主題很難，但收穫還不少，應該可以用在下次的報告才對。

384

酒吧經理

毛利先生，您這位老客人怎麼好久沒來了。您說的「重要大事」，該不會是之前提過委內瑞拉專案吧？

富安把上次那個資料送來了嗎？

386

律師助理

哇，判例的數量超多的，要律師全部讀完是不可能的，我先把跟這次案子相似的挑出來，歸納出重點好了，加油！

390

國會議員幕僚

必須在議員回來前，把週末的演講稿準備好。要索取欠缺的資料……啊，還要整理上午出席的那個部會的報告！

393

特勤人員

行人、車輛、護城河、天空……一切正常。那個小朋友是來散步的嗎？這一帶很開闊，讓人心情很好，希望他玩得開心。

394

檢察官

行使權力是很可怕的，說不定會把一個人送進監獄裡。可是，一想到無辜被害人的不甘心，我就不容許犯人逍遙法外。

395

法庭畫家

沒想到被告人長得這麼慈眉善目，啊，不能先有成見，要根據事實來畫。啊，差不多該走了，到別地方去完成最後的收尾部分，快！

396

法院事務官

這可不是隨便的一張紙，是會左右對方人生的重大文件，絕對不能出半點差錯！

392

內閣官員

還好今天浦井議員很快就質詢，否則每次時間都好趕啊。我看看，「針對照顧父母及祖父母之年輕世代的支援制度」？這個，厚生勞動省已經告知市町村等單位了……

你在事故發生前的10月4日上午8點30分左右，有和被害人通過訊息吧。

398

法官

這名證人的話應該可信吧。但不能這樣就確定被告是有罪的。在決定性的證據還沒出來前，不能妄下判斷。

397

法院書記官

今天審判的處理方針，辻井法官已經說得很清楚了，所以辯論筆錄很好寫。

400

律師

想到被害人的心情，真是叫人心痛。不過被告也有人權，我要負起責任，好好處理這起事件。

399

檢察事務官

這是今天早上送來的事件紀錄，嗯，調查內容裡沒有法律上的問題，那就受理，送交調查審理吧。不過，這起案子有點棘手……

383 【國會議員助理】

📋 協助國會議員。議員使用國家經費所僱用的祕書稱為「公設助理」，使用私人經費的則稱為「私設助理」。助理除了管理議員每天的行程及金錢收支、準備需要的資料、代替議員出席活動外，選舉時與支持者互動，不分晝夜的到處奔波。

✏️ 獲得國會議員錄用。如果是擔任公設祕書之一的幕僚（193頁），須具備特定資格。

✨ ❶ 認為協助議員就是在協助國家進步的「與議員旗鼓相當的志向」。❷ 為了支持議員的政治活動，不辭辛勞四處奔走的「『最死忠支持者』能力」。

😖 大批選票投給了雖受歡迎但政策不可靠的競爭對手時。

384 【酒吧經理】

📋 經營可供客人吃飯、喝酒、聊天的酒吧。思考經營概念（如何服務客人）、決定菜單、進貨及備料、指導工作人員、管理薪水、計算營業額等，負責整家店的經營工作。

✏️ 如果是開酒吧等餐飲店，至少要有一人具備「食品衛生管理者」資格。如果是受雇的員工，必須年滿十八歲。

✨ ❶ 讓不喝酒的客人也能放鬆心情的「滋潤心靈聊天能力」。❷ 讓客人覺得一段時間沒來便彷彿得了思鄉病的「第二個家的能力」。

😖 被某個客人糾纏住而不能好好的服務其他客人時。

385 【內閣總理大臣（首相）】

📋 日本行政機關的「最高掌權者」。多半是由國會的眾議院中席次最多的政黨黨魁來擔任，指定讓國家行政得以運作的各部會，組成「內閣」。召開內閣會議，討論法律、預算等議題，然後向國會提案。

✏️ 先當國會議員累積經驗，直到獲得所屬政黨推選為內閣總理大臣候選人後，再報名參選，並獲得國會議員半數以上的選票，然後獲得天皇的任命。

✨ ❶ 足以向世人展現出自己正是國家領導人的「熱情、智慧、高尚人格」。❷ 在人際關係複雜的政治世界，依然保持為民服務的「為大眾做決策的能力」。

臺灣資訊請見289頁

😖 明明是非做不可的正確事情，支持率卻無情的下滑時。

386 【律師助理】

📋 協助律師，整理出更方便律師工作的環境。就律師手上的案件協助調查並整理過去的判決內容，管理律師的行程等。許多人是邊準備司法考邊擔任助理。

✏️ 獲得律師事務所錄用。在國外的話，有時須具備特定資格。

✨ ❶ 一手包辦瑣碎事務，讓律師可以全力為委託人辯護的「事務之神」。❷ 為幫助委託人而找出需要判例及資料的「抓住解決頭緒的能力」。

😆 還記得從前查過的判例，並且可用在這次的案件。

387 【議院事務局職員】

📋 在協助眾議院、參議院各項運作順暢的事務局工作，也被稱為「國會職員」。分為「事務職」：協助議長和委員長、調查、製作資料、辦理手續及聯繫、管理議員名冊及設施等；「警備職」：保護國會場域及議員身邊的安全、接待訪問者等。

✏️ 通過眾議院、參議院各自舉辦的「普通職考試」、「綜合職考試」，或是擔任警備職的「警衛員考試」。

✨ ❶ 雖然專業領域有別，但不論在哪裡都能完成高品質工作的「全能辦事能力」。❷ 配合政治動向而行動的「搭上時代浪潮的能力」。

😖 配合會議需要而緊急準備好資料，結果會議臨時取消。

388 【國會圖書館職員】

📋 在日本唯一由國家營運的圖書館「國會圖書館」工作。調查國會議員委託的事項、針對接下來在國會討論的議題提出報告，可說是國會的附屬研究所。此外，也要負責蒐集日本出版的所有書籍、雜誌、報紙等，整理得更方便使用後開放讓大眾閱覽。

✏️ 通過「國會圖書館職員錄用考試」。

✨ ❶ 找出對提案議員有益資訊的「國會大腦的能力」。❷ 迅速找出使用者需要拿到的書的「與系統合作無間的能力」。

😆 聽說自己花時間心力做好的報告，促成重要法案通過。

389 【國會議員】

📄 選舉當選後,將人民的聲音傳達到國家權力最高機關「國會」上。分成「眾議院」與「參議院」,分別透過討論或多數決的方式來制定國家法律規則、決定國家錢財的使用方式等。也要負責檢討與外國簽定的合約、指定內閣總理大臣等。

✒️ 參加選舉並且當選。候選條件為具備日本國籍,眾議員須 25 歲以上、參議員須 30 歲以上。

✨ ❶ 四處奔走傾聽人民的各種苦惱,然後擬定政策以解決問題,擁有讓國家更美好的能力。❷ 擁有權力也不會拿來追求自己的貪念及利益的「無我精神」。

😄 透過國會質詢,讓之前不被注意的一群人受到矚目時。

390 【國會議員幕僚】

📄 思考國會議員的政治方針,即「政策」,協助制定法律等。屬於公費聘用的「公設助理」之一,依議員的指示,調查國家或政黨的政策及法律,蒐集資訊以找出問題點,並匯整成資料。也要製作委員會上使用的「質詢書」。

✒️ 通過國家考試中的「政策祕書考試」,或是通過「選考任用審查認定」後,獲得國會議員錄用。

✨ ❶ 不光是查資料,還要將附帶的資訊一併告知議員的「知識泉源」。❷ 由於負責「政策」這項重要工作,必須具備「沒有你不行的能力」。

😄 實際參與擬定的法案內容,獲得國會通過而成立時。

391 【隨扈】

📄 守護委託人的人身安全。主要是在公共設施、個人住宅等擔任警備工作。接受訓練並獲得認可後,有些人是以隸屬警視廳的特別警官(SP)身分,擔任總理大臣、外國總統、王族等的警衛工作。

✒️ 進入民間的警備公司,或是通過公務員考試進入警察機關或自衛隊,分配到擔任警護的部門。要成為 SP 須具備「英語能力」及「身高 173 公分以上」等條件。

✨ ❶ 既然是處理危險狀況,就必須隨時注意委託人安全確保平安無事。❷ 必須眼觀四方、耳聽八方的「高度危機感」。

😄 順利結束警衛任務,鬆開緊繃的神經那一刻,每次都感到身心舒暢。

392 【內閣官員】

📄 根據政治人物決定的方向,整理出政策及法律觀點,以執行。內閣下設「省」、「廳」,依職責不同分為「文部科學省」、「環境省」等,各依據法律及預算,從事推動國家政務的相關工作。請參考 195 頁。

✒️ 大學或碩士畢業,通過「國家公務員任用綜合職考試」後,再通過希望的府省廳的考試。

✨ ❶ 掌握時代潮流,讓日本這艘大船向前邁進的「掌舵能力」。❷ 發生重大問題時,能夠拋棄一切為解決問題而同心協力的能力。

😣 參與擬定的法案,受到媒體及社會大眾的嚴厲批評時。

393 【特勤人員】

📄 守護天皇、皇后,以及皇族成員每日的安全。隸屬警察廳附屬機關「皇宮警察本部」的國家公務員,負責守護皇族的住居「御所」及別墅「御用邸」的安全;當皇族參加活動時,也必須同行護衛。

✒️ 通過「皇宮護衛官任用考試」後,進入皇宮警察學校。花六至十個月學習法學與逮捕術,經過現場實習,然後分配到坂下、吹上、赤坂、京都等任何一處護衛署工作。

✨ ❶ 不分晝夜、不論刮風下雨下雪,隨時繃緊神經,保護主人的武士道精神。❷ 不是光憑身體強壯,而是貫徹「保護皇室」這項意義而行動的「細膩關心」。

😄 經驗及能力獲得認可,獲選為可在皇族身邊擔任護衛的「側衛官」時。

394 【檢察官】

📄 確認某人是否真為案件的嫌犯,決定是否向法院起訴,送交法庭審判。發生案件後,警察將嫌疑人送交檢察廳,由檢察官負責調查及訊問。在法庭上,檢察官則要證明「被告」犯罪,並對刑則表達意見。

臺灣資訊請見290頁

✒️ 大學畢業後繼續進法科研究所就讀,或是通過「司法考試預試」後,再通過國家考試中的「司法考試」。然後參加司法研習,通過「司法研習生考試」,再通過法務省的面試。

✨ ❶ 起訴嫌犯之前,確實蒐集證據的「千真萬確能力」。❷ 從人的內心深處解讀為何如此的「心理機轉解析能力」。

😄 費盡千辛萬苦終於拼出真相最後一塊拼圖的那一刻。

395【法庭畫師】

📄 描繪法庭審理時的情景，供電視或報章雜誌使用。日本法律禁止在法庭審理過程中拍照或錄影，因此若要傳達被告的模樣，就會利用畫圖的方式。法庭畫家接受電視台或報社的委託，從旁聽席畫出多張素描，然後與負責人討論出要用哪一張後，立即移動到另一個房間上色完成。

📎 多半是漫畫家、插畫家、繪畫老師等以副業的方式接案。

✨ ❶ 在審判的嚴肅氣氛中，不帶感情的畫出所見畫面的「公正性素描能力」。❷ 讓觀者有身臨其境感受的「氣氛傳達素描能力」。

😊 在一場大眾所矚目的審判中擔任法庭畫家時。

396【法院事務官】

📄 在全國各地法院的裁判部或事務局，協助法院的整體營運工作。在裁判部的話，主要是為協助法院書記官，負責收發審判時的必備文件，以及蒐集資料等。在事務局的話，則分為總務、人事、會計等部門，負責物品管理、人事錄用等，創造出讓裁判部更容易運作的環境。

📎 通過「法院職員任用考試」，分為「綜合職考試」及「普通職考試」，報考資格及考試內容皆不同。

✨ ❶ 協助法官及書記官順利完成工作的「無名英雄能力」。❷ 負責一項判決所衍生出來的許多工作及責任的「成為法律千手千眼的能力」。

😣 無法立即回答詢問者的問題，導致對方心生不安時。

397【法院書記官】

📄 記錄法庭上的問答情況，作為可證明審判內容的唯一文件「筆錄」。除此之外，還要決定審判的日期、調查法令及判例、與法官討論當天的進行事項，以求審判過程順利進行。

📎 通過「法院職員任用考試」，以法院職員身分工作一定期間後，通過「法院職員綜合研修所入所考試」，再接受1～2年的研修訓練。

✨ ❶ 為了及早解決問題而具備「法律下的最佳最速進行能力」。❷ 能對首次接觸審判的人清楚說明法律知識及手續的「減輕對方壓力能力」。

😊 初次到法院的人，在聽完自己的說明後表示：「這樣我就放心了。」

398【法官】

📄 在法庭上，根據法律宣告公正的判決。分為追究嫌犯責任的「刑事裁判」，以及處理個人或公司日常糾紛的「民事裁判」，皆須調查證據，聽取當事人的說法後再下判斷。

📎 大學畢業後繼續進法科研究所就讀，或是通過「司法考試預試」後，再通過國家考試中的「司法考試」。然後參加司法研習，通過「司法研習生考試」。

✨ ❶ 解讀犯罪心理，貼近對方的心，並試著指引出一條人生道路的「非凡心理觀察能力」。❷ 每天不斷累積與過去判例或案件相關知識的「學習不停歇人生」。

😊 做出新的判例後，感受到社會意識也跟著改變時。

399【檢察事務官】

📄 協助檢察官。參與對嫌犯的訊問，跟著檢察官一起調查，管理向法院提出的案件記錄、證據、收押中的嫌犯，還要面對被害者、調查交通事故等。

📎 通過「國家公務員任用普通職考試」後，再通過各地方檢察廳舉行的面試。

✨ ❶ 將自己的疑問或想法告訴檢查官，提供新觀點的「檢察官的第三隻眼」。❷ 讓與案件有關的人都能沒有壓力的做事的「讓日常持續進行的事務能力」。

😊 自己隨意的一句話，竟成了破案關鍵時。

400【律師】

📄 解決社會上各種問題的「法律專家」。如果是金錢借貸或離婚糾紛等「民事案件」，就要仔細聆聽當事人的心聲，與對方交涉，尋求解決之道。如果是暴力、竊盜等犯罪的「刑事案件」，就要站在被檢察官起訴的「被告」這邊，在法庭上為守護被告權利而戰。

臺灣資訊請見290頁

📎 大學畢業後繼續進法科研究所就讀，或是通過「司法考試預試」後，再通過國家考試中的「司法考試」。然後參加司法研習，通過「司法研習生考試」。

✨ ❶ 進入被告的內心，挖出詳細訊息的「戰友能力」。❷ 在法庭上有條有理的表達主張，以法律及證據為武器的戰鬥能力。

😣 已經在法庭上打出漂亮的一仗了，但判決結果離委託人的希望還差一點點時。

日本國家的工作

—— 柿野種藏

好好補充一下柿P力！

我是柿野種藏，是「柿種」的精靈。
所以我對國家的組織架構非常清楚，不懂我在說什麼嗎？
對喔，因為你的柿P力還不夠，那多吃一點「柿種」就對啦！
現在我就來說明一下日本國家的工作，也就是中央省廳的組織架構是怎麼回事吧。

內閣

復興廳

＊復興廳預訂設置到2031年3月31日為止。

人事院

國家安全保障會議

內閣法制局

內閣官房

內閣府
超越省和廳，處理各種事務的地方。如果你被騙，用十萬圓買了一包「柿種」，你就可以打電話到這裡管轄的消費者廳去投訴。「柿種」是老百姓的好夥伴。

宮內廳／公正取引委員會／國家公安委員會（警察廳）／個人情報保護委員會／博奕管理委員會／金融廳／消費者廳

文部科學省
你們能看懂「柿種」兩字要感謝什麼呢？要感謝「教育」。負責教育的地方就是文部科學省。他們決定要在學校教些什麼，並且舉辦各種研究活動。

體育廳／文化廳

財務省
負責與國家預算、稅金等金錢有關的工作。我一直想說，下次的新紙幣的肖像，一定要用柿種。聽說主導這項工作的也是財務省。

國稅廳

外務省
負責與外國交往的事務，在各國大使館工作的外交官也是外務省的職員。就我來說，我希望能將「柿種」大力推廣到海外去。拜託囉！

法務省
法律相關事務的主導機關。我曾問過他們：「像我這樣的精靈也有人權嗎？」還有，輔導更生人的少年院、監獄等，也是法務省在管的。

出入國在留管理廳／公安審查委員會／公安調查廳

總務省
支持國家系統的運作。與城市建設等地方行政也很有關係。我目前正在企劃「全國柿種暴動祭」，所以得到總務省很多的幫忙。

公害等調整委員會／消防廳

防衛省
負責自衛隊（發生災害時、受到外國攻擊時出動救援和禦敵）的管理及營運。我們現在可以這樣開心的吃「柿種」，就是因為有他們保護的關係。

防衛裝備廳

環境省
地球是「柿種」誕生的偉大星球。為了守護地球環境而負責垃圾問題及資源回收利用等工作。不過，我已經在印刷包裝上做了改良，減少我的碳足跡了。

原子力規制委員會

國土交通省
負責跟國家土地有關的工作。例如鋪橋造路、制定交通規則等，所以「柿種」才能順利的運送到超市或超商。

觀光廳／氣象廳／運輸安全委員會／海上保安廳

經濟產業省
讓金錢流通，使「經濟」更有活力。當初我開公司研發新產品「柿種霰餅口味」時，就到經濟產業省申請過補助金。

資源能源廳／中小企業廳／特許廳

厚生勞動省
讓人們生活得更健康、更豐富。大家能吃到好吃的「柿種」，就是厚生勞動省的功勞。他們維護工作者的權利、提供醫療等，讓人們過得更好。

中央勞動委員會

農林水產省
支持農家、畜產業、水產業的人，大家才有豐富的食物可吃。他們也會監督食品的標示及流通情況。我看了很多，只要這裡能搞定，日本就是「柿種」的天下了！

林野廳／水產廳

＊臺灣的政府組織說明可參考「行政院網站」。

我要說的是，之前我很迷外太空，就在游泳池做無重力訓練的事。

諾貝爾化學獎　化學科畢業生　西村

401 字體設計師

以這種用了很多年、很受歡迎的粗黑體字為基礎，再修得圓一點、粗一點，不知會怎樣？用漢字的「學」來試試看……

402 研究員

在Sox2、Oct3/4、Klf4、c-Myc裡加上這個基因的話……

403 大學兼任講師

雖然很想認真上課，但不知為什麼，說一些與上課無關的話題反而比較受歡迎。

404 大學教授

第三節課結束。接下來是找專題討論的學生來做畢業指導，下午五點系上要開會，六點要討論電視採訪的內容；那還有時間做研究嗎？今天就上到這裡。

405 大學職員

啊，是法學系的村上！之前他說必修科目的學分很危險，不知道現在有沒有好好用功啊，連續兩年留級可就不妙了……

今天就上到這裡。

社團招生　攝影社

406 手語翻譯員

大學課程果然有很多專業術語，傷腦筋啊。但學生都用認真的眼神看著我，我要好好翻譯，連微妙的語感都要翻出來。

408 大學教授祕書

教授快回來了吧？五點開會要用的資料……嗯，準備好了。今天應該不會有訪客，但為了慎重起見，還是把熱水壺的水先加滿吧。

410 圖書管理員

這次的新書都好大本啊！教授一直說應該進這些書，但會有人來借嗎？

411 詩人、歌人、俳人

這種採訪要是說得清楚，我寫的就不是詩了！就說詩只能意會不能言傳啊！

407 古文學者

這個部分，鎌倉時代和江戶時代的解釋不同，但只要解開這個謎，說不定會有新發現。

409 策展員

客人的表情還是很僵硬呢，得想辦法讓他們放輕鬆的觀賞才行……對了，在巴黎屈居人下、受人使喚那段苦日子的故事或許不錯。

芭蕉之道

日本文學研究

前衛藝術展

401 【字體設計師】

📋 字體指的是印在紙上用的統一格式文字類型。有明體、粗黑體等,例如 P196 的「學」字是「秀英體」。字體設計師的工作就是設計字體。日文有漢字、平假名、片假名等,得將幾千個文字一個一個的設計出來。

✒️ 進入字體設計廠商。很多人是在美術大學或專門學校學習平面設計。

✨ ❶ 同時看見文字細節與遠觀時整體印象的「小蟲眼力及飛鳥眼力」。❷ 同時兼顧文字本身的優美,讓人容易閱讀的「創造出機能美能力」。

😊 到國外看見許多有趣的字體而興奮不已時。

402 【研究員】

📋 在國立研究所、大學、一般企業的研究開發部門等,於專業領域調查及實驗,找出新發現。不同的研究員負責不一樣的研究主題,可細分為自然科學、醫學、食品工學等。研究成果可寫成論文在學會發表,或是應用在商品開發上。

✒️ 以國立研究機構為例,必須通過公務員考試。其他例如「智庫」等民間研究機構或一般企業,通常分為「技術職」、「研究職」等途徑。大部分人都具有博士學位。

✨ ❶ 主動發現「奇怪之處」的「找出問題能力」。❷ 針對這個問題追根究柢,然後將結果以簡單明瞭的方式、感動的心情介紹給大家的「將問題解決的能力」。

☹️ 被其他研究員領先了一步時。

403 【大學兼任講師】

📋 在大學邊教書邊做學問的話,升等的進程是助教→講師→副教授→正教授,但兼任講師是受大學委託來專門負責教導學生。有些講師專門教導他在本業中的經驗和知識,有些則是以成為大學的專任教師為目標。

✒️ 自身經驗和知識獲得大學認可,或是通過大學的招聘考試。如果是國高中的兼任講師,幾乎都要具備「普通教師證書」。

✨ ❶ 就自己的專業領域,讓學生覺得很有趣、很想多學一點的「相信學習力量能力」。❷ 憑藉授課內容來吸引學生的能力。

😄 校方說:「明年還要繼續拜託你了!」

404 【大學教授】

📋 在某種領域具有高水準的知識,透過邊在大學授課邊自行研究學問來促進社會發展。有些人會以該領域的專家身分將研究成果寫成論文發表,或是在國會及媒體上表達意見。其他如指導學生寫畢業論文、參與大學治校等,也是重要的工作內容。

✒️ 升上研究所,寫出論文獲得認可而取得碩士及博士學位。然後到大學工作,從「助教→講師→副教授→正教授」這樣一路升等上去。

✨ ❶ 用一生時間鑽研所學的「永不退燒的熱情」。❷ 展現出自己熱愛學問的魅力,進而吸引其他人投入的能力。

😊 感覺到世人已經跟上自己的腳步時。

405 【大學職員】

📋 在大學打造一個讓學生可以專心讀書、老師可以專心研究的環境。協助招生、辦理入學考試、管理學生的選課、舉辦就業活動,從協助學生,到管理各種活動及設施等,舉凡「授課」以外的事務全部包辦。

✒️ 國立大學的話,由於有全國共通的初試以及各大學舉辦的複試,必須兩者都合格。私立大學的話,通過該校的考試即可。

✨ ❶ 讓人對大學的整體印象更好的「親切應對能力」。❷ 當學生前來詢問獎學金及就業問題時,能夠提供各種管道的「拓展可能性能力」。

😊 看到活躍於國際舞台上的畢業生時。

406 【手語翻譯員】

📋 手語指的是用手、手指、表情等,將文字以眼睛看得見的方式表達出來的一種語言。手語翻譯員就是利用手語,協助耳朵聽得見的人與聽不見的人溝通。在電視的新聞節目或演講會、學校的授課上,常可見到他們的身影。

✒️ 在大學、短大、專門學校、講習會等地方學習手語,再通過手語翻譯員全國統一考試等。要成為「手語翻譯師」的話,必須年滿二十歲並通過「手語翻譯技能檢定考試」。

✨ ❶ 即時將文字化為動作的能力。❷ 不僅文字的表面意思,連蘊藏的情感都能傳達出來的能力。

😊 從對方比手語的習慣看出他來自哪裡的那一刻,覺得自己的手語能力進步了。

407 【古文學者】

📄 研究日本文學「國文學」。從古典到現代，解讀各時代留傳下來的文學作品，分析日語的表現、發音、文法等構造。很多人會專門研究感興趣的領域，如物語、詩、和歌、隨筆、戲曲等。

✏️ 在研究所研究國文學，取得博士學位，很多人是邊在大學教書邊繼續做研究。

✗ ❶ 將文學、日語的深奧魅力，用淺顯易懂的方式表達出來的「解說內涵的能力」。❷ 察覺登場人物微妙的情感變化，或是作者僅用一語表現的深刻內涵的「感受字裡行間奧義的能力」。

😃 原本平凡無奇的文章，只要稍微改變一下解釋方法，內容就具有重大意義時。

408 【大學教授祕書】

📄 為了讓大學教授可以專心做研究而協助其處理其他事務，例如管理教授的行程、辦理出差手續、準備會議資料、代接電話與接待訪客、管理研究費用等瑣事。也要應對教授指導的學生、參與入學考試及學校活動等。

✏️ 應徵大學的招募活動而獲得錄用。具備電腦知識及英語能力較有利。

✗ ❶ 即便教授特立獨行也能與之配合的「連跟宇宙人都能成為好朋友的能力」。❷ 懂得教授的心思，能夠默默協助他的「教授左右手能力」。

😃 聽到教授指導的學生說：「跟你談過後，事情都圓滿解決了。」

409 【策展員】

📄 蒐集繪畫、雕刻等美術品，以及與自然科學有關的資料，在美術館、博物館、植物園等地方展示，讓訪客很快的了解其價值與魅力。還要負責館藏資料的研究與保存、製作傳單、籌備特別展覽等。

✏️ 進入可學習成為策展員必備知識的大學，或是在博物館累積經驗後，通過「策展員資格檢定」，然後獲得各機構的錄用。

✗ ❶ 提出最尊重作品的欣賞方式，具備「感動人心的空間營造能力」。❷ 相信藝術能夠刺激好奇心並豐富心靈的「相信藝術力量意念」。

😃 一般不外借的資料，結果對方說：「因為是你，我們才願意借出去。」

410 【圖書管理員】

📄 在圖書館負責辦理書本的借出及歸還手續，排列書本讓讀者容易找到等。有時也要採購社區民眾喜歡的書、協助讀者找書，甚至是舉辦讓人愛上閱讀的活動，例如為小朋友朗讀繪本等。

✏️ 具備「圖書管理員」國家資格，或是協助圖書管理員的「圖書管理員助理」資格。「圖書管理員」的話，可在設有培訓課程的大學或短大學習，或是參加「圖書管理員講習」後報考。「圖書管理員助理」的話，可在高中畢業後參加「圖書管理員助理講習」後報考。

臺灣資訊請見290頁

✗ ❶ 為促進學生吸收「新知」，從精選書籍、採購，到用心陳列出來的「與書相遇的創造力」。❷ 隨時掌握什麼資料放在哪裡的「圖書諮詢能力」。

😣 發現歸還的書有所破損。

411 【詩人、歌人、俳人】

📄 詩人寫詩、歌人寫短歌、俳人寫俳句，再發表出來。詩是以自由的形式、短歌及俳句等獨特規則，分別表現出自己的世界觀。有人將作品放在專業雜誌上發表，也有人同時從事作家、音樂家等其他活動。

✏️ 寫出作品，發表出來並獲得認可，但能夠靠這項工作維生的人僅有少數，大部分都是同時兼做其他工作。

✗ ❶ 深入內心深處捕捉有時連自己也不清楚的情感，並用文字表達出來的「潛入心海採集珍珠的能力」。❷ 依規則創作，並讓讀者感到驚豔的「節奏衝擊力」。

😣 無法將腦中美好事物充分表達出來時。

我們用「柿種」這個主題，來了解各種專家學者的領域吧！

哇！

412

哲學家

人為什麼要吃「柿種」呢？柿種之所以成為柿種，其本質究竟是……

究竟是……

413

數學家

喔，剩餘的十顆全是花生啊？一共放進一百顆，比例為7：3，我來算算這樣的機率有多少？

$$dX = a(X,t) \cdot dt + b(X,t) \cdot dz$$
$$d = Bt\, dt$$
$$\frac{}{S(t)} = dt + \rho dz(t)$$
$$dS = (\sigma\, dW_t \cdot)\, dt$$

414

心理學家

把心思全部放在「柿種」的口感上吧！嗯，應該找不到這麼讓人產生正念的食物了，或許可以應用在心理治療上？

意識

無意識

415

考古學家

遺體上蓋滿了石灰，應該是有流行病肆虐吧。咦？遺體旁邊這個月牙型的顆粒是……不會是那個種子吧？

謎

416

社會學家

零食又沒有性別、世代之分，為什麼女性和小孩吃「柿種」就會被說成好像「大叔」，到底為什麼？

417

物理學家

往下掉了，是自由落體！從這裡到地面大約是一公尺，花生和柿種哪個會先掉下去呢？如果考慮到空氣阻力的話……

BIGBANG!

$v=gt$

v　at

v_0　v_0

O　t

418

農學家

如果「柿種」的需求量這麼高，那就有必要開發新的粳米了。果然是接近糯米口感的低直鏈澱粉比較好吧？

419

天文學家

總覺得「絲川小行星」長得跟「柿種」好像啊。說不定外太空有一些長得像這種形狀的生物呢！

$N=R_* f_p n_e f_l f_i f_c L$

420

生物學家

吃「柿種」前務必洗手。病毒太可怕了。不過，病毒明明沒有細胞，為什麼會不斷複製呢？什麼時候才能解開這個謎呢？

421

經濟學家

「柿種」的未來發展如果有兩種選擇，是要大量製造走低價路線？或者是讓味道更精緻，走高價路線？哪一種才能帶給人們更多快樂呢？

特價 200 50

價格　供給　需求　數量

422

歷史學家

西元737年，刊載稅金內容的《但馬國正稅帳》裡有個「阿來良餅」，這個應該是雪餅吧？如果現代也能用「柿種」來繳稅的話，大家肯定很開心。

423

人類學家

婆羅洲的少數民族「普南族」視「分享」為理所當然，但在日本，通常是各有各的財產。我也不想把「柿種」分給別人啊！

412 【哲學家】

📋 從各種觀點深度探究世上萬物本質的學問，又稱為「學問之祖」，可見其歷史悠久，亦在世界各地產生各式各樣的思想。哲學家針對「何為自由？」、「何為美？」等根本課題提出質問，直到想出包括自己及其他很多人都能接受的答案為止。

✏️ 在研究所學習哲學，取得博士學位，然後任大學邊教書邊繼續鑽研。

✨ ❶ 對任何事物保持好奇心，思考究竟為什麼的「探究本質能力」。❷ 以前人的思考為線索，繼續鑽研下去的「凝視深淵與被深淵凝視的能力」。

😣 覺得越來越多學生不重視思考，只重視吸收知識的時候。

413 【數學家】

📋 研究「數學」這門有關數字、圖形的學問。發現無人能解的問題，用盡各種方法解答出來，然後寫成論文公開發表。很多人覺得數學與生活沒有太大關係，但其實是拜數學之賜，道路、汽車、人工衛星等才能設計出來。

✏️ 在研究所研習數學並取得博士學位。有些人在大學教書，有些人則是一邊當數學講師，一邊進行個人研究或是企業委託的研究。

✨ ❶ 在不斷重複且漫長的演算中，發現數學美妙定理的「優雅想像力」。❷ 連做夢都夢到數學，無法停止的真愛。

😣 大家都以為自己很會心算，結果計算每人分攤多少錢時拿出計算機，而引來譏笑。

414 【心理學家】

📋 研究「心理學」這門用科學方式分析人的情緒及行動機制的學問。依研究對象、研究目的不同，可分為「教育心理學」、「臨床心理學」等各種領域。主要在觀察多數人的心理機轉以實驗，再蒐集資料，找出線索來解決人們的心理問題及煩惱。

✏️ 在研究所學習心理學，取得博士學位，有些人在大學教書，有些人當心理顧問邊從事個人的研究。

✨ ❶ 明白「人心」多麼複雜且難以捉摸的「考察能力」。❷ 完全接受對方的心，不帶成見而誠懇凝視的「如實觀察力」。

😄 明明自己只是傾聽而已，諮詢者卻覺得很滿足時。

415 【考古學家】

📋 研究「考古學」這門以古代紀錄或物品為線索，而釐清古人生活樣貌的學問。挖掘稱為「遺跡」的古人生活場域，調查出土遺物，進行測量並整理勘測圖等，以解開住家、飲食、宗教、社會等文化歷史之謎。

✏️ 在研究所學習考古學，取得博士學位，進入大學教書，或是在民間的考古學研究機構或博物館當策展員。

✨ ❶ 對石頭或骨頭等探問出當時生活情景的「讓過去說話的採訪能力」。❷ 從微小線索想像出已消失村落的構造等的「超越時空想像力」。

😣 發掘現場位於深山裡面，長久待下來，已經開始忘記自己是活在現代了。

416 【社會學家】

📋 研究「社會學」這門觀察人們聚在一起的「社會」所發生的不可思議情事及課題等的學問。針對家族、公司、勞動、社會福利、不公平、男女等各種主題，進行問卷調查或採訪調查，釐清大眾未意識到的問題，並思考解決方法。

✏️ 在研究所學習社會學，取得博士學位，大部分是一邊在大學教書一邊從事研究。

✨ ❶ 認真體驗生活，不放過社會上任何問題的「發現課題能力」。❷ 解答問題，給予眾人可以理解的答案，幫助社會往更好方向發展的「為事態命名的能力」。

😄 長年持續調查的問題，終於受到社會大眾關注時。

417 【物理學家】

📋 研究「物理學」這門解開自然界構造的學問。球為什麼一離手就會掉下去？什麼是「熱」？宇宙的起源是什麼？思考這類大自然中的疑問，然後找出一定的規則，應用在新的技術上。有些人偏重在「思考」，有些人偏重「驗證」。

✏️ 在研究所學習物理學，取得博士學位，多半是一邊在大學教書一邊從事研究。

✨ ❶ 將世界的法則雕琢得美麗又單純的「雕刻力」。❷ 世界上、宇宙間，存在著太多未解的謎題；於是持續「化未知為已知」之旅的「熱愛冒險能力」。

😄 思索多時的問題，在一個日常不經意的對話中獲得啟發時。

418 【農學家】

📄 研究「農學」這門仔細觀察大自然與人類的關係後，找出方法解決地球問題的學問。開發出有效生產美味農作物的技術、友善環境的栽培方法等，思考如何經營農業，並解決糧食不足等問題。林業、水產業等研究也包含在農學裡面。

✎ 在研究所學習農學，取得博士學位後，在大學教書、從事研究，或是在企業的研究部門工作邊研究。

☆ ❶ 在傳統做法上適當地導入最新科學而促進農業發展的「傳統與創新的複合力」。❷ 不是對抗無常的大自然，而是與之共生的「大自然謙卑心」。

😄 可降低生產成本並提高蔬菜品質的實驗終於成功時。

419 【天文學家】

📄 研究「天文學」這門關於宇宙各種現象的學問。天文學的歷史相當悠久，據說古代的美索不達米亞也是透過觀察星象來務農。天文學家是透過持續的觀測、設備開發、理論建構等，試圖解開黑洞、銀河、宇宙的盡頭是何處等無窮無盡的疑問。

✎ 在研究所學習天文學，取得博士學位，一邊在大學教書，一邊繼續做研究。

☆ ❶ 無限宇宙也是從踏出第一步開始，即便面對幾乎未知的宇宙，仍能踏實地逐步解開謎題的能力」。❷ 能夠善用各種理論解說宇宙之謎，綜合運用物理、數學、國語的能力。

😄 跟沒見過望遠鏡的落後國家民眾聊起星球的話題後，對方感動得喜極而泣時。

420 【生物學家】

📄 研究「生物學」這門關於動物、植物、微生物等各種生物的學問。據說地球上包含還沒完全確認的生物高達一千萬種以上。生物學家針對這些生物的構造、行為、進化、生命起源、成長、衰弱、遺傳基因等，從不同角度調查以解開生命之謎。

✎ 在研究所學習生物學，取得博士學位，大部分都是一邊在大學教書，一邊繼續做研究。

☆ ❶ 探究生與死的「生死觀與大局觀」。❷ 面對三十八億年的生命歷史，以長期累積下來的感性與事實為憑，每天持續觀察與研究的「解讀生命系統能力」。

☹ 花了很多時間與經費的實驗，結果什麼也沒證明出來的時候。

421 【經濟學家】

📄 研究「經濟學」這門思考如何善用世上有限資源的學問。「經濟」一詞據說來自「經世濟民」，意為「治理世事，救助人民」。物品經過生產、流通，然後由大眾消費；經濟學家就是用宏觀及微觀的方式分析這種社會脈動中的法則，進而解決貧困等社會問題。

✎ 在研究所學習經濟學，取得博士學位，一邊在大學教書一邊從事研究工作。

☆ ❶ 研究許多課題，找出方法讓人們獲得幸福，擁有「讓未來充滿希望的能力」。❷ 從冷冰冰的資料解讀民眾感受，擁有「解讀現象背後情感的能力」。

☹ 有人譏諷：「你不是經濟學家嗎？怎麼拿現在的不景氣沒輒？」

422 【歷史學家】

📄 研究「歷史學」這門人類發展軌跡及創造成果的學問。依國家、時代、主題等分為「日本中世史」、「東亞近代史」等不同領域。以流傳至今的眾多紀錄為本，從各種角度分析當時的情景，再寫成書本或論文發表。

✎ 在研究所學歷史學，取得博士學位，大部分都是一邊在大學教書，一邊繼續做研究。

☆ ❶ 根據資料及文獻，用已知事實來填補空白的「實事求是精神」。❷ 由於人類會重複做同樣的事，因此了解歷史以裨益未來的「賦予過去意義的能力」。

😄 在歷史遺跡腦中浮現的各種假說，比平常思考的還要多出好幾倍，而感到興奮。

423 【人類學家】

📄 研究「人類學」這門關於人類本質的學問。在「自然人類學」方面，主要是調查基因及被發掘的人骨等，分析出人類這種生物的起源及進化歷程。而在「文化人類學」方面，主要是透過語言、宗教、飲食、家族、思想等來了解人類。有時也要跟世界上各種民族一起生活、對話。

✎ 在研究所學習人類學，取得博士學位後，一邊在大學教書一邊繼續研究。

☆ ❶ 不被自己的「好壞」、「正常、異常」等價值觀綁住的「重新設定常識的能力」。❷ 不只關心人類，同時關心地球上一切生物的「人類以外的觀點」。

☹ 為了調查而遠赴海外，結果不太能融入當地人的生活時。

▶ 深山裡

這裡很危險呢！

426

山岳救難隊員

這裡容易擋住視線，一不小心就可能跌下去。這個部分要留意不斷在社群媒體上提醒大家。

你們看這個小白花，其實這不是花瓣，是「花萼」喔！

428

生態導覽員

大家好像有點累了？我記得小林小姐說過她很喜歡花。好吧，我就聊聊這個鵝掌草的小知識吧。

429

森林護管員

最近非法丟棄的垃圾變少了。啊，是鹿的足跡！竟然會跑到這裡來吃東西？我要在下個月的森林教室告訴大家這件事。

民宿歡迎光臨

我這次又做了燉南瓜料理喔！

424

民宿主人

柴田先生上次來的時候，說我們準備的餐點「有家鄉的味道」，所以我今天做了很多，希望他能吃得很開心。

427

NO DATA

透過畫面看見久違的山田，真是開心啊。看他很有精神，我就放心了。話說回來，能在大自然中工作，實在叫人羨慕啊。

430

公路自行車賽手

崎山帶頭領騎到這裡，接下來就換我啦，好，加快速度了！

425

林業從業員

差不多要倒了，太好了，方向完全正確。這棵樹長得真好啊，很快這裡又會長出新的生命了。

434 登山家

哇……這條路比想像中的還要吃力。嗯？風好像變得有點潮溼？得加快腳步了。

436 家具職人

從這裡切下去的話，不但木紋漂亮，也不會浪費木料。但是，每次要切木頭都好緊張，因為切下去就不能改變了。

432 染物職人

不能有皺褶……動作要快……這個預染會讓顏色更飽和。

原來如此，意思是說，水田先生家的牆壁蓋到川西先生家的土地上了？

431 味噌職人

有發酵的聲音了……太好了！三年前那場颱風吹壞了一切，真的很痛苦，但在那之後重新下料的這些寶貝，應該很快就發酵完成了吧，對了……

433 房地產測量師

嗯，雖然大家的主張不一樣，但還要當鄰居當很久，所以最好能和平解決。既然沒有界線標示，那就申請空拍圖來看好了。

435 陶藝家

嗯，幸好選了這種土。全國跑透透，沒想到就在這附近。這次用這種土來燒，一定會燒出只有我才有的顏色！

424【民宿主人】

在觀光地區經營可供數組客人居住的民宿，招待來訪旅客。提供使用當地食材製作的家庭料理，讓客人度過愉快的時光。

✎ 辦理「簡易宿泊所營業許可申請」或「農林漁業體驗民宿登記」即可開業。若要提供餐飲，則須取得「餐飲店營業許可證」。

臺灣資訊請見290頁

✧ ❶ 讓客人感覺像是住在好友家的「剛剛好距離感」。❷ 用自己的「日常」豐富客人的「非日常」，並且不會造成壓力的創意能力。

☹ 客人離開後，房間像遭小偷般亂七八糟時。

425【林業員】

在山裡或森林裡種植樹苗，待樹苗長成大樹後砍伐下來出售，少需要40年，這段時間要除草、砍掉過於密集的樹木，讓其他樹木得以健康長大。然後，砍伐長大的樹木再運到木材市場，同時重新整地，種植新的樹苗。

✎ 進入森林協會或林業公司。先在大學、短大、專門學校、高中學習農學和林產學等，或是參加各地林業勞動力支援中心舉辦的講習。

✧ ❶ 邊砍樹邊培育山的未來的「守護者使命感」。❷ 由於得經常在斜坡或高處工作，因此需具備能早一步察知危險狀況的「危險體感能力」。

☺ 發現砍掉的樹木根部又長出新芽時。

426【山岳救難隊員】

預防山林中的事故，守護登山者的安全。受理登山者於事前申請的「登山證」（填寫登山日期、聯絡地址等）、實際走在登山步道上以確認是否有危險、舉辦活動宣導登山注意事項及穿著裝備等。如果有人受傷或失蹤，則須前往搜救。

✎ 通過設有山岳警備隊的各地政府舉辦的警察任用考試。必須先在警察學校學習，累積經驗後獲得認可。

臺灣資訊請見290頁

✧ ❶ 必須自己先敬畏山，才能要別人也敬畏山的「人絕對小於山的意識」。❷ 沉著面對天氣的瞬息萬變，同時與時間拔河的「冷靜判斷力」。

☹ 不斷發生因準備不足而造成的山難事件時。

428【生態導覽員】

帶客人到山林中，邊走邊解說遇到的動物和植物，傳達享受大自然的樂趣，宣傳大自然的偉大。有時也會舉辦各種活動，例如在確保客人的安全下，同客人一起潛海、登山、泛舟等。

✎ 進入自然公園、地區觀光協會、旅行公司等。有些人是先在大學、短大、專門學校學習自然環境科學等知識。

✧ ❶ 了解大自然中的暗藏危機的「與大自然成為好朋友的能力」。❷ 從小朋友到年長者，不論哪種客人都能傳達大自然魅力的「開拓新客層能力」。

☺ 導覽過程中，發現難得一見的稀有動植物時。

429【森林護管員】

守護隸屬於國家的「國有森林」。每天在負責區域內巡查，確認樹林生長狀態，如果長得太密而不健康時，就進行減少樹木的「疏伐」計畫。除此之外，還要負責林道的管理、野生動物的調查等。

✎ 通過國家公務員考試，獲得林野廳、森林管理局任用，累積經驗後再升為森林護管員。有些人是先在大學、短大、專門學校學習林學、林產學、土木工學等知識。

臺灣資訊請見290頁

✧ ❶ 守護森林（樹林根部可涵養泥土及水分，就能防止土石流等災害）以守護大眾生活的「森林警察能力」。❷ 讓大眾知道森林重要性的「呼籲回歸自然能力」。

☺ 透過活動，參加者終於明白「有大自然，我們才能好好活下去」的時候。

430【公路自行車賽手】

騎著專門的「公路自行車」在公路上奔馳，進行「公路自行車競賽」（爭取速度和名次）。如果是公司職員選手（隸屬企業所經營的自行車隊），平日要上班，會利用休息時間或假日進行訓練。比賽過程中會視風、道路及隊友的狀況而改變騎行方式。

✎ 取得日本自行車競技聯盟（JCF）的競技者資格，並且進入「全日本實業團自行車競技聯盟」經營的聯盟賽隊伍，即取得賽手資格。

✧ ❶ 比賽前仔細擬定計畫，比賽中隨時臨機應變的「計畫能力與變更計畫能力」。❷ 進攻但不忘防守的「勝負敏銳直覺」。

☺ 比賽時，感受到迎風吹撫的快感時。

431 【味噌職人】

📋 製作「味噌」這種日本歷史悠久的調味料。將煮好的大豆與「麴」（在米、麥裡加入菌類使之發酵後的東西）混合，再放入鹽巴等使之發酵、「熟成」。隨時調整溫度，確認顏色及口味、氣味，花半年到數年時間使之熟成。

✎ 進入製作食品的廠商，或是日本人稱為「藏元」的專門製作傳統味噌的公司。

✧ ❶ 季節、溫度、溼度等，每天的狀況都不同，在這樣的情況下設法讓菌類開心的「與菌對話能力」。❷ 注意到顏色、聲音、氣味等細微變化的「再小的變化都不放過的察覺能力」。

☹ 花好幾個月完成的味噌，結果味道和想像的不一樣時。

432 【染物職人】

📋 為了製作衣服、小物等而染布或染出花樣。有很多種技法，例如使用植物、石頭、泥土等製成的染料，然後用筆描繪的「手繪染」，以及將裁出圖案的紙型放在布上面來上色的「紙型染」等。有些職人是從設計到染色一手包辦，有些人只專門負責其中一項作業。

✎ 進入染物工坊或布料廠商累積經驗後，獲得獨當一面的機會。

✧ ❶ 為能染得純淨無雜而不斷磨練技術的「純淨無雜的布與心」。❷ 向大眾傳達染物技術而必須具備的「對高品質染物的堅持」。

😁 花費大量心血製作以致售價並不便宜，但客人滿意地說：「很值得。」

433 【房地產測量師】

📋 受地主委託測量該土地的面積，並調查土地上有何建築物、該建築物的使用狀況等，畫成藍圖，向政府申報。也會承辦畫定土地界線、分割土地等手續。

✎ 通過國家考試中的「房地產測量師」考試，登錄到房地產測量師名冊中。然後進入房地產測量師事務所或測量公司等。

✧ ❶ 為能明快解決土地爭議而須具備的「畫清界線的能力」。❷ 雜草叢生的空地、深山叢林裡的土地，都能分毫不差的調查清楚的「確確實實測量能力」。

☹ 土地的界限不清不楚，和相鄰的地主溝通，卻完全雞同鴨講時。

434 【登山家】

📋 具備攀登崇山峻嶺的技術與經驗，以登上世界知名高山為目標而不斷挑戰的人。決定目標，擬定計畫，鍛鍊身體等，準備妥善後挑戰攻頂。如果只是登山並不會有收入，因此得尋找「贊助商」並配合其宣傳，也有人是兼任登山嚮導工作。

✎ 具備登山所需的體力及技術，並準備足夠的資金即可。

✧ ❶ 完全不知道自己「為什麼想登山」般的「純粹嚮往」。❷ 設想一切危險狀況，做好萬全準備的「縝密計畫能力」。

😁 從沒有人成功過的路徑成功登頂時。

435 【陶藝家】

📋 製作餐具、花瓶、擺飾等，然後出售。充分揉好黏土，利用旋轉圓台「轆轤」塑型，乾燥後進行燒窯。接著在上面畫圖，在表面塗一層「釉藥」，以高溫燒製完成。

✎ 有些人是先在大學或專門學校的美術系學習，有些人則是先拜陶藝家為師。除了進入日本人稱為「窯元」的陶器工坊、陶瓷器廠商，也可以自己開設工坊。

✧ ❶ 看出經歷幾萬年才形成的泥土好壞，開發出其潛力的「泥土達人」。❷ 擁有「美還要更美的能力」，不斷研究，追求獨一無二的顏色、形狀及使用方便性。

😁 雖然與預期稍有不同，但燒出來的顏色意外美麗時。

436 【家具職人】

📋 利用木材做出講究的家具，為使用者的生活帶來方便與溫暖。根據設計師或職人自己繪製的設計圖，將木材加工、組裝、上漆等，完成後再出售。除了製作符合客人要求的尺寸及形狀的家具，也會 DIY，甚至修理售出的家具等。

✎ 進入家具廠商或製作家具的工坊，也可以拜家具職人為師，累積經驗。

✧ ❶ 做出來的成品能夠好幾年都看不膩的「耐用設計品味」。❷ 讓人越用越覺得「已經不需要新家具了」的「讓人感到一生都夠用的能力」。

😁 客人前來拜託修理他 30 年前在這邊買的桌子時。

工作開拓者

PROFILE

大阪大學畢業後，進入松下電工（現為「Panasonic」）工作，1997年創立「Cybozu股份有限公司」，2005年起擔任社長。公司採用一種嶄新的作法，讓員工選擇自己的工作模式，然後結合各員工的模式來提升團隊的力量。著作有《或許就是公司這頭怪獸讓我們不開心》（暫譯，PHP研究所出版）等。

POINT 實現「100人有100種工作模式」的夢想！

NAME 才望子Cybozu股份有限公司 青野慶久

JOB 開發可提高團隊合作的電腦系統，讓公司職員可自由決定工作模式，為更多人創造幸福。

NEW DATA

「才望子Cybozu」是什麼樣的公司？

這是一家製作群組軟體及提供雲端運算的科技公司。提供用戶透過電腦或手機與其他人互動。目前已開發出「kintone」等系統，提供使用者和公司可以製作適合自己的應用程式。

「才望子Cybozu」的工作模式

全部由自己決定在何時上班、在何處上班，例如「不到公司而在家裡上班」、「上午不工作」、「住在國外」等。使用公司自製的群組軟體，幾乎可以共享公司的所有資訊，也能上網開會，因此大家沒有聚在一起也能完成工作。

未來的夢想

希望地球上的所有人都能使用「Cybozu」製作的群組軟體，能夠及時幫助遇上困難的人。希望每一個人都能自由自在的工作，活出自己的人生。希望越來越多公司使用這種團隊合作模式，讓世人更幸福。

辛苦的事

從前「Cybozu」沒有團隊合作模式，每個員工都有好多工作，每天都做到很晚。由於很多人想離職，我看這樣下去不行，於是開始讓工作模式自由一點，例如「為了照顧小孩和年老的父母，最多可以請假六年」、「可以從事與公司無關的工作（副業）」等。結果，離職的人變少了，也建立起團結合作的模式，大家都能更自在工作。

小時候的點點滴滴……

很喜歡打棒球和電動，但不是很厲害。那時候每個月都會讀一本雜誌叫《小朋友的科學》，就這樣喜歡上電腦；國中二年級時，我開始用家裡的電腦寫程式，而且十分入迷，因此感覺：「說不定程式設計很適合我。」而有了今天的工作。

喜歡的食物

可樂。喝可樂來消除一天的疲勞，是我的幸福時光。

MESSAGE

幸福最重要

青野慶久

哇布丁，你說說看，在別的國家工作，是什麼樣的感覺啊？

嗯？國家？那是什麼？

喔，在我們地球啊，是用「國家」來區分的。例如，我是住在日本這個國家，其他還有德國、美國等許多國家，在國與國之間來來去去，必須有「護照」才行。

意思是說，把一個星球細分成幾個地區，然後每個地區各取一個名字？

嗯，算是。所以姆亞姆亞星上面沒有國家囉？

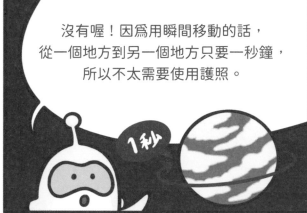
沒有喔！因為用瞬間移動的話，從一個地方到另一個地方只要一秒鐘，所以不太需要使用護照。

1秒

OK! I think we can manage that.

Thanks, that would be great.

世界少女

地球說不定也能一秒……

好像是呢！

世界少女

第1話

咦！？地球縮小了！？

209

在全世界工作

在國外工作

我的名字叫七海。目前就讀高中三年級。
媽媽是一名和服裁縫師，
受到母親的影響，我很喜歡手工藝，
但最近也對國外很感興趣。

進入 2000 年後，由於網路普及，
已經能夠和地球另一端的人瞬間連結了。
和從前那個得搭好幾天船才能到達外國的時代相比，
地球的確「縮小」了。不論什麼工作，
都可以把工作區域想成「整個地球」，
這樣的時代已經開始了。

第 1 集
咦!?
地球縮小了？

地球變小了！

小小的地球，好可愛啊！

我能對世界有哪些貢獻呢？

太可愛了！

一定要做成商品來賣喔！

妳的作品具有療癒人心的力量。

第 2 集
世界在呼喚我？

要在全世界工作的話……

到國外去工作

進入可以到國外工作的公司

到國外有分公司或工廠的日本公司、綜合貿易公司上班，就可能有機會到國外去工作。此外，航空公司、銀行、證券公司、海運公司等，原本就會招募能到國外工作的人。大家耳熟能詳的公司，很多其實總部是在國外；因此不妨查一下你有興趣的公司，看看他們的總部或分部是在哪些國家。

進入可以到海外工作的省廳或團體

除了 225 頁介紹的外交官（外務省）外，例如經濟產業省有為了支援海外的日本企業、農林水產省有為了促進食品外銷等，而派人到國外工作。此外，成為專門支援與外國進行貿易的 JETRO（日本貿易振興機構）職員，或是紅十字會、無國界醫師組織等服務全球大眾的 NGO 職員，也是一種方法。

成為職人

例如在義大利成為皮革職人，在國成為家具職人等。也有專門培職人的學校，無論如何，必須長期的學習，在嚴格的職人世界磨練手藝，直到能完全獨當一面此外，也可以像 224 頁的壽司職那樣，將在日本學到的手藝到發揮出來。

在國外生活的日本人約 141 萬人（工作及留學生）。依地區來看，最多的是北美約 52 萬人，其次是亞洲 41 萬人，歐洲西部約 22 萬人。
資料來源：「旅居海外人數調查統計 2020 年版」（外務省）

不是夢！

第 3 集
我要在全世界做生意！

國外去尋找「自己」啊。
我也好想到

尋找「自己」？

爲什麼想到國外？

因為「這裡沒有，想去有的地方……」而選擇到國外去當然可以，直覺很重要。不過，「未必到國外去就能找到」，因此不要一味的幻想。最好是先決定一個具體目標，發現「不對」再更改方向即可。換句話說，先決定出一條路，站穩腳步後再展翅飛翔吧。

先做好這些準備工作！

學會外語，會話流利

最近有許多能將想說的話立即翻譯成外語的手機 APP，但還是自己直接表達才能進行深度的溝通，蒐集資料也較方便。有些已經進軍海外的公司，在公司內部的對話或往來信件，都是採用英語。

了解各國風土民情的多樣性

不同國家有不同的文化與習慣，如果與想像中的差異很大，難免覺得很困擾，但要與全世界一起工作，首先就要理解這些「差異」，並且虛心接受。不要光用眼睛看就下判斷，要多加思考、感受對方沒有表現出來的意思，深度了解形形色色的人。

先調查好各國的特色

例如在法國與中國，主要的人種、語言、文化為何，還要知道貨幣、宗教、政治、經濟、氣候、食物等的不同。如果毫無所知就到當地去，可能會備感困擾而浪費不少時間。因此，請先查好世界各國的特色。

我想去……
想讓我的「小麻吉」變成「世界的小麻吉」……

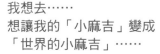

From：

請務必來美國一趟。我們上司也想看看妳。

身在國內，同時和在國外的人一起工作

在家每天都會用的東西、各種服務、喜歡的電視劇和電影等，其實我們身邊意外充滿著許多從國外來的東西。如果你能夠做出這類「具有超越國界力量的東西」，即便身在國內，一樣能透過網路等和國外做生意。現今這個時代，幾乎所有商品都能以全球為市場了。

工作場所不只在公司而已！

「遠距上班」這種不必到公司去而在家上班的工作模式越來越普遍。除了待在家裡，也有很多人是利用共享辦公室、共享工作空間（160 頁）等個人可輕鬆租用的工作空間。自由選擇工作場所和工作模式，已經是很正常的事了。

我是美國人。

我是維德角人。

我是聖文森及格瑞那丁群島人。

我是千里達及托巴哥人。

大家都好會說日語！

暑假到了，終於可以出發了。雖然才一個月，我可要好好向世界挑戰！

我一直以爲當主管的人，都是中年大叔呢！

第4話
各國不同的工作型態

「對放假的看法」不一樣

在很多國家，公司會依規定給員工「有薪假」（放假仍有薪水可領）。休有薪假是員工正常的福利，但在日本，有58%的人對有薪假懷有罪惡感，比例高居全球之冠。順帶一提，在義大利，對有薪假懷有罪惡感的人為21%，不到日本的一半[1]。有些外國人的想法是：「工作時就好好工作，放假時就好好放假。」

「男女主管的比例」不一樣

「主管」指的是「部長」、「課長」等組織中的團隊領袖。根據國際勞工組織（ILO）於2018年提出的報告，全球女性主管的比例平均為27%（約四人中有一人為女性），但日本的比例僅有12%，女性主管的數字約是每八人才有一人。

「同樣工作的年收入」不一樣

例如IT工作者的平均年收入，日本約台幣131萬（598萬日圓），美國約台幣255萬（1157萬日圓）[2]。這與美國IT企業較多，很有多發揮的舞台有關，但由此可以知道，即便工作相同，在不同的國家所獲得的重視程度也不相同。

這裡不一樣！了解國外的工作狀況

國外才有的特別工作

專賣城堡的仲介公司
義大利、法國、德國

歐洲許多國家仍保留古代興建的石造城堡，於是就有專門推銷這些城堡的仲介公司。很多人都有「想住在城堡裡」的夢想，找他們就對了。

發音矯正師／語言治療師
法國

在法國，針對無法做好法語發音的人，給予正確的發音指導。主要對象是小朋友，指導他們聽說法語以及文句的組合方法，矯正幼兒的用詞等。

狂歡節職人
巴西

在巴西的里約熱內盧，每年都會舉辦狂歡節。據說這是全世界規模最大的節慶，而且有專業職人製作遊行時要用的花車、舞蹈服裝等。職人聚集在工作地點，大約花十個月的時間手工製作這些用品。

*1：Expedia Japan「有薪假之國際比較調查」（2018年）　*2：經濟產業省「IT人才之各國比較調查結果報告書」（2016年）

現實情況是：並非人人可自由選擇工作

旅行結束，可是挑戰才要開始。
等著吧，世界！

身分歧視

印度曾經實施「種姓制度」，即出生的家庭決定了身分的高低。因此，從出生那一刻起，未來的工作已經確定，直到今天，依然有所謂的「賤民」從事徒手處理排泄物的工作。政府雖立法消除這類歧視，但在沒有下水道處理設施的農村，這樣的歧視仍然存在。

性別歧視

因為性別因素而無法選擇工作。例如有些地區的家庭以貧窮為由，逼年幼的女兒結婚，或是不讓她們上學，結果造成她們無法就業。此外，針對「LGBTQ」這種非異性戀族群的職業歧視也非罕見。

除此之外，還有一些地區至今仍有種族歧視，例如有些人在找工作時，被對方以「因為你是○○人」這種無辜理由拒絕而痛苦不已。

完結篇
不論身在何處，我就是我

其實世界各國的職業差異並不大

當有人需要某些東西，而有其他人能夠提供這些東西時，工作就成立了，而且放諸四海皆準。人們需要的東西、跟衣食住行有關的東西，乃至守護和平、獲得感動等，不論在什麼地方都不會改變。例如，煮羅宋湯的俄羅斯、煮咖哩的印度人，都是為飢餓的人提供餐點的「料理人」。就這層意義來說，幾乎所有職業都是全世界相通的。

我是烏克蘭人，我從事服裝設計工作。

我是祕魯人，我從事服裝設計工作。

跟國家其實沒有太大的關係嗎？

我是俄羅斯人，我從事服裝設計工作。

我是韓國人，我是服裝設計師。

要不要也去看看國外的工作！

▶機場

439

航空公司職員

嗯，如果照這本手冊，的確像機師說的，操控方法弄錯了……我再重新想一想好了。

443

航空管制員

好，風終於變小了，這樣應該可以起飛了。還得趕快通知在上空待命的飛機準備降落。

Wind 330 degrees at 5 knots, runway 34R. Cleared for takeoff.

445

機師（飛行員）

目的地下雨啊？除了跑道狀態令人擔心外，溼度升高也容易起霧。啊，我得在飛前簡報時說一下亂流的地點。

關於氣候惡劣時的降落方法……

437

航空簽派員

今天羽田周邊的天氣很不好，說不定會發生風切而導致重飛。不知道燃料量有沒有多準備點……

440

飛機維修員

輪胎沒有沒受損？有沒有小鳥或物體撞到的痕跡？好，都沒問題。接下來是機艙。再一小時就要把飛機交給機師了，動作得快一點。

441

機場地勤人員

雨一直下到剛剛才停，恐怕不好減速，我得早一點打出訊號。

444

海關職員

這個人獨自觀光旅行，但行李很重呢，嗯，不能因爲他看起來很陽光開朗就大意啊。

請打開您的行李讓我檢查一下好嗎？

Have you booked any accommodation ？

438

入境審查員

護照沒問題，簽證也沒問題。可是，總覺得他的態度怪怪的……我再問深入一點的問題好了。

442

海關緝毒犬領犬員

momo醬最近狀況不錯呢！應該是總算信任我了吧。喔，momo醬坐下了！是這個黑色行李箱吧？

447 空服員

48A的乘客臉色不大好，要不要緊啊。為慎重起見，我還是跟組長報告一下。

跟您報告一下……

450 航空地勤人員

648班機，再十分鐘就要起飛！但還有三名團客找不到人！啊，我得請他們再幫忙廣播一次才行！

Are there any customers using Aozora Airlines flight 648?

446 機場警衛員

今天客人很多，迷路的人好像也不少，我得注意有沒有可疑的人，專心、專心！

May I help you?

449 機場營運公司職員

不光是搭機的人，還希望能多吸引一些來機場玩的人。要不要乾脆附設個遊樂園？不，冷靜、冷靜！

448 機場引導、人員

這家店的位置有點不好找呢。要去的都是外國人，我得仔細說明清楚才行……

「Seagull」餐廳是嗎？請搭那座手扶梯到4樓……

451 入境警衛員

已經鑑定出那是假護照，這傢伙到底要硬拗到什麼時候！都超過三小時了，好吧，那就來比比看誰有耐性！

Your passport is forged, isn't it?

437 【航空簽派員】

📋 擬定飛行計畫，讓飛機能夠安全、準時地飛抵目的地。首先是分析天氣、機體的整備情況、重量、可臨時降落的機場等資訊，然後思考更安全有效率的路徑、高度、燃料量等，告知機長。起飛後，仍要繼續協助直到降落，堪稱是「地面上的機師」。

✏️ 進入航空公司、從事航運管理業務的公司，累積兩年以上的實務經驗，再通過國家考試「航運管理者技能檢定考試」。繼續累積經驗，直到通過公司內部審查。

✨ ❶整理蒐集到的眾多資料，快速找出答案的「超音速思考速度」。❷發生意外時也能冷靜應對的「大腦清晰能力」。

😣 天氣惡劣而不得不決定停飛時。

438 【入境審查員】

📋 審查來日本的外國人或回國的日本人。在機場或港口調查外國人的護照、簽證是否有效，以及入境的目的、停留天數是否有欺騙或違法情事等，防止犯罪者入境。此外，在日本的外國人想變更停留時間的時候，也要審查是否允許該申請。

✏️ 通過國家公務員考試，接受出入境居留管理局的面試，經錄用成為職員後，繼續累積經驗。

✨ ❶一視同仁的「法律之下人人平等的公正態度」。❷了解世界各國的情勢及文化後而採取「必須慎防這種事情的能力」。

😄 要返國的外國人說：「日本真是一個很棒的國家呢！」

439 【航空公司職員】

📋 在利用飛機載運客人及物品的「航空公司」上班，機師、空服員、飛機維修員等皆包含在內，其他工作內容還有很多，例如檢查每天的飛行狀況、為機組人員安排班表、採購必要零件以維修飛機、管理設備、為安全而制定各種作業規範等。

✏️ 進入航空公司。如果是機師、空服員以外的「綜合職、地勤職」，可能需要大學或研究所畢業。

✨ ❶讓更多人想再次搭飛機的「親和能力」。❷不斷提升安全與舒適度的「搭機品質提升能力」。

😄 全力推動而開設的新航線，獲得越來越多旅客使用時。

440 【飛機維修員】

📋 為了讓飛機能夠安全飛行而負責檢查、維修的「飛機醫生」。飛機出發前務必詳細檢查機體、引擎、輪胎是否受損，操控室的儀器、客艙的設備是否出問題等。如果發現問題，必須迅速查明原因以修理。

✏️ 進入航空公司、航空器整備公司、警察和消防等公家機關、航空器相關廠商等，累積經驗再取得「飛機維修員」國家資格。

✨ ❶只要覺得稍有不對就絕不放過的「找飛機麻煩能力」。❷不單打獨鬥，而是靠團隊同心協力進行維修的「工作團結一心的能力」。

😄 每次都能順利送飛機飛上天時。

441 【機場地勤人員】

📋 為了讓飛機能安全、準時的飛行而負責各項輔助業務。例如，揮動一種類似滑槳的工具或指揮燈棒來打訊號，引導飛機就正確位置的人叫做「訊號員」（marshaller），其他還有將客人的行李、貨物加以分類、堆積，以及裝載飛機餐、打掃機艙等各種不同的業務。

✏️ 進入在機場從事地面業務的公司。有些專門學校設有機場業務相關課程。

✨ ❶將指揮大自己幾十倍的飛機而承受的巨大壓力化為歡喜的「對飛機的愛」。❷與隊員合作守護飛行安全的「飛行跑道上的運動員精神」。

😄 目送裝載客人及行李的飛機平安且準時出發時。

442 【海關緝毒犬領犬員】

📋 養育專門用來預防毒品走私的「海關緝毒犬」，並與之一起檢查行李。緝毒犬經過約4個月的嚴格訓練，能夠嗅聞出毒品的種類後，領犬員就要帶著緝毒犬到機場或港口負責確認旅客的行李及貨物。也要負責餵食、陪伴散步、清理排泄物等，守護緝毒犬的健康。

✏️ 通過國家公務員考試，再通過各地海關的任用考試，接受訓練後獲得認可。

✨ ❶敏感的察覺出緝毒犬「找到了」的「緝毒犬般的嗅覺」。❷隨時掌握緝毒犬的狀況，與之心靈相通的「與緝毒犬親如家人的能力」。

😄 與緝毒犬建立起信賴關係，只要一下命令，牠就眼睛閃亮的聽從指示時。

443 【航空管制員】

📄 對機師提供資訊或發出指示，讓飛機能夠安全的起飛、飛行、降落的「空中的司令塔」。從機場的管制塔監視滑行跑道狀況，用無線對講機對機師發出起飛及降落許可，並指示在機場附近飛行的飛機調整適當高度及速度以防相撞。

🖋 通過「航空管制員任用考試」，在航空保安大學接受八個月的訓練後，再到全國各地的機場或航空交通管制部接受專業訓練，並通過技能考試。

臺灣資訊請見290頁

↗ ❶ 能夠冷靜的同時與多架飛機聯繫的「處變不驚能力」。❷ 能敏感的察覺上下左右前後狀況的「3D 想像力」。

😣 天空有很多架飛機在飛，加上天氣惡劣，不斷出現飛機互相逼近的狀況時。

444 【海關職員】

📄 負責取締「關稅」（針對從外國輸入的物品所課徵的稅金）是否如實繳納，以及為防止走私毒品、槍砲、貴重的動植物等，在機場等地檢查入境者的隨身行李。此外，還要設法讓貿易順暢進行。

🖋 通過國家公務員考試，再通過全國九個海關的任用徵試，然後參加培訓。

臺灣資訊請見290頁

↗ ❶ 為了不讓具威脅性的危險物品流通到全國各地，對絲毫可疑皆不放過的「嚴格法眼」。❷ 因應時代，從不同角度全面檢驗不法的「探照燈眼力」。

😄 在機場檢查旅客的隨身行李時，發現違法藥物，成功於邊境攔截犯罪時。

445 【機師（飛行員）】

📄 以飛機的負責人身分手握操縱桿，將乘客安全送達目的地的「空中領導人」。出發前與副機師一起確認天候、目的地的各種狀況；飛行過程要看著儀器，並與地面上的航空管制員聯繫，隨時應付緊急狀況。

🖋 具備「專業用操縱師」等三種國家資格。有些人是到航空公司上班後，接受公司內的機師培訓並取得資格，有些人則是在一般大學或航空大學就讀航空學科，學習相關知識及技能後取得資格再就業。

臺灣資訊請見291頁

↗ ❶ 邊與管制員溝通邊冷靜處理事情的「分析→判斷→行動力」。❷ 保持身心最佳狀態，稍有違和感能立即察覺的「敏銳能力」。

😣 挑戰很多，不確定能否逐一克服時。

446 【機場警衛員】

📄 守護機場及飛機內的安全。全面巡視機場內所有設施，確認有無可疑人物或危險物品，有無偷拿別人的行李、有無擅闖禁地等。還要對搭機旅客進行身體安檢，查看有無攜帶刀子等危險物品。

🖋 進入從事機場警備業務的警備公司。

↗ ❶ 給利用機場的人一種安心感的「親切又強悍的能力」。❷ 每天都能持續力保平安無事「沒有終點的緊張感」。

😣 要求旅客拋棄禁止帶上飛機的物品時，對方顯得非常沮喪。

447 【空服員】

📄 在機艙內為搭機旅客提供舒適的服務，例如提供食物、廣播注意事項，若有人突然發病須做緊急處置，天氣惡劣或緊急降落時與機師互相配合，請乘客繫好安全帶等，守護乘客的安全。

🖋 進入航空公司。在大學或短大學習外語，或是在專門學校上空服員培訓課程。

↗ ❶ 儘管有時一大早和深夜的上班時間不固定，仍能保持開朗的「活力開關」。❷ 不論什麼狀況都能沉著應對「如天空般的包容力」。

😄 因為自己的機智應對，解決了某位客人對旁人造成困擾的問題。

448 【機場引導人員】

📄 應付機場旅客的要求，解決問題。例如告知設施地點、服務內容、飛機的出發及抵達狀況、從機場可搭乘的交通工具等。此外，也要介紹旅行平安險的內容、協助辦理手續、機場內廣播、遺失物品的登記及歸還等，業務相當廣泛。

🖋 進入承包機場引導、服務旅客的公司。具備英語、中文等外語能力較有利。

↗ ❶ 不論面對哪一國旅客，皆能說明得簡單易懂的「讓對方確實了解能力」。❷ 腦中儲存所有資訊，要用時能馬上拿出來的「即時提供資訊能力」。

😣 機場太大，記不住各個設施的位置而無法明確告知旅客時。

449 【機場營運公司職員】

📋 創造出完善的機場環境，讓旅客感到安全舒適。建設及維修航廈、滑行跑道等機場相關設施，管理出租給航空公司及商店的機場內設施，發布機場相關資訊、思考新的服務內容等。

✎ 進入經營機場的公司。

✧ ❶創造出旅客及工作人員都能舒適愉快的機場空間的「令人喜歡這座機場到想住在這裡的能力」。❷讓機場成為日本與世界連結大門的「驕傲」。

😄 負責的翻新工程完工後，看見旅客個個興奮的東張西望時。

450 【航空地勤人員】

📋 協助來機場的旅客都能順利搭上飛機。確認旅客的機票，辦理登機手續，拖運大型行李、引導搭上正確的班機等。

✎ 進入航空公司或其相關企業，或者是登錄派遣公司。有些人是先在大學或短大學習外語，或是到專門學校上機場業務人員的培訓課程。

✧ ❶讓初次搭機的旅客也能感到安心的能力。❷常保笑容，無論如何都能讓事情準時進行的「時間守護者能力」。

😣 旅客預定搭乘的班機臨時取消，卻又沒有適當的替代班機時。

451 【入境警衛員】

📋 取締「非法滯留者」，即違法待在日本的外國人。在入境審查時，對未許可入境者進行訊問，或是蒐集違法滯留者資訊以調查等。如果查出的確違法，就會重新審查，發出驅逐令，護送對方到機場以驅逐出境。

✎ 通過「入境警衛員任用考試」，經出入境居留管理局、入境者收容所、機場等單位錄用。

✧ ❶逮捕非法滯留者時，保護自己及對方都不受傷的「防衛及保護能力」。❷從真真假假中選出正確資訊，下達搜查行動的「追捕嗅覺」。

😣 非法滯留者哭著說：「因為我沒有錢……」卻不得不將他遣返回國的時候。

認 眞 工 作 宇 宙 人

職業名稱

三頭協調員

工作內容

只有出生於「貝貝龍迪克」系第七行星「吉榮」的三頭生物才能勝任這項工作。工作內容主要是去解決星球與星球之間的問題與糾紛，在聽取各方意見後，用三顆頭腦思考解決對策。由於三顆頭腦各有各的情感，因此一般認為「讓他們充分討論，最後得出來的結果肯定是最正確的」。

*這位宇宙人出現在書中的哪些地方呢？找找看吧。

工作資格

只要出生在「吉榮」星就可以，但要成為可前往各星球解決問題的「正式三頭協調員」，就必須獲得吉榮星長老納羅克・拉・艾斯達・吉榮138世的許可。

特殊能力

❶將發生糾紛的星球住民屬性分為三種，由三顆頭分別扮演三個屬性的人，再一起討論。❷除了討論，三顆頭基本上不太交談的「ON-OFF能力」。

難過的時候

對提出的結論毫不考慮就採用的星球，結果不幸破滅的時候。

我是宇宙，誕生於一百三十八億年前，至今仍在繼續擴大中。

我就是這個世界。

我如此偉大，為什麼還要回答你們這些渺小如細沙般的小生物煩惱呢？

真是的！可是，你們每次有事情時，就會抬頭看著我，拜託我成全你們的願望，這次我就回答你們，但如果你們說：

「這不是我要的答案！」我可要生氣喔！

QUESTION

我知道
「要用功讀書」，
但是不知道為什麼，
就是提不起勁……

A
NSWER

那是「心理作用」。

什麼？提不起勁來用功讀書？那我就一針見血的告訴你吧，那是心理作用。其實你們應該是喜歡學習的。你們人類在宇宙間有「知性生命體」的稱號，簡單說，因為你們是具有「知性」的生物。

證據就是，你現在應該「想知道」某些事情吧，跟讀書沒關係也可以，例如……對了，你是不是想知道一些關於你喜歡的歌手的事？那位歌手的興趣、喜歡讀的書、喜歡吃的食物……想知道的事情太多了，簡直說不完。我們假設那位歌手喜歡的食物是蛋包飯好了。如果你想討那位歌手開心，而製作風味極致的蛋包飯，就得知道番茄醬與飯的最佳比例，這就需要運用數字了；如果你對雞肉的產地很堅持，就得學習地理；如果你想讓蛋又蓬又軟而去查蛋白質凝固的溫度，那就屬於理科的範圍。

像這樣，對於喜歡的事，只要一直深入做下去，自然就會變成「學習」。有人會問：「我不太喜歡學校的功課，是不是可以放棄？」我強烈的建議你不要放棄，因為「會做功課」、「會讀書」可說是一種萬能的力量，你可以記住知識、組合知識後找出答案，甚至「對常識起疑」都必須先具備常識才做得到。換句話說，學校的功課是在鍛鍊「基本學習能力」。將來，當你找到想做的事情時，想深入研究那件事情時，你一定會發現：「從前那些功課，原來是在這種時候派上用場啊！」並且慶幸自己當初有用功讀書。所以，到那時候，可別忘了好好感謝為你開示人生真理的我喔！

▶大海

如果有任何變化，務必立即聯繫。

455
石油公司職員

接下來要切換原油種類的運轉模式嗎？調整作業必須特別小心，各個裝置要是有任何一點點異常，絕對不能漏看。

正常

454
瓦斯公司職員

目前雖然都很正常，但這個設備差不多該換新了。要是出個問題導致供給失靈就慘了……

452
輪機員

嗯，運作聲音正常。冷卻水和油也都沒問題。那我就回去跟輪機長報告吧。

453
船副

颱風果然要來了！照目前的趨勢看來，我們應該會受到直接影響。嗯，這下只能改變航向了。

456
起重機船操作員

由阿信來負責吊掛作業，我就放心多了。只是貨物太輕，很容易被風吹得飄晃，我得專心操作才不會危險。

220

457

海尋人員

嗯,那艘船……沒有超速,也都有穿救生衣,應該沒問題,捕魚狀況也很正常。希望這種風平浪靜的好日子能一直持續下去啊!

460

漁夫

今年的竹筴魚有點小隻呢?剛剛都沒捕到單價高的魚種,希望接下來能補救回來啊。唉,但今年的水母較少,算是慶幸吧。

463

潛水技術士

這個電纜將維繫島上居民的生活,千萬得小心、正確的安裝,也不能破壞岩石……。好了,差不多該上去了,換人。

459

競艇選手

好,第一迴旋處,過!猿之迴旋!!

458

船舶工程師

那艘船,我一看就覺得怪,啊,那邊焊接的部分已經開始腐蝕剝落了……不,等等,先上去問問,看他們有沒有有證書再說。

First of all, let me check the documents.

潛水鏡進水也不要慌張!

拉拉,現在來唱個歌吧!

462

潛水教練

有初學者在,所以要好好說明遇到危險時的做法。今天的海水透明度相當高,可以看見很多魚呢!

461

海豚訓練師

好,就這樣!可是拉拉差不多快玩膩了吧?我看是不是臨時穿插一點簡單的遊戲好呢?

221

452 【輪機員】

📋 管理船舶的引擎、發電機等各種機器，守護安全。除了航行中要監視各機器上的測量儀，還要實際到現場，確認機器的聲音及振動是否正常。若發現異常則要迅速找出原因，進行維修。

📝 通過「海技士（機械類）」的國家考試，取得證照，然後進入海運公司。有些人是在商船高等專門學校、海上技術學校、海上技術短期大學、商船及海洋類大學等學習。

> 臺灣資訊
> 請見291頁

✧ ❶ 機器一有微小異狀便能立即察覺的「船舶醫生能力」。❷ 尊重同事所負責的領域，但不容許出任何差錯的「既信賴又嚴格的共事關係」。

😄 在事前就發現異常，及時阻止萬一發生的大事故時。

453 【船副】

📋 為了讓船舶能安全抵達目的地而指揮航海作業。事先掌握天氣及大海的狀況，決定安全的航線，並確認載運的貨物。航海途中，隨時透過望遠鏡或雷達檢查船舶的位置及周遭狀況，下達操縱指示。抵達港口後，指揮卸貨作業等。

📝 通過「海技士（航海類）」的國家考試，取得證照，然後進入海運公司或海上保安廳。有些人是在商船高等專門學校、海上技術學校、商船及海洋類大學等地方學習。

✧ ❶ 在沒有道路及標示的大海上仍能安全前進的「在茫茫大海上也能讓人安心依靠的力量」。❷ 航行途中發現危險徵兆便立即處理的「臨機應變的能力」。

😞 長期航海而無法與家人相聚時。

454 【瓦斯公司職員】

📋 供應家庭、工廠、大廈等作為能源使用的瓦斯。主要是從國外進口天然瓦斯等的原料來製造瓦斯，經地下導管或用裝桶的方式供給出去，有些公司也從事製造基地或供給設備的設計及運用，以及技術開發等。

📝 進入瓦斯公司。想從事技術開發職務的話，大學的理工學系畢業較有利。

✧ ❶ 沒有瓦斯就沒辦法生活，因此須具備讓堪稱「生命線」的瓦斯穩定供給的「讓一切如日常能力」。❷ 雖說如此，但不害怕改變，追求讓服務好再更好，「創造理想日常的能力」。

😞 不知為何，客戶不願意配合定期檢查時。

455 【石油公司職員】

📋 製造並銷售日常生活不可或缺的石油產品。從國外進口原油，在煉油廠進行「精煉」（分離成分），開發出汽油、柴油、煤油、石油化工產品（塑膠製品等的原料）。也會設計或管理煉油的設備，開發新技術等，業務範圍廣泛。

📝 進入石油公司。如果是技術開發類的職務，可能須具備大學理工科系畢業資格。

✧ ❶ 關心世界情勢，以俯瞰全球的觀點來思考事情的「宇宙人視角」。❷ 資源是有限的，因此須具備持續探索石油的其他可能性「未來人視角」。

😄 順利完成大規模的裝置時。

456 【起重機船操作員】

📋 進入搭載起重機的「起重機船」，進行起重作業。計算風浪造成的晃動，用無線電邊與打出訊號的作業員溝通，邊正確的操作起重機，吊起或移動重物。有時也須從事跨海道路及橋梁的建設或解體工作。

📝 進入利用起重機船進行各種業務（港灣工程、海上運送等）的公司。在現場邊做邊學，累積經驗後，考取「移動式起重機駕駛」執照。

✧ ❶ 為了搬貨的作業員而正確且緩慢移動的「溫柔至上操控能力」。❷ 踏實做好每一個小步驟，終能搬運起巨大物體的「小兵移大山的技術」。

😄 在幾乎要被迫中斷作業的強風中，順利完成工作時。

457 【海巡人員】

📋 守護海上安全與和平的「大海警察」。主要有三項業務，第一是取締海上犯罪（例如走私危險藥物、槍砲，非法捕魚等），執行事故救援的警備救難業務；第二是執行環境調查並發布訊息的海洋資訊業務；第三是管理塔台、航道標誌，以便船舶安全航行的交通業務。

> 臺灣資訊
> 請見291頁

📝 進入「海上保安大學」或「海上保安學校」，成為國土交通省的職員（國家公務員）後，學習必備知識與技能。畢業後再分配到海上保安廳的各部門。

✧ ❶ 為了能在變化莫測的大海上迅速因應各種狀態的「每天持續不斷的訓練」。❷ 為了守護和平安全，一有風吹草動便睜亮眼睛的「時時戒備緊張感」。

😞 總是讓家人擔心時。

458 【船舶工程師】

📄 為守護船舶安全與海洋環境而專檢查船舶。主要分為三種，一種是建造新船時檢查設計圖、機器等有無問題的船舶檢查官；一種是負責測量船舶，計算出「總噸數」的船舶測量官；一種是檢查入港的外國船舶的構造、設備是否合乎國際條約的船舶監督官。

✏️ 通過國家公務員的「國土交通省造船職員」任用考試。有些人是在大學、短大、高專等學習工學及商船學等相關知識。

臺灣資訊
請見291頁

✨ ❶ 認真確認每一件事的「找出答案的掌握力」。❷ 有所懷疑時，不論問題再小都徹底追究清楚的「查得一清二楚的能力」。

😣 必須在很短的時間內檢查完堆積如山的文件、平面圖時。

459 【競艇選手】

📄 參加有「水上格鬥技」之稱的競艇比賽。於日本全國 24 個競艇場舉行，男女皆可參加同一場比賽。在最高時速 80km、共 6 艘參賽艇的激烈循環賽中，冷靜的判斷狀況，爭取冠軍。

✏️ 進入日本福岡縣內的競艇選手培訓所，接受一年的教育訓練，通過「競艇選手資格檢定」國家考試。培訓所的應考資格是 15 ～ 30 歲，並有身高、體重限制。

✨ ❶ 從路線及選手的狀況，迅速安排後續行動的「瞬間作戰能力」。❷ 把自己無法決定的馬達、參賽號碼等運氣要素都當成隊友「用實力改變運氣的能力」。

😊 第一次被選中參加 SG 比賽時。

460 【漁夫】

📄 捕撈各種魚貝並且販售。分為搭乘小型漁船在靠近陸地的近海捕魚的「沿岸漁業」、搭大型漁船遠離陸地到海面上花數天至數週捕漁的「海洋漁業」、到遙遠的海上花數月至一年左右捕漁的「遠洋漁業」等。

✏️ 進入漁業公會或公司。有些人是拜個體戶的漁夫為師，有些人是繼承父親的衣缽。

✨ ❶ 將性命與生活投注在大海舞台上拼搏的「船上獵人能力」。❷ 從天候、海象、探測器的訊息等，了解魚群動向及危險狀況而採取行動的「了解因果能力」。

😊 感受到「沒收穫就沒收入，但大豐收就有一大筆進帳」這種工作特性時。

461 【海豚訓練師】

📄 在水族館照顧及訓練海豚，讓客人觀賞海豚表演而喜歡上海豚。每天都要餵食、了解健康狀況、打掃水池、檢查水質等，與海豚在互動中建立信賴關係。

✏️ 進入水族館，負責飼養或訓練海豚。有些人是在有海豚訓練師課程的專門學校，或大學的海洋生物學系、獸醫學系學習。

✨ ❶ 熟悉每一隻海豚的個性，掌握牠們的健康變化的「海豚好友能力」。❷ 在舞台上將海豚魅力完全展現出來，「讓海豚在舞台上魅力四射的能力」。

😣 無法取得海豚的信任，給出指令也得不到反應時。

462 【潛水教練】

📄 進行技術指導，讓人們背著氧氣筒潛入水中安全的遊玩。如果指導對象是想取得證照的人，就要在上課中教導必備知識，先在游泳池中進行基本指導，再到海中進行正式的技術指導。如果對象是想體驗潛水的人，就先詳細說明器材的使用方法及在水中的活動方式，然後陪同潛水。

✏️ 參加民間團體舉辦專為取得教練資格的訓練和講習，累積經驗後，通過最終的考試。

✨ ❶將自己的潛水之樂傳授給客人的「樂趣百分百的指導能力」。❷ 對自己很容易，但對客人很難，因此須具備「不忘初心全力防止意外的精神」。

😊 能在最愛的大海中工作時。

463 【潛水技術士】

📄 長時間潛入大海、河川、水壩中進行作業，例如發生自然災害、事故時的救援活動及復原作業，港口、橋梁、海底隧道等興建工程，調查水質、海底狀況、水中生物等，維修船舶、捕撈魚介類等，工作內容相當廣泛。

✏️ 進入承包潛水作業的企業、海上保安廳或警察廳等公家機關、從事海洋調查的研究機構等，取得「潛水技術士」國家資格後再持續累積經驗。

✨ ❶ 在視線不佳且聽不到聲音的水中，仍能與其他夥伴合作無間，「連呼吸都一致般的合作能力」。❷ 在水中這樣嚴酷的環境中，仍能像在地面上那般完美達成任務的「高難度作業能力」。

😊 潛入還沒去過的大海裡時。

471
日本料理講師
便當是日本文化之一，也是一種藝術。能把這樣的事情介紹給大家，真開心！啊，我還想再做100個！

472
藝術家
終於能在我長年夢寐以求的城市辦個展了。但這不是終點，藝術本來就沒有所謂的終點，畢竟藝術是……

473
外交官
好了，拿到寶貴的資訊了，我得馬上回大使館向日本方面報告。

470
打工度假
café……是濃縮咖啡吧。可以接觸母語人士的職場工作真是太好了。如果害怕而待在日本餐廳的話，我就不會進步了。

474
遊輪機組人員
果然，有時候陸地上也是不錯的。喔，距離休息時間結束只剩一小時，我得回港口了。

464 【國外旅行團導遊】

📝 住在國外，向別國旅客介紹該國家或該地區。介紹當地人才知道的風土民情、生活習慣等，或是推薦美食和土產。到機場迎接旅客，協助移動到飯店，擔任口譯等，讓旅客能夠安心度假。

✏️ 進入當地的旅行公司。不過，日本人在國外當旅行團導遊的話，須取得在國外的工作證明書「就業簽證」。

✨ ❶ 不認為該國的「理所當然」就是大家的「理所當然」的「國際觀點」。❷ 從該地區的歷史到最新資訊，全部一手掌握，擁有「愛上這座城市的能力」。

😊 在之前來過的旅客的口耳相傳下，有人指名要自己當導遊時。

465 【雛雞鑑定師】

📝 分辨剛從蛋裡孵出的小雞是公的或是母的。如果是母的將來就是蛋雞，如果是公的就是肉雞，分辨出來後才能及早給予不同的飼料、採用不同的飼養方式。小雞的性別很難看出來，日本發明一種從排出糞便的「肛門」的微小差異看出端倪的技術。鑑定師分辨一隻小雞的時間大約是2秒，每天要分辨數千到數萬隻小雞。

✏️ 在「初生雛鑑定師養成所」學習，然後以實習生身分在鑑定現場累積三年以上經驗後，通過考試。

✨ ❶ 快速且正確的分辨出來後，即刻分別放置的「高準度眼明手快」。❷ 能夠好好掌握小雛雞的「溫柔靈巧手指」。

😊 在一年一度的「鑑別選手大賽」中得獎，技術獲得肯定時。

466 【旅行團領隊】

📝 與事先決定好地點、行程的旅行團同行，協助客人順利完成旅程。全程與客人一起行動，確認下個目的地、餐廳、住宿地點，在自由活動前告知團員集合時間及地點，如果發生狀況須立即處理，守護客人的安全，讓客人放心旅遊。

✏️ 進入旅行社，或是登錄領隊派遣公司，接受研修，累積經驗後再取得「旅程管理主任者」資格。

✨ ❶ 即便自己看過很多次了，仍用心讓第一次看到的客人感動的「莫忘初心能力」。❷ 用心安排，讓旅行成為最美好回憶的「懂得好好看遍世界的能力」。

😊 客人抱怨，無論如何都沒辦法適應該國的生活習慣時。

467 【新聞工作者】

📝 將世上發生的事情、社會問題相關現狀告訴大眾，提供省思。抱著為何會發生這種事、對生活有何影響的疑問，然後到現場或向相關人士採訪。將了解後的狀況及自己的看法等寫成文章或拍成影片，再透過媒體發表。許多人都有自己專精的領域，例如政治、教育等。

✏️ 進入報社、電視台當記者。許多人在累積經驗後成為自由工作者獨立接案。

✨ ❶ 對於想報導的事情盡全力徹底調查的「媲美刑警能力」。❷ 掌握事情的來龍去脈後，將真相告訴讀者，擁有「氣魄與冷靜兼具的撰寫能力」。

😊 因為自己撰寫的報導，而讓該新聞成為熱門話題時。

468 【壽司職人】

📝 捏出日本代表料理「壽司」供客人品嘗。採購美味的鮮魚，預先處理好，待客人點餐時迅速捏出壽司。在櫃台展示優美的刀工、與客人愉快的閒聊也是待客項目之一。

✏️ 拜壽司職人為師，磨練技術，也有人是在專門學校學習壽司專業技術後再進入壽司店工作。

✨ ❶ 將食材的色、香、味、口感發揮到淋漓盡致的能力。❷「想捏出更好吃的壽司」想法不曾間斷的「一生志業能力」。

😟 買不到當季食材，只能對期待的客人說抱歉時。

469 【日語老師】

📝 在國內外的日語學校、國外的高中或大學等，教導想學日語的外國人。配合學生的目的擬定教學計畫，指導發音及聽說讀寫日語，有時還要介紹日本的歷史、文化、生活習慣等，以便學生更加理解日語的內涵。

✏️ 獲得國外語言學校或國內日語學校錄用，或是自己開設日語教室。在國外的話，有時須具備該國的教師執照。

✨ ❶ 將日語的「困難」變成「有趣」，「對上課方式下足工夫的能力」。❷ 了解學生的「不懂之處」，掌握學生易犯錯學習點的能力。

😊 收到學生寫來的日文信，而且信中使用很多漢字時。

470 【打工度假】

📋 利用「打工度假」制度而在國外邊工作邊生活。從目前簽署協定的澳大利亞、法國、韓國等 26 個國家中選擇有興趣的，然後決定好語言學校或住宿地點等，一邊打工（例如當咖啡店的店員、到農場幫忙）一邊賺取生活費並在當地居住。

🔖 住在日本的 18 ～ 30 歲的青年，可依目的地國家指定的方法申請打工度假簽證。

✂ ❶ 比待在日本更具有明確目標意識的「強烈意志」。❷ 面對該國不同的文化及不如預期的現狀，仍能樂在其中的能力。

😣 日本人總是喜歡做什麼事都在一起的團體行動，因而很難交到當地的朋友時。

471 【日本料理講師】

📋 在調理師專門學校或料理教室，教導學生製作日本料理。從講究食材風味、季節感、美觀的傳統料理，到簡單的家庭料理等，教導如何製作、擺盤、吃法等，傳達日本豐富的飲食文化。

🔖 取得國家資格「調理師執照」後，進一步取得「專業調理師、調理技術士」資格，然後進入調理師學校。如果只是自己開設料理教室，就無須具備特別的資格。

✂ ❶ 傳達食材美味與美麗，擁有「將歷史所學從舌尖綻放出來的能力」。❷ 向外國人逐一仔細說明調理工序特殊意義的「佐證美味能力」。

😊 學生說：「好想住在日本喔！」

472 【藝術家】

📋 在藝術領域製作繪畫、雕刻、陶藝等藝術品。做出自己想表現、獨一無二的作品。完成後的作品可以參加比賽或展覽，也可以上網發表，有人喜歡就販售出去。

🔖 在大學或專門學校的藝術科系學習相關知識與技術後再從事藝術活動。光靠藝術家活動很難養活自己，大部分人都同時兼做其他工作。

✂ ❶ 深入探索自己，克服個人恐懼與困難而找出內心光輝的「膽識」。❷ 將這種光輝充分展現在作品上的「鍛鍊與才能」。

😣 看到作品的人，只會說出「好酷！」這種表面上的空話而已。

473 【外交官】

📋 讓自己的國家與世界各國建立友誼，代表國家與他國共同解決問題，制定規則，進行文化文流等。如果外國發生災害時，須保護在該國的本國人安全等。為了國家的安全及發展，並為了世界和平，而在外務省或世界各國的大使館、總領事館等機構發揮所長。

🔖 通過國家公務員考試，經外務省（195頁）任用。

✂ ❶ 完全愛上派遣國家的「融入該國文化能力」。❷ 自己就代表自己的國家，具備能隨時做出高水準表現的「品格」。

😣 對方一味提出自己國家的要求，完全不聽這邊的說法時。

474 【遊輪機組人員】

📋 在有「移動的飯店」之稱的豪華遊輪裡，負責航運、營運、服務客人等。從最高負責人船長，到管理機器運作的輪機長等，除了直接負責航運相關工作的人，也包括活動企劃舉辦人員、餐廚人員、行政人員、房務人員等。

🔖 進入遊輪公司或海運公司。日本公司通常最長連續工作 3 ～ 4 個月後，可以休假1 ～ 2 個月。

✂ ❶ 由於很可能是客人一生一次的遊輪之旅，因此須具備「共同創造美好回憶的能力」。❷ 在船艙內的有限空間裡轉換工作與放假的「ON-OFF 切換能力」。

😣 家人有事也無法立即趕到時。

國外 ❷

476

NO DATA

這座農園洋溢著笑容與希望，種出來的玫瑰真的好美。真想趕快送到日本國人的手上。

477

攝影師

啊，光線真美！這種光與那些動物的生命力……我要拍出比肉眼看更美、更有震憾力的照片。

475

國際機構員工

這一帶，有讀到小學畢業的人，比十年前多很多了。看來大家都很想讀書啊，果然教育是未來的希望。

478

留學顧問

想讓年輕留學生看看這個國家的真實樣貌，乾脆把遊村行程排進計畫裡好了。

480

探險家

前面有個地圖上沒出現的地點。到了以後，我一定要幫那個地方取名字。所以我得……好好保護自己，平安抵達！

481

社會工作者

賣出這些產品，就會有更多人知道這個國家的魅力，那麼這裡的人民就有更多工作機會，也就會更富裕。為了讓大家獲得幸福，我怎麼能洩氣呢！

這裡，請再縫得細緻一點。

這裡的水可以喝喔。

479

青年海外協力隊員

花了好長時間才讓大家了解到水質的重要性。不過，有危機感後，才會更加謹慎和重視飲水安全啊！

229

475 【國際機構員工】

📑 在聯合國或附屬專業機構工作，解決戰爭、災害、貧窮、疾病等世界上發生的問題。分為「專業職」：運用專業知識及技術，幫助因紛爭而無法居住在自己國家的人，或是指導新興國家某些技術、興建學校等；「一般職」：協助專業職的行政人員。

🔖 方法很多，可以參加聯合國總部每年舉辦的「聯合國青年專業人員考試」，或是外務省舉辦的「青年專業人才派遣候補者選考測驗」，並且通過考核。

⚡ ❶ 不以日本人而以地球人的觀點看世界的「無國界之分，共有一片天空的概念」。❷ 以全世界為一體的「有難同當互助精神」。

😄 得知從前幫助過的人現在過得很好時。

477 【攝影師】

📑 拍攝用於雜誌、書籍、網站上的照片。在戶外拍攝自然風光或人物，或是在攝影棚仔細調整燈光及商品擺設後拍攝。了解委託人的希望，思考拍攝方法以充分展現被拍攝的人或物品的魅力。有時要整理拍好的照片，進行加工處理。

🔖 進入專門學校或大學學習攝影基本功以後，進入攝影工作室。有些人是先當知名攝影師的助手，再獨立創業。

⚡ ❶ 即便手上沒有相機，也知道透過相機將會如何呈現的「鏡頭之眼」。❷ 在時光荏苒中捕捉美感的「剎那即永恆的能力」。

😄 照片洗出來一看，發現美得超乎想像時。

478 【留學顧問】

📑 接受諮詢，協助對方如願出國留學。了解對方留學的目的後擬定計畫，一旦決定好國家及學校，就協助辦理入學手續、購買航空機票、找好住宿地點。有時也會針對當地生活提出建議、協助處理留學期間發生的問題、討論回國後的就業問題等。

🔖 進入留學代辦公司、旅行社、教育機構的升學指導課或國際交流課等。

⚡ ❶ 消除在國外生活不安的「讓人安心能力」。❷ 與寄宿家庭發生問題時，能夠妥善處理的「守護能力」。

😄 原本是老實木訥的孩子，留學回來後，變得能夠清楚表達自己的意見了。

479 【青年海外協力隊員】

📑 在電力、自來水等設備尚未整備好的開發中國家生活，用自己擅長的專業技術及語言來教導、協助當地人。例如教導農作物的栽培方法、建築、電腦、算數等，或是提供衛生及營養指導，依對方的需要而給予支援。

🔖 通過獨立行政法人國際協力機構（JICA）的審查，並接受訓練。工作時間為一至兩年，期間可以按月支領生活費及津貼等。

⚡ ❶ 能夠自信教導別人的「專業領域技術」。❷ 自信能為天涯若比鄰的地球朋友盡一分心力的能力。

😣 無法融入與日本差異過大的生活時。

480 【探險家】

📑 前往高山、深海、沙漠、叢林、極地等人跡罕至的地方，將所見所聞告訴世人。先尋找出錢的公司（贊助商），擬定詳細計畫，準備必要用品後出發。將來說不定還能到海底、宇宙去冒險，可說是一種充滿無限可能的工作。

🔖 具備冒險所需的知識及技術，累積能夠在嚴酷環境中存活下來的經驗。

⚡ ❶ 擁有「無論如何都想看」、「無論如何都想做」的熱情。❷ 無論在什麼情況下都能活著回來的「強韌體力與毅力」。

😣 因為自己的準備不足，害夥伴受傷時。

481 【社會工作者】

📑 從事解決社會各種課題（戰爭、環境破壞、教育落差、性別歧視、少子高齡化等）的事業。思考新產品或新服務，經營出一個可持續營收的體系而非義務性質，也稱為「社會企業家」。也有許多人是採非營利組織的方式活動。

🔖 憑著熱情尋找有意投入的課題，然後為解決該課題而成立組織團體或創業。

⚡ ❶ 認為「非實現不可！」且這個想法幾乎與所有人一致，「抓住時代脈動的願景」。❷ 帶動周遭人一起行動的「龍捲風行動力」。

😣 理論上可實現，無奈找不到合作的公司，以致事業無法推動時。

工作開拓者

POINT 肯亞玫瑰專賣店╳解決貧困問題

NAME **AFRIKA ROSE　萩生田愛**

JOB 從肯亞進口美麗的玫瑰花，在日本販售，為肯亞人創造就業機會，同時讓日本人有更美好的賞花時光。

PROFILE

1981 年出生於東京，在美國念大學，畢業後進入大型製藥公司，2011 年前往非洲的肯亞。受到非洲的大自然景觀、熱情的人民、極富生命力的玫瑰花所吸引，於是在 2012 年成立「非洲花屋」，2015 年在東京的廣尾開設非洲玫瑰專賣店「AFRIKA ROSE」，2019 年於六本木新城開設 2 號店。本身為日本三大花道流派之一「草月流」的老師。

工作內容

將肯亞的玫瑰進口日本。透過公平交易，讓肯亞貧困人民有更多就業機會。進口的玫瑰除了在東京的花店販售外，也企劃出送禮用的各種花藝商品在網路上販售。目標是讓日本人購買美麗的玫瑰花，藉以解決肯亞的貧窮問題。

創業的契機

大學畢業後，雖然進入日本的大企業工作，但腦中一直盤旋著「不去非洲，死時會後悔不已」的念頭，於是在 29 歲時辭職遠赴肯亞，加入志工行列，在沒電沒自來水的村落蓋學校，進而得知即便學校蓋好了，父母沒有工作的話，小孩也無法上學的困境。這時，由於認識了肯亞玫瑰之美，便想到在日本銷售玫瑰來幫助肯亞人就業。

NEW DATA

未來的夢想

希望能繼續保持活力，貢獻社會。2021 年為學習環境永續課題而前往丹麥留學。當地的所見所聞啟發了我，目前正在企劃一個友善環境同時讓人更親近泥土與花卉的新事業。期盼人人心中都能盛開許多美麗的花朵。

對非洲感興趣的原因

高中時到澳洲留學而開始與國外接觸，後來又為了學習各國文化而前往美國讀大學，與不同語言、膚色的朋友一起學習世界歷史。在大學的「虛擬聯合國」課程中，看到非洲各國的許多問題，於是開始研究貧窮問題，希望能貢獻一己之力。

什麼時候覺得最辛苦？

日本沒有互贈花卉的習慣。在國外，有些國家視「每次約會都送花當禮物」為理所當然，但日本人不會這樣。為了推廣送玫瑰花的風氣，目前已組織一個「玫瑰大使」團體，舉辦各種活動，讓大家更親近玫瑰花。

座右銘

"Do what you love, Love what you do. "（做你所愛，愛你所做。）

Q：如何安排一天的工作時間表？

學校輔導員（40歲）

9:00	上班，確認今天的預約狀況，與老師討論。
9:30	到教室看看小朋友的情況。
10:30	出席會議。
11:30	與小朋友面談。
12:30	和小朋友一起吃營養午餐。
13:00	午休時間和前來諮商室的小朋友聊天。
13:30	與家長面談。
15:30	電話聯繫（家長或教育中心的心理師等）。
16:00	與老師交換訊息。
17:00	整理紀錄及各種訊息。
17:30	向主管報告，下班。

當沖股民（54歲）

5 點 30 分邊看電視上的國際政治經濟新聞，邊用數台電腦確認股價的波動狀況。

8 點 45 分，股市開盤。買進看好的股票，或是看圖確認股票波動狀況，上漲時買進，下跌時賣出。如此反覆進行到深夜 1 點。

這段時間會出門吃午餐，當股價不太波動，或是即便波動也不知道自己的股票會漲還是會跌時，就看看電視、散散步，或是看看 You Tube。

卡車司機（37歲）

3:45	到公司上班。
4:00	從車庫出發。
6:40	到達資源回收中心。
6:40	待命。
8:20	卸貨。
9:00	從資源回收中心出發。
11:30	午餐。
14:00	到達載貨地點。
15:30	回公司。

服裝設計師（33歲）

9:30	到公司上班，打掃。
10:00	查看電子郵件，確認今天到貨的內容及到達時間。
10:30	討論新企劃案。 準備會議內容。
12:00	企劃會議（決定設計及布料，修正樣品）
14:00	將臨時決定的事項通知工廠檢查附件及布料。
15:00	午餐。
16:00	將決定好的設計交給打版師。 將樣品的修正內容通知工廠。 提出新企劃案的設計確認交貨日期，選定布料及附件。
20:00	下班。

看見自我價值小物語

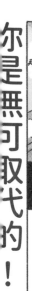

你是無可取代的！

開車這種事，誰都會吧。

下次也要拜託你喔！

不好意思！

岡野和美（46歲）卡車司機

川北茉奈（39歲）插畫家

到現在構圖還決定不了……

我的畫會不會讓人覺得很無聊啊？

別在意啦！

好

結果差強人意，就是沒辦法有傑出的表現……

森本義則（28歲）職棒選手

這三個人受傷了，而且都至少要三個月的時間才能痊癒……

吉住能代替我，沒問題的！

找到代替妳的人了，請好好休息。

代替療傷中的森本，今天由狀況絕佳的櫻田登板！

能夠代替我的人很多，隨時找都有……

〜一個月後〜

負責管理倉庫的增山說，多虧妳每次都把貨堆得整整齊齊，很謝謝妳呢！

鈴～鈴～

叮咚！

果然，沒有妳那種特殊的畫風，總覺得不夠到味，期待妳快點回來！

我終於知道，歷經人生低潮的選手，對我們隊伍有多重要了。森本，早點回來喔！總教練 山本哲夫

或許，所有工作都是人人皆可做，卻也未必人人都做得好啊。

233

小火車大冒險

身高 120 公分以下的乘客，會在中途成為洛克人的獵物，妳可以嗎？

482 園藝設計師

這裡適合種植耐強光又耐乾燥的松葉牡丹。再說這裡離奇幻系的遊樂設施很近，當然要弄得五彩繽紛囉！

484 動物飼育員

那個小朋友已經在那裡看十分鐘了……水豚果然高人氣啊。要是有溫泉設備，肯定更好玩的。好吧，下次會議時我來提案看看！

486 主題樂園職員

咦，那個小朋友的身高還差了五公分吧？要是有個萬一，她一整天的快樂就全部泡湯了。爲了不破壞她的美夢，我要確認再確認。

483 移動攤車老闆

今天會有生意嗎？到現在才賣掉第五份……我對我的炸雞很有信心，但看來醬汁要再多一點，才能讓客人有更多選擇。

485 魔術師

鴿子出來囉！有一次沒出來，眞急死我了，幸好我裝成一副故意的樣子才沒被抓包，果然「The show must go on.」

謝謝！

炸雞
漢堡

妳還好嗎？

489

警衛人員

幸好沒受傷！下午園區就會湧進更多人潮，我要特別留意有沒有走失的小朋友。

492

編舞師

嗯，笑容很棒！才剛改過的動作大家都很熟練了。接下來，再把每個角色的個性表現得突出一點，應該會更好才對……

490

舞者

副歌部分跳得很整齊！這裡要表現出我們充滿希望且團結一心的樣子，所以大家都努力練習，終於練到腳都抬到一樣高了。

487

吉祥物操偶師

呼，今天有夠熱的。差不多該休息了，可是，還有好多小朋友等著一起合照，反正我還不累，再加油一下吧！

488

觀光巴士導遊

遊客說要跟我拍照，真開心，是因為我教他們一些玩遊樂園的有趣小方法吧。我都有在研究怎麼樣最好玩，給自己按個讚！

491

煙火師

好，顏色很漂亮！現在要改變節奏，然後「叭！」一聲炸開千輪菊，肯定歡聲雷動！

482 【園藝設計師】

📝 設計公園或設施裡的庭園、個人住家的庭院等。提出讓生活中充滿鮮花、綠意的構想。了解委託人的希望及預算後,確認周遭環境及泥土狀態,然後思考適合種植哪些植物,畫出設計圖。開始施作後,要監督是否依設計圖施工,直到全部完成為止。

✏️ 進入造園公司、設計事務所等。在短大、專門學校學習造園、園藝、土木、建築等知識較有利。

🔦 ❶ 了解日照及泥土狀態後,選出喜歡待在那裡的植物的「傾聽植物心聲能力」。❷ 將知名庭園的精華應用在設計上的「對庭園文化致敬」。

😞 首次參與設計的庭園,20 年後去看,主人已經不見了,現場一片荒蕪時。

483 【移動攤車老闆】

📝 開著改造成可以烹調及販售食物的攤車,到遊樂園、活動會場、購物商場等人潮聚集的地方販賣餐點。先找出客人會來的地點,取得該地點主人或管理人的同意後,把攤車停在那裡營業。除了賣可麗餅、章魚燒等美食,也有人販賣鮮花、蔬菜等。

✏️ 取得「普通汽車駕駛執照」。如果是販售食品,要申請「食品營業汽車」或「食品移動販賣車」,並具備「食品衛生負責人」資格、地區保健所發出的營業許可。

🔦 ❶ 在價格、滋味、形式上,能與其他店家做出差異的「別具風味能力」。❷ 不可因為開攤車較容易就大意,要能擬定可穩定獲利戰略的「靈活撥算盤能力」。

😞 連日天氣惡劣,都沒客人來光顧時。

484 【動物飼育員】

📝 在動物園或水族館等地方,負責整理環境供動物健康的生活,並且將動物的魅力傳達給客人知道。餵食、動物的健康管理、打掃飼育室、對訪客做說明、打造可與動物接觸的空間等,有時還要針對所飼養的動物進行研究。

✏️ 在大學學習獸醫學、畜產學,或是在專門學校學習動物飼育、動物護理等,然後進入動物飼育機構。如果要在公立機構工作,須通過地方公務員考試。

🔦 ❶ 雖然動物不會說話,但能從牠們的表情、糞便等察覺健康狀態的能力。❷ 能將人們會感興趣的動物特徵介紹出來的「充滿愛的宣傳能力」。

😊 因為在動物身邊照顧,而能親眼目睹動物不為人知的一面時。

485 【魔術師】

📝 在客人面前表演不可思議、令人嘖嘖稱奇的「魔術」。藉說話或音樂來帶動氣氛,並且小心不被客人看出破綻的進行各種表演,小到使用撲克牌或銅板等小道具,大到運用機關把人或物體變不見等。

✏️ 學習魔術的技巧。有些人是隸屬派遣公司或藝能經紀公司,有些人是個人接案工作。

🔦 ❶ 讓人們分不清楚真假的「巧妙手法」。❷ 透過動作或說話,隨意操控客人的視線及意識,「使人產生錯覺的技巧」。

😞 表演到一半,客人走掉時。

486 【主題樂園職員】

📝 招待來主題樂園的遊客,讓他們玩得開心。從接待入園、介紹及推薦遊樂設施、舉辦活動、販售食物及紀念品等,除了與客人直接相關的工作外,也要負責打掃園區、巡視園區、操作及檢查遊樂設施等。

✏️ 進入經營主題樂園的公司,或是應徵打工並獲得錄用。

🔦 ❶ 為了吸引客人進入非日常的世界,先讓自己「著迷其中的能力」。❷ 不讓正在遊玩的客人注意到自己存在的「賓至如歸的服務能力」。

😊 每天都看到遊客的笑容而跟著開心起來時。

487 【吉祥物操偶師】

📝 在主題樂園或活動會場,套上各種卡通玩偶裝或舞台表演服裝,進行舞蹈、話劇表演,或與遊客互動。許多卡通人物都有特別的個性和動作,必須掌握清楚才能做出逼真的表演。

✏️ 進入變裝演員的派遣公司或專門舉辦活動的公司、藝能經紀公司工作或兼職。

🔦 ❶ 不讓觀眾覺得裡面有人的「徹底成為卡通人物的能力」。❷ 很多小朋友撲上來也依然站得很穩的「挺直身軀能力」。

😞 扮演壞人時把小朋友嚇哭了,儘管這樣表示演出成功,但內心覺得很過意不去。

488 【觀光巴士導遊】

📝 在觀光巴士內服務乘客，協助創造美好的時光與回憶。介紹窗外景致、觀光地點的歷史、觀賞的重點，或是利用唱歌、玩猜謎遊戲來助興，也要隨時留意是否有乘客身體不適，並確認上下車時的安全。

✎ 進入觀光巴士公司，接受必要的訓練。有些人是登錄觀光巴士導遊派遣公司，只在觀光客多的旺季才從事這項職務。

⚡ ❶ 讓客人不斷發出「喔！」的「地理與文化的學養」。❷ 邊導覽邊關注觀光客臉色和表情的「動口動眼能力」。

😄 專為今天準備的笑話，博得遊客的捧腹大笑。

489 【警衛人員】

📝 在各種建築物和設施裡，隨時注意不讓意外事故發生，守護人和物品的安全。巡視設施內各角落，查看有無可疑人物或危險物品，如果是在道路施工現場或活動現場，就要指揮引導，讓人車都能順利前進。有些人是專門負責運鈔車或重要人物（如政治人物等）的警衛工作。

✎ 進入警衛保全公司，接受訓練。

⚡ ❶ 察覺可能要發生事件或事故不安氣氛的「戰戰兢兢能力」。❷ 讓旁人覺得「有他在就沒問題」的「威嚴態度」。

😞 執勤中，提醒不遵守指示的人，結果反遭抱怨時。

490 【舞者】

📝 在各種舞台上表演舞蹈。在主題樂園的秀場上表演以炒熱氣氛的舞者、精通佛朗明歌或草裙舞等民族舞蹈的舞者、在歌舞劇上邊演邊跳的舞者、在演唱會上為歌手伴舞的舞者等，活躍的領域相當廣泛。

✎ 在專門學校、舞蹈學校、藝能經紀公司或劇團的培訓班等學習，通過選拔而獲得工作機會。

⚡ ❶ 用肢體動作向觀眾傳達某些訊息的「壓倒性表演能力」。❷ 喜歡舞蹈到辛苦練習卻不認為是在練習的「純粹愛跳舞能力」。

😞 不論怎麼練習，都過不了試鏡徵選。

491 【煙火師】

📝 在煙火節或各種活動現場負責施放煙火。調配火藥，製作稱為「光珠」的火藥球，然後緊密的塞進稱為「球」的圓型容器中，用紙貼起來使之乾燥，做成煙火彈。決定好發射的順序及音樂後，於正式演出時，小心翼翼、注意安全的準備好後施放出來。

✎ 進入煙火公司。如果要製造煙火，就須具備「火藥類保安責任者」資格；如果要施放煙火，就須取得「煙火消費保安手帳」。

⚡ ❶ 從表演設計到製作、施放，全都是自家團隊包辦的「一手包辦能力」。❷ 美麗的煙花是危險的火藥製作而成的，因此須具備「安全至上的堅持」。

😄 能在「超級近距離處」觀賞煙火。

492 【編舞師】

📝 指導舞者或歌手配合音樂跳舞或律動。了解導演想呈現舞台主題或該首歌曲，然後邊聽歌曲邊思考適合的動作，再指導舞者跳出編好的舞蹈動作。有些人則活躍於花式滑冰、新體操等領域。

✎ 有人是從舞者或競技選手引退後擔任編舞師，也有人是拜知名編舞師為師，累積經驗後再獨當一面。

⚡ ❶ 從歌詞和概念發想出讓人留下印象肢體動作的「令人印象深刻的創意」。❷ 了解舞者的個性再編舞的「將個性化為舞蹈的能力」。

😄 自己編的舞蹈得到舞者的完全認同，看到他們彷彿在跳自己編的舞蹈。

又睡著了……

239

493 【勞動檢查員】

📋 守護勞工安全與權利。檢查雇用的企業是否合法給予勞工薪水、是否以不正常的理由解雇、是否讓勞工在會發生事故的危險場所工作等。必要時將直接前往企業或工廠調查。若找到缺失,須指導經營者或負責人改善。

✏️ 通過國家公務員考試之一的「勞動基準監督官任用考試」,成績優異者優先任用。報考年齡限制為 21 ～ 30 歲。

✨ ❶ 用法律的檢驗燈逐一探照檢查,並且下判斷的「探照燈檢驗能力」。❷ 查遍事實後,讓對方坦承一切的「辯論能力」。

☹️ 已經指導過多次,該公司依然不改善,只好移送法辦時。

494 【汽車設計師】

📋 思考汽車的設計後,付諸成形。有些人負責外觀,有些人負責內裝。根據新車企劃案,畫出數百張設計稿,而且不僅外觀,還要兼顧駕駛輕鬆、乘坐舒適、安全無虞等,先用黏土做出模型,再邊確認邊調整出實際的形狀。

✏️ 進入汽車廠商或設計事務所。許多人是畢業自大學的工學系或美術系,或是可學習汽車設計的專門學校。

✨ ❶ 想像未來幾年的社會樣貌而設計的「創造街景能力」。❷ 讓人們以為這是個人專屬空間,擁有「和這部車一起邁向美好未來的能力」。

☹️ 對期待中的設計有些朦朧的想像,但就是設計不出來時。

495 【品質管理員】

📋 確認自家公司產品或服務的品質,判斷合格或不合格。為了讓客戶安心使用,負責檢查及分析原料的成分及配方、製造方法是否依照計畫進行,成品的安全性是否達標等。

✏️ 進入汽車、食品、醫藥品的廠商,分配到品質管理部門。

✨ ❶ 讓客戶可以安全、安心使用的「宛如對自己孩子般的嚴格監督」。❷ 讓產品經久耐用,以減少垃圾,保護環境,同時也是保護自己公司的「胸懷地球工作觀」。

😊 同業的產品出問題,而自家公司已經針對該問題擬定對策解決了。

496 【汽車廠商職員】

📋 開發、製造或銷售汽車。思考新車的企劃案,一旦設計出車體,就要準備必要的材料及零件,在工廠組裝後完成,上市銷售。還有其他各種業務,例如研究開發新技術、對客戶進行定期檢查服務等。

✏️ 進入汽車廠商。

✨ ❶ 今日愛車人士已不僅要求方便、酷炫而已,因此須具備能夠描繪出新時代新汽車價值的「文藝復興能力」。❷ 追求駕駛樂趣加上安全與環保,創造美好未來的「明天會更好能力」。

☹️ 在同學會上聽到有人說:「在今天這個時代,不會還有人要買車吧?」

497 【生產管理員】

📋 在工廠負責確認從生產到出貨的作業都能按照計畫進行,做出多少數量後,擬定生產交貨時間表,然後負責採購材料、訂立每日生產目標、安排相關作業的人員及機器等。開始生產後,要緊盯每天的進度、檢查材料的庫存狀況等。

✏️ 進入汽車、食品、醫藥品的廠商,分配到生產管理部門。

✨ ❶ 讓很多人一起工作,最後將產品送到某個人手上的「見樹又見林的能力」。❷ 向作業員或業務員轉達要求及意見,並讓對方接受的「你都開口了,沒問題的能力」。

😄 跟相關人員說交貨時間要提前了,結果對方大方幫忙趕工時。

498 【汽車零件廠商職員】

📋 製造並銷售汽車零件(一部車約使用 4000 種、2 ～ 3 萬個零件)。從引擎到方向盤、剎車器、車窗、螺絲等,雖說都是零件,但各有各的材料、技術、設備,因此很多零件廠商都會依照汽車廠商的要求,分別做出各家廠商最獨到的零件。

✏️ 進入汽車零件廠商。擔任技術職的話,通常須具備大學理工科系或高等專門學校畢業資格。

✨ ❶ 實現委託人的「如果能那樣就好了」的「哆啦A夢四次元口袋能力」。❷ 持續做出高品質自信作的「三次元世界中的驕傲」。

😄 委託人能夠明白自己為了小小的改善而付出極大辛勞時。

499 【機械技術員】

目 製作機器人、設備等以生產出商品。思考安全、組裝操作容易、生產效率佳的機器，仔細檢討大小、構造、材料後，畫出設計圖不斷試做直到完成。

◈ 進入機械廠商。有些人是在大學、短大、專門學校的機械工程或電子工程科系畢業。

✧ ❶ 將「想做成這種機器」的想法在現實世界中做出來的「數學＆物理的應用能力」。❷ 即便失敗了一萬次，依然相信第一萬零一次會成功的「堅持到底的能力」。

☹ 感覺像是一直在解一個沒有答案的問題，每次都快崩潰時。

500 【工廠作業員】

目 製作汽車、精密機械、食品、衣料品等產品。在工廠機械化、自動化的今天，仍有很多工作需要人力才能做，例如零件組裝、食材分切、衣服縫製等。為了穩定的製作出高品質的產品，作業員必須謹慎且熟練地進行各項既定作業。

◈ 到製造工廠或擁有製造工廠的廠商應徵，獲得錄用。

✧ ❶ 能夠全神貫注在一成不變的作業中，不會因為習慣就掉以輕心的「緊張感」。❷ 能夠以最快的速度且正確的完成指定工作的「作業線上金牌能力」。

☺ 在街上偶然看到有人購買自己參與製造的產品時。

501 【生產技術員】

目 在工廠為了有效率的生產出高品質的產品而思考製造順序、相關設備，並負責管理。檢查目前的生產線、材料、時間、費用等是否浪費，思考改善對策。要製作新產品時，先思考用什麼技術和設備、如何進行，然後設計生產線，或是採購新的設備。

◈ 進入汽車、食品、藥品等廠商，分配到各種部門，累積經驗後再獨當一面。

✧ ❶ 讓設計圖上的東西變身為人人都能觸摸到實體的「現實化魔法師」。❷ 每天不斷學習，用智慧開發出兼具「高品質」及「量產」技術的「良品分身之術」。

☹ 出現不良品，以致不得不進行生產線總體檢時。

502 【居家賣場店員】

目 銷售為製作或修理物品所需的工具、零件，或是生活所需的日用品、家電、家具、園藝用品、寵物用品等。除了排列商品、結帳、告訴客人商品放在哪裡外，也要為配合客人要求而裁切木材、介紹工具的使用方法等。

◈ 進入經營居家賣場的公司，或是直接去店家應徵，獲得錄用。

✧ ❶ 連分得很細的專業工具都能如數家珍的「豐富商品知識」。❷ 全力找尋客人所需商品的「對享受生活的人的全力支持」。

☺ 客人用在自家店裡買的木材做了一個櫃子，然後拍照向自己分享。

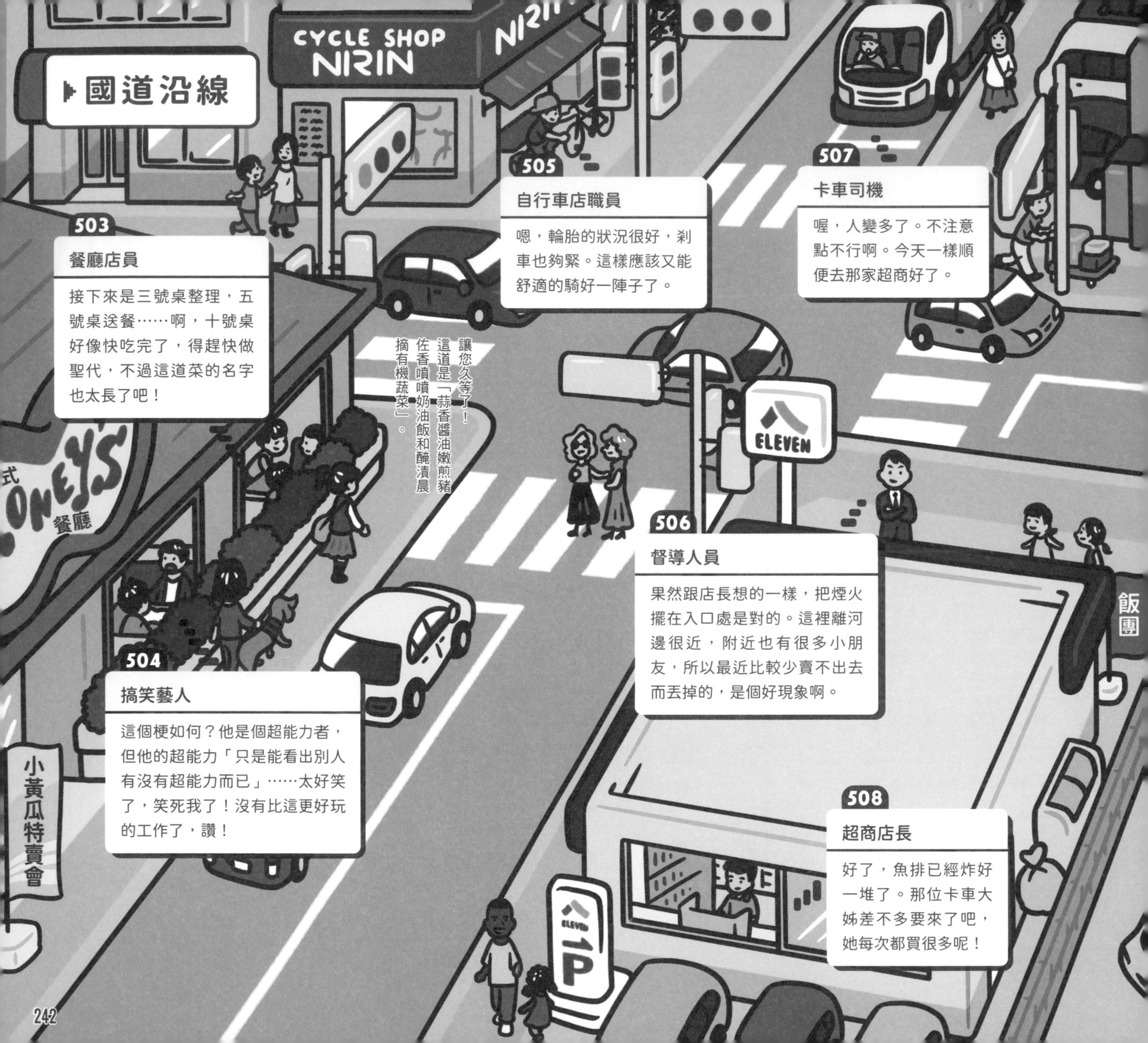

國道沿線
CYCLE SHOP
NIRIN
503
餐廳店員
接下來是三號桌整理，五號桌送餐……啊，十號桌好像快吃完了，得趕快做聖代，不過這道菜的名字也太長了吧！
505
自行車店職員
嗯，輪胎的狀況很好，剎車也夠緊。這樣應該又能舒適的騎好一陣子了。
507
卡車司機
喔，人變多了。不注意點不行啊。今天一樣順便去那家超商好了。
讓您久等了！
這道是「蒜香醬油嫩煎豬佐香噴噴奶油飯和醃漬晨摘有機蔬菜」。
ELEVEN
餐廳
506
督導人員
果然跟店長想的一樣，把煙火擺在入口處是對的。這裡離河邊很近，附近也有很多小朋友，所以最近比較少賣不出去而丟掉的，是個好現象啊。
飯團
504
搞笑藝人
這個梗如何？他是個超能力者，但他的超能力「只是能看出別人有沒有超能力而已」……太好笑了，笑死我了！沒有比這更好玩的工作了，讚！
小黃瓜特賣會
508
超商店長
好了，魚排已經炸好一堆了。那位卡車大姊差不多要來了吧，她每次都買很多呢！
P

京都風拉麵

和

拉麵

拉麵

PIGEON MILLONS

99

健康活力超市
ikki

513

藥局藥師

小朋友的感冒藥好多啊，必須仔細挑選適合小朋友的糖漿，初期就用這種漢方。啊，也介紹一下那種容易喝的果凍飲好了。

510

拉麵店店長

今天好多人點涼麵。明天好像也會很熱，多準備一點好了。咦？那個客人不吃筍乾？看來還要再改良一下才行……

512

食品超市店員

大白菜一顆30元！老實說，根本是賠慘在賣，但這是吸引客人的噱頭，今天肯定人潮爆滿的！

YOTOTA

1st
STAGE

YOTOTA

YOTOTA

514

娛樂公司職員

新設置的遊樂器具都不是電子類的，不知反應如何，沒想到頗受年輕人喜愛呢！看來，我要跟總部提議多增加一些這類設備了。

509

汽車維修員

啊，這個，冷卻裝置壞了。冷卻劑不夠，散熱器也故障了吧？我還要建議他換個機油比較好。

511

汽車經銷商業務員

這種車不但好開，車內也很寬敞，為什麼客人的反應總是普普呢？對了，我再跟客人特別說明一下事故防止功能好了。

這部車有
搭載ASV系統……

歡迎光臨！

503 【家庭餐廳店員】

📋 在大人小孩都喜歡的家庭餐廳裡，提供輕鬆享用的料理及種類豐富的飲料，讓客人度過愉快的時光。分為引導客人就座、接受點餐、端送餐點的外場人員，以及在廚房製作料理、盛盤、清洗餐具等的內場人員。

🖊 進入經營家庭餐廳的公司，或是到各家店應徵並獲得錄用。

✄ ❶ 即便忙碌也能同時做好各項工作的「手腳明快俐落」。❷ 為每桌客人製造愉快氣氛的「添加歡樂小菜能力」。

😊 常來的客人居然記得自己而直接叫出名字。

504 【搞笑藝人】

📋 在舞台上表演說相聲或幽默小故事，或在電視和廣播節目上表演脫口秀。每天都在編哏，然後不斷練習，並且隨時都在思考怎麼表現會更好笑。有些人全力投入在舞台公演，有些人專門挑戰一般人做不到的事、有些人同時是人氣演員或歌手等，都是擅用自己的特殊風格在表演的人。

🖊 通過試鏡而進入藝能經紀公司，或是成為知名前輩的弟子。有些人則是先在經紀公司所設立的搞笑藝人培訓班中學習。

✄ ❶ 能讓素不相識的人都捧腹大笑的功力。❷ 愛搞笑且愛被搞笑的「搞笑天性」。

😊 聽見客人的笑聲，就感覺到耳朵好開心的時候。

505 【自行車店職員】

📋 為了讓客人可以安全且舒適的騎乘自行車而銷售自行車及相關產品，並提供檢查、維修服務。向客人推薦適合的自行車，指導如何騎乘及保養，並且提供各種相關服務，例如修理爆胎、剎車調整、更換老舊零件、協助辦理防盜登錄及自行車保險手續等。

🖊 進入自行車專賣店或販賣自行車的居家賣場等。

✄ ❶ 從功能面、精神面來展現自行車魅力的「鐵馬迷能力」。❷ 明明是修理爆胎，卻不知不覺連其他保養一起做的「讓自行車保持在最佳狀態的能力」。

☹ 為不珍惜自行車的人修理自行車。

506 【督導人員】

📋 站在餐飲店或超商的總公司與負責的幾家分店之間，協助各分店提升業績。隨時確認各分店的業績，然後對店長及店員提出待客方式及商品陳列方式等具體建議，並將分店的狀況報告總公司。

🖊 進入經營餐飲店或超商等的公司。通常是先從店員做起，再升上店長，累積經驗後再擔任督導人員。

✄ ❶ 隨時吸收各種資訊，找出將會大賣商品的「好眼力」。❷ 不僅要達成業績目標，還要能鼓舞店長及店員士氣的「散播希望能力」。

😊 自己的創意讓虧損的店家業績呈 V 字型反彈。

507 【卡車司機】

📋 將食品、衣料品、木材、汽油、高壓瓦斯等大小及狀態都不一樣的貨物堆在卡車上，確實送到需要的地方。檢查車輛後，收貨，用繩索固定以防貨物掉落後出發，途中做短暫休息後繼續開車，抵達目的地後卸貨完成。

🖊 進入運送公司。具備「普通汽車駕駛執照」，也有人是進入公司後再根據要駕駛的卡車大小及種類，考取符合的執照。

✄ ❶ 雖然開的是大卡車，但仍會心思細膩的「小心開車的能力」。❷ 沒有我，送達貨物的「使命感」。

😊 雖然途中遇到車禍塞車，但仍準時將貨物平安送達。

508 【超商店長】

📋 經營超商，管理店員、商品、金錢等。掌握最近的銷售趨勢而訂貨，用心陳列商品方便客人找到，力求業績增上。有時也要負責收銀、店內打掃、錄用及指導打工人員等。

🖊 進入經營超商的公司。有些人是用加盟店（只有店名、商品等商店組織方面是經總公司授權使用，經營方面則由自己負責）的方式創業。

✄ ❶ 了解所在地區及客人的特徵，進而銷售其他超商沒有的商品的「超商進化能力」。❷ 讓不同國籍、年齡的工作人員都能學會各項業務的「超越屏障的優異指導能力」。

☹ 明明不是店家的錯，卻被客人投訴時。

509 【汽車維修員】

📋 檢查、修理客人的汽車，使之保持正常運作，守護乘客的安全。為了預防故障及事故，必須找出零件、機器的任何不對勁，再維修或更換，萬一故障時也必須找出原因並加以修理，可說是「汽車的醫師」。也要負責修繕車體的損傷、重新烤漆等，常保汽車的美觀。

◈ 在培訓班或維修廠學習，累積經驗後，取得「汽車維修員」國家資格，然後進入汽車維修廠或經銷商。

✧ ❶ 找出汽車不順或故障原因的「機械刑警能力」。❷ 不論症狀再嚴重，都能讓它康復的「機械醫師能力」。

☹ 車子實在太舊，零件都已經停產，所以沒辦法修理了。

510 【拉麵店店長】

📋 製作美味的拉麵給客人享用，讓客人的身心靈都獲得滿足。守住精心研發的「獨家味道」，用心準備湯頭及食材，客人點餐後開始煮麵，並且迅速端上桌供客人享用。身為一家店的負責人，還要管理營收、錄用及指導打工的人、進行宣傳等。

◈ 進入經營拉麵店的公司，或是在拉麵店學習，累積經驗後自己開店，須具備「食品衛生負責人」資格。

✧ ❶ 在熱烘烘的廚房長時間站著工作也不覺得苦的「耐熱韌性」。❷ 知道怎麼搭配食材的「絕對味覺」。

😊 發現「就是這個！」味道。

511 【汽車經銷商業務員】

📋 「經銷商」是指和一家廠商簽約的銷售店。從賣車開始，到之後的說明、檢查、維修等，支援客人的「愛車生活」。仔細了解購買汽車這種高價位的客人的喜好、預算及目的，然後提出最佳建議。

◈ 進入汽車經銷商。有時須具備「普通汽車駕駛執照」。

✧ ❶ 能和愛車的客人聊得很開心的「汽車知識拉力賽能力」。❷ 為了與客戶維持長期良好關係，當客人有汽車相關問題時，能立即協助的「最給力夥伴能力」。

😊 發現常來找自己討論汽車問題的客人，已經是認識二十年的老朋友了。

512 【食品超市店員】

📋 販賣蔬菜、肉、魚、清潔劑等生活不可或缺的食物、日用品。將食品裝袋、調理熟食、補貨、打收銀機結帳、確認商品的消費期限、帶客人到陳列區等。

◈ 進入販售食品的公司，在店裡擔任銷售工作，或是去各店家應徵並被錄用。

✧ ❶ 在一定的時間內擺出相對數量並且賣完，「讓需求與供給相符的能力」。❷ 精心布置每個販賣區，讓客人知道商品的魅力而想要購買的「購物天堂能力」。

😊 把店裡的商品排得整整齊齊而有心情舒暢的感覺時。

513 【藥局藥師】

📋 具備可販賣「一般用醫藥品」第2類、第3類（感冒藥、鎮痛劑等）的資格，在藥妝店為客人建議合適醫藥品的「身邊的醫藥品專家」。傾聽客人的症狀後，協助選擇合適的藥品。依店家不同，有些還要負責陳列商品、結帳等。

◈ 通過各地區舉辦的「登錄販賣者考試」後，進入藥妝店等。

臺灣資訊請見291頁

✧ ❶ 有新藥上市就會想查詢為什麼有效的「藥品成分迷能力」。❷ 詳細說明商品的特色，引導客人選到理想商品的「藥品的侍酒師能力」。

😊 曾經向某位客人推薦過藥品，結果他再次上門說：「因為有效，所以我又來了。」

514 【娛樂公司職員】

📋 在設有保齡球等運動、遊戲、卡拉OK、電影院、小鋼珠等適合各種年齡層玩樂的娛樂設施工作，協助其營運，有時還要負責接待客人、銷售、檢查及維修設備等。有些公司還設有發布訊息以吸引客人的「宣傳人員」，以及構思新服務的「企劃人員」。

◈ 進入經營娛樂設施的公司。

✧ ❶ 讓小朋友到老人家都能放心盡情遊玩的「策劃安排能力」。❷ 把「別人的快樂」當成「自己的快樂」的能力。

☹ 設備故障，讓專程前來的客人撲空時。

▶ 建築工地

517
施工管理技師

啊，是井上。昨天臨時變更計畫搞定了吧？雖然很恐怖，但我還是過去跟他這個謝好了。應該都拜託他幫忙，更計畫搞定了吧？

520
塗壁工匠

以今天的溼度來看，會比昨天更不容易乾，最好在中午前就把基底塗好。

515
焊接工

說什麼「這種小地方不會有人看見」……？絕對是有人看見，正因為是小地方，才更要仔細做好。

516
高空工程人員

這種高度從前腳會顫抖，不知不覺現在已經完全沒在怕了。今天天氣員好啊，好像待在天上一樣。

518
配管工

這一層的管線得在今天配完才行！因為明天會進有其他方面的技工進駐。目前還剩下瓦斯管和自來水管和……

519
塗裝工

顏色真漂亮！這次的塗料很貴，品質不錯，應該不會那麼經過這裡，以後經過這裡，心情都會很好才對。

246

▶ 在建築工地的各種工作

515
【焊接工】

📝 對金屬等材料加熱或加壓,使之互相連結。焊接工通常出現在製造汽車、船舶、飾品的工廠,或是興建大樓、橋梁的工地。根據材料的不同而調整加熱溫度,選擇適合接著的素材等,讓其緊密連結無空隙。

✎ 進入機械廠商、建設公司、造船廠等有焊接作業的公司,學習技術。有些人是在高中或專門學校學習焊接技術,然後取得「氣體焊接技術員」等證照。

✨ ❶ 將數個金屬焊接到如同一個物體的「完美焊接能力」。❷ 焊接後不斷確認到連一毫米誤差都沒有的堅持。

😄 負責後續工程的人員說:「我也要做工完美到跟這個焊接成品一樣。」

516
【高空工程人員】

📝 在建築或土木施工現場,專門負責高空作業。由於需要上下移動,彷彿會飛會跳的小鳥一樣,因此日本人稱這種工程人員為「鳶職人」。他們通常最早到達施工現場,架起踏板讓其他工人可以安全地做事,還要組合用吊車吊起來的鋼骨,搬運並安裝設於建物內部的大型機械等。

✎ 進入專營高空工程的公司或建設公司、工務店等,先當實習生累積經驗。高空作業必須年滿18歲以上才能執行。通常是邊取得「吊掛作業」、「踏板作業」、「高空工程作業」等各種資格,邊拓展工作領域。

✨ ❶ 由於事關人身安全,必須施工精準無誤的「確保安全第一能力」。❷ 不論再怎麼習慣,高處總是很危險,因此須具備「多一分恐懼的意識」。

😖 太輕忽高處的寒冷。

517
【施工管理技師】

📝 指揮工人作業的司令官,又稱工地督導,負責讓建築、土木、電力、造園等工程依計畫進行。擬定施工計畫,確認施工內容及品質是否合乎標準,還要負責管理材料費、工人薪資等預算。

✎ 具備「施工管理技師」國家資格,共有「建築施工管理技師」等6種,皆須進入建設公司或土木工程公司,累積施工管理方面的經驗後,再通過考試取得證照。

✨ ❶ 在有限的預算內找到最優秀人才,並讓他們發揮專長的能力。❷ 避免出錯造成工程延宕的「發現一點點風險徵兆就予以排除的能力」。

😖 臨時變更計畫,不得不向許多人解釋並拜託。

518
【配管工】

📝 連接自來水管、瓦斯管、冷暖氣管等建物裡必備的管路,以及安裝設備。先準備好材質合宜的管子,確認設計圖,決定管子通過的位置,測量尺寸。連接管子讓裡面的水或瓦斯不外漏,將管線鋪設在地板下、牆壁裡面等看不到的地方。日後還要負責檢查及維修。

✎ 進入建設公司、住宅設備公司、大樓保養公司、裝修公司等,先當見習生邊做邊學習技能。

✨ ❶ 配管是建物的血管,因此不能容許有任何縫隙的「無懈可擊工作品質」。❷ 將空間不夠等施工時才發現的問題,設法完美解決的「臨機應變技術能力」。

😖 在極為狹窄的地方施工。

519
【塗裝工】

📝 為了讓建物或汽車的外觀更好看,或是為了防雨及紫外線等,負責塗刷油漆等塗料。了解客人的希望後,配合施作的地點、材質等而決定適合的塗料、顏色、塗法,做完防鏽及防水加工後,用刷子或滾筒、噴瓶,將塗料一層層塗上去。必須看準不同天候狀況下的乾燥時間,然後邊預測完成時間邊施工。

✎ 進入建設公司、塗裝公司、汽車工廠,學習技術。

✨ ❶ 上漆處一般都是人們會看到的地方,因此須講究美學的「拋光能力」。❷ 呈現出預期中美麗顏色的「最強調色能力」。

😄 看見老舊建物在自己的巧手下煥然一新的模樣。

520
【塗壁工匠】

📝 在建物的牆壁、地板、圍牆等處塗抹灰泥,增添美觀,日本稱這種工匠為「左官」,是這門傳統技藝的職人。調和泥土、水泥、沙石等各種素材,加以攪拌揉捏,用「鏝」這種專用工具來塗抹平整。有些還要負責施作牆壁的基底、貼磁磚等。

✎ 進入左官工事公司或裝修公司、室內裝潢工程公司等,先當見習生學習技術。也有人取得「左官技師」國家資格。

✨ ❶ 不論什麼樣的天氣、什麼樣的現場,都能完美的完成工作的「手藝」。❷ 了解近千年的歷史,傳承給下一代的「創造左官未來的能力」。

😄 嘗試性的組合看似不搭的素材,但成果出乎意料完美時。

521【電力工程人員】

📄 為住宅、大樓、醫院、工廠等建物進行電力工程，或是妥善管理以確保用電安全。依設計圖連接電線以通電，有些還要管理電車訊號、平交道等電力設備，修復因災害造成的停電等。

◇ 取得「電力工程士」國家資格。分為第一種及第二種。有些人是進入電力工程公司後再參加考試。

✧ ❶ 電力系統是建物的神經系統，不讓它因小小受損而造成生活不便的「細心」。❷ 一看到機器就想知道電力怎麼流通的「內部構造狂」。

😊 完成配電工程後，整棟大樓電燈全亮的那一刻。

522【土木作業員】

📄 在各種土木工程現場從事勞力或操作機械的作業，製作並修理生活上不可或缺的設備。除了整理土地以便蓋出安全的房子外，還要更換埋在土地裡的自來水管及瓦斯管，修整堤防、興建水壩和橋梁，發生災害時也要進行修復工程。

◇ 進入土木工程公司、建設公司等。從搬運工具、砂石、當師傅的助手開始累積經驗，然後取得可操作重機具的執照，再逐步拓展工作領域。

✧ ❶ 隨時眼觀四面八方，主動找事做的「積極主動能力」。❷ 絕不浪費時間和體力的「讓每個動作都有效率」。

😊 在夏天的炎炎烈日下工作時。

523【建築設備師】

📄 對建物的設計及各種設備都相當有研究，能給建築師提供建議。電燈、插座等電力設備，水管、廁所等給排水設備，冷氣等空調設備，思考這些設備該以什麼形式配置在建物的哪個地方才會方便，然後畫在設計圖上。

◇ 具備「建築設備師」國家資格。先在大學、短大、專門學校等，學習建築、機械或電力學，進入建設公司累積實務經驗後，再通過考試取得資格。

✧ ❶ 為了創造出方便好用的空間，能夠完美設計出各種配管、配線的「拼圖神腦」。❷ 不是光看設計圖，而是就實際現場狀況來下判斷的「符合現實的建議能力」。

😊 照自己的想像做出來後，覺得「果然就是要這樣才對！」的時候。

524【建設公司職員】

📄 興建房子、大廈、摩天大樓、醫院等建物，或是道路、隧道、橋梁等公共建設。分成許多部門，例如「業務部」：傾聽客戶的需求，擬出計畫案；「設計部」：思考建物的外觀及構造、設備等，畫出設計圖；「施工管理部」：制定施工計畫，管理眾多作業員讓工程平安順利進行。

◇ 進入建設公司。許多人是在大學、專門學校、高中學習建築或土木工程。

✧ ❶ 讓工作夥伴都有利用建設來讓世界更美好的「散播美麗夢想能力」。❷ 為了實現這個理想而克服一切困難的「乘風破浪能力」。

😊 感覺到自己參與完工的建物讓城市充滿朝氣活力。

525【測量工程師】

📄 興建房子或大樓，或是鋪橋造路時，測量該預定地的正確面積及位置。擬定計畫後，利用專業機器測量現場的面積及高度，再根據數據製作設計圖。施工過程必須確認是否依照設計圖進行，完成後也要確認建物是否座落在正確的位置。

◇ 具備「測量師」國家資格。必須先取得「測量師助理」資格再累積實務經驗或通過考試。如果不具備資格，也可以在測量師的指示下進行測量業務。

臺灣資訊請見291頁

✧ ❶ 畫出公平公正的地基，讓人人都可和平相處的「一切依照測量結果能力」。❷ 不斷學習日新月異測量技術的「追求先進技術能力」。

☺ 輸入錯誤座標，導致工程延遲。

526 【木工】

📄 主要是新建或修理木造建築。首先是看著設計圖，選定需要的材料，再用鋸子或刨刀等工具加工出合乎需要的木材狀態。待其他建材都備齊後就進入施工現場，與設計師確認有無變更後，依設計圖組裝骨架、牆壁、地板、天花板等。

🔖 除了當木工師傅的徒弟外，也可以在大學或職業訓練所學習建築、木工相關知識及技術後，再進入工務店或建設公司磨練。

⚡ ❶ 從珍惜工具開始的「木工魂」。
❷ 擁有「高級品的手藝」，將普通的木板變成人人喜愛的商品。

😄 完工後，主人站在家門前，感動得要求握手說：「謝謝這雙手幫我蓋好我的家！」

527 【建築板金工】

📄 為了讓住家或店鋪能耐得住風雨，將金屬板加工後，安裝在屋頂或牆壁上。製作工廠或倉庫的屋頂，安裝住家屋簷的擋雨板，有時也會負責餐飲店廚房的內裝工程。依客戶希望而準備合適的金屬板，用工廠專用的機器來裁切、加工後，運到施工現場，必要時須再次加工，然後配置完成。

🔖 進入專門從事建築板金的公司或建設公司，先當見習生邊做邊學。

⚡ ❶ 一看就知道加工過的部分狀態的「直尺般的敏感」。❷ 完全按照委託人的希望來完工的「穩定技術」。

😄 完成了困難的加工及複雜的安裝工程，覺得自己「又進步了！」

認 真 工 作 宇 宙 人

職業名稱

宇宙穿越士

工作內容

在星球與星球之間穿越。工作內容大致與宇宙瞬移士差不多，但使用的星球連結系統不同。宇宙瞬移士用的以喬安吉克博士研究的「薩莫斯多羅皮理論」為基礎而發明的瞬移技術，但宇宙穿越士用的是以莫沙隆博士研究的「元特朗理論」為基礎而發明的瞬移技術。他們是瞬移事業的兩大勢力，但占比大約是7:3，宇宙穿越士目前暫時落後。

具備資格

這是「古亞古亞星」獨自開發的職業，因此只要出生於古亞古亞星球，就自動能夠從事宇宙穿越士的工作。

特殊能力

❶能夠一秒看出目的地星球特性的「差異辨識光束」。
❷追上甚至超越姆亞姆亞星球技術的「遇強則強的能力」。

難過的時候

客人取消預約，而且還說：「雖然宇宙瞬移士的費用比較貴，但比較信得過……」

＊這位宇宙人出現在書中的哪些地方呢？找找看吧！

哇布丁，你要不要展現一下瞬間移動的本事呢？

咦？地球這麼小，根本不需要用到瞬移。不過，也可以當作練習，那我就試一次吧！

瞬移功能啟動！

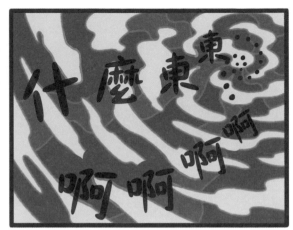

什麼東東……啊啊啊啊啊

噗！

砰！

糟糕！我搞錯了，我以為是連結空間，結果連結成時空了！

咦……？！

喂，你們是誰！

嗯，這個是……

果然！有人創造出時空的扭曲，我們剛好被捲進去，就被帶到這裡來了。我是從2040年來的。

嘿咻！

世上真是無奇不有啊。既來之則安之，俺是在江戶時代做飛腳的……

說來就來！

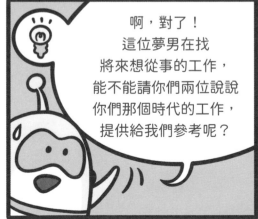

啊，對了！這位夢男在找將來想從事的工作，能不能請你們兩位說說你們那個時代的工作，提供給我們參考呢？

喔，那簡單啦！交給俺吧！

了解。

真的，說來就來？

251

工作的過去與未來

俺的時代是這個樣子的

江戶時代

火消
平常從事建築高工作業，發生火災時則前往滅火的消防人員。

油賣
賣油的攤販。當時這些攤販總會跟客人聊天而不趕快去兜售油，所以日本人也用「賣油」來比喻偷懶。

乞食坊主
在街頭賣藝向人請求打賞的街頭藝人。

同心
江戶幕府時代，管理「町」這種小城鎮的基層官員。

飴細工屋（捏糖人）

蟲賣（賣寵物昆蟲的攤販）

夫妻都有工作是理所當然的
在江戶時代，夫妻通常各有各的工作，相當於現在的「雙薪家庭」。只有政府官員或武士家庭等部分富裕人家的妻子才不必工作。

髮結（梳頭師）

沙畫家
用沙子作畫以賺取報酬的沙畫家。

魚賣（賣魚的攤販）

飛腳
用雙腳奔跑的方式來送信或送貨。

依然流傳至今的工作

　　觀察江戶時代的城鎮，會發現儘管工作的名稱和現在不一樣，但為客人服務這件事本身依然沒變。例如醫師，雖然治療方式和藥品等不一樣，但治病療傷這個目的從未改變。其他如學校的老師、做建築的人、做搬運的人、記錄事情的人等，這些工作從古代至今始終存在，只是形態多少有點不一樣。人們生活下去所需要的東西，無論古今，變化並不大。

「運送物品」這項工作的型態變化

從前

由人或動物來運送

今日
人們靠交通工具來運送

未來

由無人機來運送？

的工作

穴藏屋
挖地窖來保護財產免遭火災吞噬。

寺子屋先生（民間教育機構的老師）

武士

醫者（醫師）

江戶時代的熱門職業？

江戶時代也有今天所謂的「熱門職業排行榜」。製作東西的工作最受歡迎，其他如「番匠大工」（蓋房子的人）、「左官」（粉飾牆壁的人）、「刀鍛冶」（做武士刀的人）都是排行榜的前段班。

最古老的工作？

「美索不達米亞文明」發源於現今伊拉克的底格里斯河流域，是世界最古老的文明之一。考古學家從遺跡中找到一些記載職業名稱的泥板書，推估已有5000年歷史。有名為「弄蛇人」的咒術師、專門去妖魔鬼怪的「驅魔師」、執行法律的「尼母吉爾」等現代人不熟悉的職業名稱，但也有大家熟悉的漁夫、歌手、廚師、木工、翻譯員、外科醫師等職業。

現今天主教的神職人員中，可能還有驅魔師的存在。

工作的歷史

用拿得到的東西來過生活

一般認為，距今250萬年前的舊石器時代，應該是以獨居或家庭為一個小單位在生活，而且都是採集當地自然長出來的植物或狩獵來的動物維生，因此，當季節變化或能取得的東西變少時，就不得不遷移了，這種情況稱為「狩獵採集社會」。

產生農業後，接著產生工作

一段時間後，人們為了獲得穩定的食物，開始耕種米、麥等，稱為「農業」，進入「農耕社會」。從此，人們不必遷移而在土地肥沃的地方落腳，合力種植農作物，這就是「工作」的起源。這種時代維持了相當久，一直到中世紀、近代，大部分的工作都是農業。

出現機械後，工作方式產生變化

西元1760年左右，英國發生「工業革命」，過去人們手工製作的東西，這時改成利用機器或新能源而得以輕鬆快速的製作出來。到了西元1825年，英國開始對外出口機械，世界各國也就跟著轉型為「工業社會」了。

邁向靠工作換取金錢的社會

又過了一段時間，擁有機械的資本家創造了一種機制：「花錢雇用製造物品的勞動者→出售製造出來的產品以賺取金錢」。這就是「資本主義社會」。從此，資本家可以自由賺錢，勞動者也能賺取工作所得，於是經濟大幅發展進步。不過，這種「發展進步」也已瀕臨極限，一般認為，接下來又要進入另一個新時代了。

我的時代是這個樣子的！

2040年

- 宇宙旅行公司職員
- 遠距遙控農家
- VR 運動觀賽管理員
- 虛擬藝人的經紀人
- 航空路線管理公司職員
- 自然肉燒肉店店員
- 無人化智慧商店
- 未來醫師
  研究新的治療方法、用簡單明瞭的方式說明 AI 做出的診斷、照顧患者的心理健康、負責最後的判斷。
- AI 醫師
  負責分析問診及檢查結果，並且開立處方。
- 擬真聊天者
- 用 3D 列印機製造立體臟器

既然辛苦的工作都交給 AI 了，我就來想一些有趣的企劃吧。

AI 造成工作機會消失？

　　AI 是取「artificial（人工）和「intelligence」（智慧）的第一個字母，意指讓電腦彷彿人腦般進行知性工作的一種技術。當 AI 技術進步到能夠完成過去只有人類才做得到的工作時，或許人們就會失去許多工作機會。不過，這種新技術帶來的社會變化已經屢屢發生了。再說，這些技術都是人們希望「讓世界更方便、更有趣」而發明出來的，因此我們無須恐懼「萬一沒有工作……」，而是應該抱持「單純的工作交給 AI 後，人類就能去做別的事情」這種積極想法。

會被自動化取代的工作、不會被自動化取代的工作

　　據說，10～20 年後，日本的勞動人口將有 49% 受到 AI 及機器人自動化的影響*。不過這一天會不會到來我們無法確定，就算真的如此，或許也會產生新的工作機會。

很有可能被自動化取代的工作

- 電車駕駛員
- 會計事務員
- 查表員
- 行政人員
- 包裝作業員
- 公車駕駛員
- 裝卸貨作業員
- 捆包工、收銀員、裝訂作業員……

＊ 2015 年，野村綜合研究所《日本電腦自動化與工作的未來》，由英國牛津大學邁克爾‧奧斯伯恩 (Michael Osborne) 副教授與卡爾‧貝尼迪克‧弗雷（Carl Benedikt Frey）博士共同研究。

的工作

不論時代如何改變，
有些人類具備的能力是不會變的。
哪些能力呢？一是產生前所未有新價值的
創造力「creativity」，二是理解對方的心情，
站在對方立場思考的同理心「empathy」。

銀髮族共生宅營運人員

車內美甲

機器人教育者

製造娛樂用汽車的人

無條件基本收入

雖然不知道未來
是否眞會如此……

不好意思，向各位展示了這個預測圖，
不過我們現在能確定的事情只有一個，
就是「未來是深不可測的」。
例如新冠病毒大大改變了人們的生活，
但應該沒有人事先預測到這場巨變。
是的，未來會發生什麼事，沒有人能夠精準預測。
或許你會問：「那我該怎麼辦？」這得由你自己抉擇。
此時此刻，我們生活的這個世界，
是過去許多人基於「想要這樣」
的想法及做法而累積出來的結果。
有好的，當然也有壞的。
因此，這裡介紹的未來示意圖僅供參考，
請務必記住，
你的「夢想和憧憬」將會創造未來的世界。

不太可能被自動化取代的工作

- 精神科醫師　　● 外科醫師
- 國際協力專家　● 針灸師
- 職能治療師　　● 盲聾特殊學校教師
- 語言治療師　　● 化妝師
- 產業顧問　　　● 小兒科醫師……等等。

不必工作的時代即將來臨？

　　由國家無條件給予最基本的生活費，使全體國民皆能健康、有品質的生活的「無條件基本收入」機制，正受到各界熱烈討論。有些人認為，一旦實現這個機制，「為了謀生而工作」的情況將會消失。

　　這些只是預測，依目前的狀況推算，到了西元 2030 年，日本國民中，約有三分之一是 65 歲以上的老年人，到了西元 2100 年，日本總人口會下降到 5000 萬人。

面對未來。與其擔心「會變得如何」，不如思考「該怎麼做」。

飯店

528 房務人員
剛剛留在房間裡的紙條，究竟是房客忘了的東西？還是垃圾？說不定是一種紀念品，還是先保留一陣子吧。啊，又有什麼紙張掉下來了嗎？

531 婚紗禮服設計師
那個玫瑰花瓣禮服，可是討論好多次才完成的，版型和素材更是徹底講究，絲毫不敢馬虎呢！真想趕快看到新娘穿上的樣子。

530 櫃台接待人員
啊，是威爾森先生。他是個很注意禮節的人，好緊張啊。這種時候更要表現得一如往常般彬彬有禮，要看著對方的眼睛，保持微笑！

Good afternoon, sir. Welcome to Bunkyo Hotel.

LETTER OF THE WEDDING

新娘的感謝信弄丟了，延後十分鐘再進場！

529 門房人員
再四十五分鐘婚宴就要結束了，等等就要送客人回去希望不會手忙腳亂。

532 婚禮公司職員
新娘的感謝信不見了，真是擔心，看來在找到信之前，得拖延一點時間了，是不是把上菜的間隔拉長一點呢？

256

533 婚禮策劃師

說給父親的感謝信既然是放在化妝桌上，那就一定還在這個房間才對。總之趕快找，再叫美央用最美的笑容送到會場去。這就是我的工作！

現在大家都在找，請妳放心！

啊～信怎麼辦啦～！

538 新娘祕書

不趕快換衣服會來不及，可是，那個蕾絲上綴滿珠飾，穿的時候得千萬小心，萬一珠飾掉了就糟了……

差不多該換衣服了……

534 外場服務生

那位客人的杯子空了，我去問問他要不要葡萄酒，然後順便收旁邊的酒杯……

535 婚禮攝影師

新娘父親的表情很棒，聽說他是獨自一人把新娘帶大，應該很期待看到新娘待會兒出場的模樣，我先好好拍幾張！

537 神職人員

神啊，請祝福這對年輕人。

539 司儀

延後十分鐘嗎？後面的流程有哪個地方可以卡掉十分鐘的……

了解，我會銜接好的。

536 花藝設計師

果然以玫瑰花為主調，整個會場就會顯得喜氣洋洋！那束專為更換禮服用的玫瑰花，希望能跟換上的宴會禮服搭配啊……

528 【房務人員】

📋 在客人入住飯店之前,將客房整理得乾淨舒適。要在前一組客人離開、後一組客人到達前的有限時間內,丟掉垃圾、打掃、更換床單和枕頭套、補充毛巾和牙刷等備品、確認設備或家具是否正常等。

✏️ 獲得飯店錄用,或是登錄房務人員派遣公司,再獲得工作分配。

✨ ❶ 讓洗手檯上一滴水都沒有、床上一道皺紋都沒有,「完全跟沒用過一樣的能力」。❷ 在有限時間內完成所有作業的「有條不紊超級做事能力」。

😄 環顧整潔的房間,確定「好了!」而關上房門。

529 【門房人員】

📋 在飯店大廳迎接住宿客人,引導客人到客房並幫忙拿行李。說明鑰匙、空調等客房的設備使用方式,以及緊急出口在哪裡,並介紹餐廳等飯店設施。在大廳時,需時時觀察客人及其他工作人員,需要安排計程車或送客時都要能立即處理。

✏️ 進入飯店,擔任門房人員。在大學或專門學校的飯店科系學習,或是具備外語能力較有利。

✨ ❶ 身為第一個與客人接觸的飯店人員,因此需要能夠展現飯店風格的「極致的招待能力」。❷ 讓人看了很舒服的「合宜得體、乾淨利落的動作」。

😄 送客人時,對方記住自己的名字,並向自己道謝時。

530 【櫃台接待人員】

📋 在飯店、電影院、餐廳、醫院等迎接客人,等於是該設施的「門面」。工作內容依各設施而不同,有旅宿的接待、引導至會場或入座、結帳、電話應對、保管外套等。

✏️ 進入各設施,或是登錄櫃台接待人員派遣公司,再被派到有需求的設施。進入飯店的話,需具備外語能力,進入醫院的話,需具備醫療事務知識。

✨ ❶ 能夠清楚回答客人各種問題的「迅速確實能力」。❷ 言行舉止自然彬彬有禮的「禮儀已深植內心的身體」。

😞 無法立即回答問題,結果客人不悅的說:「算了!」

531 【婚紗禮服設計師】

📋 設計婚禮上新娘穿著的禮服。傾聽新娘對於心目中婚紗禮服的想法,然後根據新娘的體型及婚禮氣氛畫出設計圖,定案後開始製作版型,採購布料及蕾絲等,縫製,不斷進行細部調整後完成禮服。

✏️ 在專門學校等學習服裝設計及縫製,然後進入婚紗禮服廠商或設計公司。

✨ ❶ 能將新娘及觀禮的所有人都帶入幸福世界的「震撼感設計力」。❷ 遠遠優於客人期待而贏得感動的「從零發想力」。

😞 發現自己沒有新的創意,只能設計出舊瓶裝新酒的老樣子。

532 【婚禮公司職員】

📋 思考並提供與婚禮相關的各種服務。依公司的不同,事業內容可說琳瑯滿目,諸如企劃及籌備在公司旗下的會場或是海外度假勝地舉行婚禮、飯店及餐廳的安排、服飾的租借等等。

✏️ 進入提供婚禮服務的公司。

✨ ❶ 思考符合時代潮流的婚禮風格而進行提案的「價值觀反應能力」。❷ 與各家公司、各工作人員通力合作,創造出充滿感恩之情一日的「綜合製作人能力」。

😞 因為天災等不可抗力因素,而不得不取消婚禮時。

533 【婚禮策劃師】

📋 從準備婚禮到正式舉行當天,在新人身邊協助各項工作,讓婚禮當天寫下一生最美好的回憶。首先是傾聽新人對婚禮的期望,然後建議婚禮的流程、節目安排等。不斷溝通討論直到定案後,就要開始準備請帖、贈禮等。婚禮當天要待在心情緊張的新人旁邊,協助婚禮順利進行。

✏️ 進入婚禮會場或婚禮相關企業。

✨ ❶ 用有限的預算提供超出預算的歡喜的「物超所值能力」。❷ 讓出席者的非日常達到精采的「特殊日子演出能力」。

😄 新人在婚禮結束時拿著花束前來道謝。

534 【外場服務生】

📋 在婚禮會場或餐廳等地方招待客人。帶客人入座、送上菜單，接受餐點後告知廚房，待餐點做好後送上桌給客人。要隨時觀察場內狀況，如果有吃過不用的餐具就收起來，如果發現客人遇到問題，就輕聲的關心並協助處理。

✎ 到婚禮會場、餐廳等地方應徵並獲得錄用。

✧ ❶ 即便客人眾多，依然能對每個人提供最適切服務的「千手千眼」。❷ 不是職業式假笑，而是展現真誠笑容的「發自內心待客之道」。

😄 為客人添酒時，客人說：「你來的正是時候！」

535 【婚禮攝影師】

📋 拍攝婚禮或喜宴上的照片、影片，留下一生難忘的回憶。將入場或交換戒指等重要時刻，以不影響典禮進行的方式捕捉最佳鏡頭。新人也會在婚禮前拍婚紗照。攝影師須從眾多照片中精選出最佳畫面，甚至協助製作成紀念寫真集。

✎ 加入攝影工作室或攝影師派遣公司。大部分人是在大學或專門學校學習攝影知識及技術後，從助理做起。

✧ ❶ 不僅擺拍，也能拍到其他時候最自然表情的「捕捉幸福能力」。❷ 讓人光看照片就能想起當天氣氛的「說故事能力」。

😄 連會場氣氛都捕捉到的時候。

536 【花藝設計師】

📋 在飯店、餐廳、婚禮會場、活動會場等各種場所裝飾花卉，為空間增色。了解客戶對會場的想法、預算、喜好等，然後挑選符合這些期望的花卉等植物來布置。有時也會製作新娘捧花、髮飾等。

✎ 進入花店或園藝店累積經驗。許多人是在專門學校學習花藝後再工作。

✧ ❶ 計算好時間再採購花卉，將最美狀態呈現出來的「逆推時間能力」。❷ 深諳顏色、季節、花語等，以滿足客人希望的「豐富植物知識」。

☹ 為了趕上活動開始的時間，前一天熬夜布置時。

537 【神職人員】

📋 向世人傳達宗教的教義。天主教派稱「神父」、基督教稱「牧師」。除了在教會舉行彌撒、禮拜外，也要與信徒討論經典《聖經》，傾聽信徒的煩惱，主持婚禮或喪禮等。

✎ 在神學院或大學的神學系學習後，通過教會的考試。要進入神學院須有所屬宗派的神父或牧師的推薦。天主教的神父僅限單身男性。

✧ ❶ 對別人的苦樂能感同身受的愛。❷ 祈禱全天下所有人都平安喜樂的愛。

😄 看見一直以來接受諮商的信徒已經脫離痛苦、重新振作起來的模樣。

538 【新娘祕書】

📋 協助新人穿著打扮事宜。穿西式婚紗或是日本傳統和服？如果是西式婚紗，該挑選怎樣的款式？針對這些問題傾聽新人的希望，然後考量預算及會場氣氛後，提出服裝建議。試穿滿意後，調整衣服的尺寸，在婚禮當天協助穿著、擺開裙擺等。

✎ 進入提供婚禮服務的企業，或是飯店婚禮部門、婚紗禮服出租店等。

✧ ❶ 在婚禮之前，將新郎、新娘的禮服完全準備妥當的「萬無一失準備能力」。❷ 了解傳統習俗及儀式規矩，給客人最佳建議的「指導王室禮儀般的能力」。

😄 原本給人樸實無華印象的新娘，穿上婚紗禮服後，瞬間光芒四射。

539 【司儀】

📋 協助讓婚禮、演講、比賽等活動順利進行。與主辦者仔細討論目的、參加人員、整體流程後，於典禮當天負責程序的進行。除了能夠臨機應變外，也能用機智的話語來帶動氣氛的「控場專家」。

✎ 在主播訓練班或司儀培訓講座學習後，進入司儀經紀公司或專門辦活動的公司。

✧ ❶ 連突發狀況都能巧妙化為節目內容的「即興演出能力」。❷ 一句話就能帶動全場氣氛的「收放自如能力」。

😄 新郎的朋友開始捉弄新郎時，成功將之轉換成搞笑場面。

▶傳統日式旅館

540 花道家

嗯……「眞、行、草」完美平衡。可是要配合這個房間的素雅，是不是應該再少一點花呢？

543 小說家

我特地跑來閉關寫稿，卻一個字也寫不出來，哎呀，乾脆再去泡一次溫泉吧！

541 外語導遊

有人迷路，有人丟掉東西，雖然發生了許多狀況，但總算是到達旅館了。這家旅館雖然小，可是歷史悠久，客人應該會喜歡才對！

542 女侍

天啊，我今天第一次接待臺灣來的客人！臨時抱佛腳的中文問候語不知道對方聽不聽得懂。

544 藝妓

今天要去參加一見先生的宴會，好緊張啊。我和宮子姊姊學了很多事，我得好好表現才行。

歡迎光臨，終於見到大家啦！

這是今天住宿的旅館，已經有 150 年的歷史喔！

547

樹木醫師

嗯，聲音的迴響有點慢，可能樹幹內部有些不對勁，需要做更精密的診斷。沒問題，我會馬上找出原因的。

545

日式料理廚師

阪本才來不到一年，表現得不錯嘛！即便我對他的要求十分嚴格，他也毫不退縮。我看差不多可以讓他做員工餐了。

546

相撲裁判

雖然逼到了場邊，但他好像有所動作。我要看得更仔細，不能漏掉任何決定勝負的瞬間……

550

神職、神主

今天也要好好打掃，讓來這裡的人都能感覺到身心清淨。

548

相撲力士

嗚、嗚……，只要插臂翻轉，讓他失去平衡，就算他是橫綱，我也能撂倒他！

549

和菓子職人

下個月的新作，用葛粉皮把葡萄、蘋果、桃子、白豆沙、奶油包起來，做成「水果潘趣餅」，不知道會怎樣？

261

540 【花道家】

📝 「花道」是一種將季節花卉剪裁後，用來裝飾空間的藝術，而花道家就是花道的「師範」（老師）。在日式旅館和飯店的大廳或客房、料亭等，將花卉搭配樹枝一起插入花器中再展示出來。插花方式主要有三十多個流派，各有不同風格。花道家也會參與活動，向更多人傳達花道的魅力。

✒️ 進入任何一支花道的流派，學習 5 至 10 年後，取得「師範」證書。有些流派在專門學校學習就能取得證書。有些人開設花道教室，有些人則是在文化中心擔任花道老師。

⚡ ❶ 不是只追求華麗，還要表現出花朵自然之美的能力。❷ 展示花之生命力的「靈巧手藝」。

😊 搭配得恰到好處時。

541 【外語導遊】

📝 帶著從國外來的客人到處觀光，讓他們享受安全又舒適的旅行。用觀光客聽得懂的語言介紹日本的文化、歷史、生活習慣等，有時也要到機場迎接客人、協助辦理住宿手續、管理行程等。

臺灣資訊請見291頁

✒️ 取得「全國外語導遊」國家資格，或是參加「地區外語導遊」研修。2018 年起，改為不具備資格也能從事外語導遊工作。

⚡ ❶ 讓外國遊客喜歡日本、享受在日本旅行的「播下世界和平種子的能力」。❷ 旅程上發生意外事故時，仍能沉著應對的「困難時刻的英雄能力」。

😊 客人說：「因為你的關係，我好喜歡日本！」

542 【女侍】

📝 將旅館的環境整理好，以招待前來享用的客人。迎送客人、引導入住、介紹館內環境、準備餐點及鋪設棉被等。隨時留意客人，即時回應需求、解決問題。

✒️ 進入旅館，或是登錄女侍派遣公司以獲得工作。很多人是在大學、短大、專門學校等，學習接待客人的專業知識及外語後再工作。

⚡ ❶ 不分年齡、性別、國籍，能讓每一位客人都感到舒適的「體貼人心會話能力」。❷ 即便忙碌仍表現得從容不迫，讓客人感到舒適放心的「端莊舉止」。

☹️ 長時間站著工作，或是鋪床、收床等，不斷做著重度勞力工作而腰痛時。

543 【小說家】

📝 將創作的故事寫成文章並發表出來。有些人是決定故事主題及登場人物，然後蒐集資料或採訪後再撰寫，有些人是想到什麼寫什麼。過程中會與編輯討論，進行修改到最後完成作品。

✒️ 參加文學獎並得獎，或是將作品公開上網等，藉由各種管道發表作品直到實力獲得認可。

⚡ ❶ 掌握故事的整體脈絡或是社會動向等的「寬闊視野」。❷ 掌握遣詞用句技巧、深入主角人物內心世界的「細膩視野」。

☹️ 文思枯竭，登場人物完全發想不出來，故事遲遲無法進展。

544 【藝妓】

📝 出席料亭、日式旅館等人群聚餐的宴席，表演傳統技藝以增添氣氛。京都稱藝者為「藝妓」。她們穿著和服，梳著日本傳統髮髻，在宴席上表演日本舞蹈、日本民謠「小唄」，或是演奏三味線、鼓等。

✒️ 取得家長的同意後，於 15 歲左右進入派遣藝者、藝妓的「置屋」學習，在成為正式藝者之前的學習階段，稱為「舞妓」或「半玉」。

⚡ ❶ 能夠大半天都在進行長唄、三味線、舞蹈等技藝表演的「將嚴格排練成果化為客人笑容的能力」。❷ 不論面對哪種客人，都能當一名傾聽者、理解者的「知性的附和能力」。

☹️ 感受到會邀請藝者的料亭已經越來越少了的時候。

545 【日式料理廚師】

📝 在日式旅館或料亭製作一道一道端出來的「懷石料理」等日本傳統料理。使用當季才有的食材，發揮食材的原味加以調理，並美觀的擺盤。有時也要負責食材的採購及管理、構思新菜單等。

✒️ 進入日式旅館的廚房或料亭。許多人是在國中、高中畢業後，進入店家當學徒，也有人是在料理專門學校學習後，取得「廚師執照」國家資格。若要成為知名主廚，少說得花 5～6 年的時間。

⚡ ❶ 從打雜→助手→二廚→主廚，不論哪個階段都能仔細觀察前輩工作方式的「尋找進步技巧的能力」。❷ 本著「不是人在做料理，而是食材本身在做料理」的謙虛。

😊 年過七十，仍然覺得每天都有好多事情值得學習時。

📄 工作內容　✎ 工作條件　✧ 特殊能力　😣 辛苦的時候　😄 開心的時候

546 【相撲裁判】

📄 在相撲擂台「土俵」上主持比賽，使之順利進行。由於可能在一瞬間就分出勝負，因此必須緊盯相撲力士的動作，即時判斷勝負。還要負責場內廣播、寫排名表、安排住宿地點等。

✎ 國中畢業後，在 19 歲前進入相撲部屋，直到獲得相撲部屋的推薦及日本相撲協會的認定而獲得採用。不過，由於目前規定只能有 45 名相撲裁判，因此必須有人離開崗位才能採用新人。

✧ ❶ 雖不太會有生命危險，但要有賭上性命決定勝負的「腰間短刀不是配戴好看的意志」。❷ 看準力士志氣高昂的一瞬而讓比賽開始「全力拚搏能力」。

😣 勝負的判定遭到質疑，結果是自己判定錯誤時。

547 【樹木醫師】

📄 診斷生病的樹木，並加以治療。森林或公園的樹木、路樹、被定為天然紀念物的巨樹和神木等，仔細觀察這些樹木的狀態後，用專業工具分析樹木內部或泥土，找出病因，然後施藥或給予營養等。

✎ 在造園公司或林業公會等，累積樹木管理及診斷等實務經驗達七年以上，或是在「助理樹醫」培訓機構指定的大學學習，累積一年以上實務經驗後，參加研習並通過審查。

✧ ❶ 了解樹木心情的「與樹木心靈相通能力」。❷ 為了一百年後留下自然美景，需具備「深耕大自然美景的技術」。

😄 醫好城市的路樹而獲得民眾感謝。

548 【相撲力士】

📄 從事日本國技「相撲」。進入培養力士的相撲部屋，參加每年六次於全國各地舉行的正式比賽，稱為「本場所」。依本場所的成績決定地位等級，稱為「番付」。

✎ 通過日本相撲協會每年舉辦六次的新弟子檢查及健康診斷，然後進入相撲部屋。受檢資格為國中畢業未滿 23 歲的健康男子，身高 167 公分以上、體重 67 公斤以上。

✧ ❶ 從早到晚接受嚴格訓練，還要負責煮飯、打掃、伺候前輩力士日常生活的「身心皆剛毅的精神」。❷ 除了身體與技藝，連心理都要進入相撲情境的「身心技皆充實的狀態」。

😄 升上「十兩*」，首次成為正式力士「關取*」而有薪水可領的時候。

549 【和菓子職人】

📄 製作日本傳統甜點「和菓子」。配合季節構思「練切」、「水羊羹」、「饅頭」等日式甜點，再準備紅豆、砂糖等材料。經過蒸、烤、捏等作業，用細膩的手藝完成美麗的顏色及形狀。有時得研發新的甜點，對日本文化發展做出貢獻。

✎ 進入製作和菓子的食品廠商或和菓子店。有些人有取得「糕點製作衛生師」國家資格。

✧ ❶ 取得最佳材料，並將風味徹底展現出來的「將簡單化為優雅的極致能力」。❷ 將季節之美置換成和菓子，捏出細膩造型的「指尖魔法」。

😣 試做了好多次都不能做出理想中的味道時。

550 【神職、神主】

📄 「神道」是日本傳統宗教，神社就是供奉「神道」神祇的地方，而神職、神主則負責管理神社，讓神與參拜者產生連結。除了舉行「七五三」、考試順利、結婚儀式等向神祈願的儀式外，也會祈求工程平安順利、公司事業成功等。

✎ 在可以取得神職資格的大學或神職養成所學習後，在神社完成實習，取得「階位」資格。不過，大部分的神社都是由出生神社世家的人來經營，因此與神社有關係會比較容易。

✧ ❶ 禮敬眾神的「對八百萬神的敬意」。❷ 與地方民眾建立良好關係，創造一個人人皆可放鬆、恢復精神空間的「比遠方景點更有用的社區神社力」。

😄 在許多人的人生階段，為他祈求平安幸福時。

＊編註：「十兩」和「關取」皆為相撲力士的位階職稱。

▶寺院

552
禮儀師

這個兒子覺得自己非振作不可，所以一直硬撐著，希望事情辦完後他別累垮了才好，我一定要幫他們辦一場沒有遺憾的葬禮。

554
佛壇、佛具廠商職員

這間寺廟常常來找我們修理東西，既然都往來好長一段時間了，今天我就乾脆建議他買新的好了。

555
寺廟事務員

晚一點信徒會過來，我得先準備好。

哈哈哈……

我母親很喜歡向日葵，但葬禮上放向日葵應該很怪吧？

這個誦經桌可以修理嗎？

當然可以，但最近出了這種新產品喔……

553
靈柩車司機

今天是星期五，每次走的那條路肯定塞車。要準時到達火葬場，恐怕得走別的路才行……

551
禮體淨身師

氣溫比想像的還要高，再加點乾冰好了。老爸過世時，我也是希望能多待在他身邊，多看看他的樣子……

557
園藝師傅
這個夏天長了好多枝葉，我得在天氣變冷之前修剪一下，讓它們有更好的日照。

560
寺廟建築師傅
下次再進行修繕工程時，我可能已經不在了。你們可要好好學習我的技術啊！

559
佛像雕刻師傅
這尊佛像能夠給自私的現代人啟發一些利他心理。雖然花了很多時間，但很高興能呈現出如此慈悲莊嚴的法相……

您母親希望把幾個墓碑合併成一個是嗎？

556
僧侶
早日往生西方極樂淨土……

558
石材店職員
他的母親想自己辦好後事，看來好像很急，那就請他今天也決定好墓碑的石材吧。

265

551 【禮體淨身師】

📝 將亡者的遺體清洗乾淨，美觀的放入棺木中，以安慰遺屬的悲傷。進行清洗遺體的「湯灌」或用溼毛巾擦拭遺體的「清拭」步驟後，再進行使用防腐劑或乾冰以延遲遺體腐敗的處置，然後整理遺體的服裝儀容，放入棺木中，安置於祭壇前。

🖊 進入葬儀社或專門從事納棺業務的公司，累積經驗。

臺灣資訊
請見291頁

✨ ❶ 將亡者當成「活人」般細心對待，具備「讓人生最後階段保持尊嚴的技術」。❷ 因接觸各種人物的死亡而培養出來的「深刻生死觀」。

😢😊 遺屬看到亡者化完妝的容顏後，又哭又笑的說：「感覺他快醒來了，又要挨他罵了。」

552 【禮儀師】

📝 當有人去世時，協助遺屬舉行守靈儀式及告別式等。接獲醫院或家屬的通知後，從移動及妥善保存遺體開始，到討論葬禮內容、與火葬場聯繫、葬禮會場的準備、餐點的安排、主持儀式、招待奔喪者等各種業務。

🖊 進入葬儀社。累積兩年以上經驗後，取得「葬祭儀式製作人」資格。

✨ ❶ 遺照、祭壇等必須由遺屬決定的事情相當多，因此須具備「對正在悲傷的人溫柔推一把的力量」。❷ 葬禮的籌備日期相當短，因此須能與各方攜手合作的「神速籌備能力」。

😄 在彷彿沉睡般安息者的葬禮上，感覺到人人都表達出敬意時。

553 【靈柩車司機】

📝 駕駛「靈柩車」，將亡者遺體從葬禮會場妥善的運送到火葬場。遵守交通規則以免發生事故這點不用說，踩油門和煞車都必須輕巧穩當，務必準時順利送到火葬場。空檔時間還要打掃及檢查車輛。

🖊 取得「普通汽車駕駛執照」或「大貨車駕照」後，進入葬儀社或加入司機派遣公司接受訓練。

✨ ❶ 讓人生最後一程平安順利的「溫柔開車技術」。❷ 即便車身很長，停車或走在小路上都能駕輕就熟的「靈活開車技術」。

😢 前往火葬場的途中，竟然遇上車禍事故時。

554 【佛壇、佛具廠商職員】

📝 製造及銷售安置佛像、祖先牌位的佛壇，以及佛壇上面的佛具。佛具的種類相當多，例如鈴、念珠等，通常是先擬定商品企劃，做成設計圖，再分別請專業師傅加工、研磨、組裝、作畫、上漆等，直到最後完成。

🖊 進入佛壇、佛具廠商。進入公司後，再根據才能和特質，分配到製造、經營、銷售、事務等部門。

✨ ❶ 不論各種宗派、習俗的客人都有辦法應付的「協助對祖先表達敬意的能力」。❷ 提出符合現代新供奉方式的「更新傳統的能力」。

😄 擬出前所未有的獨特商品企劃，並且獲得認可通過時。

555 【寺廟事務員】

📝 負責與寺廟營運、管理有關的各種事務作業，協助住持與其他僧侶。接受法事、供養等的申請、接待來訪的人或電話應對、籌備寺廟舉辦的活動、管理布施財物給寺廟的「施主」名冊、販售護身符等小物、管理及採購備品、打掃寺廟環境等，業務範圍極廣。

🖊 獲得寺廟錄用為事務員。

✨ ❶ 用溫暖的言語及表情來迎接參訪者的「純潔善良人品」。❷ 以菩薩的侍者身分，用心守護寺廟這個特別空間，日日勤勉不息的能力。

😄 施主記得自己的長相及名字，一看到就自然的打招呼時。

556 【僧侶】

📝 學習釋迦牟尼佛開創的宗教「佛教」，每天修行，協助人們淨化身心。擔任寺院管理者而常駐寺院的僧侶稱為「住持」。僧侶要在葬禮上或法會上誦經，也要管理墓地、打掃寺院環境等。

🖊 佛教大學或專門學校畢業，以見習生身分進入寺院修行後，接受「得度」（獲准進入佛門）儀式，繼續修行。

✨ ❶ 對亡者的靈魂表達敬意，並安慰遺屬的「連結陰陽兩界能力」。❷ 追求開悟，向眾人宣說解脫之道的「合乎邏輯說法能力」。

😢 感覺到人們失去信心時。

557【園藝師傅】

📄 打造以樹木、花草、岩石、水池等組合出大自然之美的「日本庭園」，並且加以維護。了解客戶希望打造出什麼樣子的庭園，配合現場的日照情況、泥土狀態，決定栽植的樹木花草種類及配置。完成後還要定期修剪枝葉等。

✎ 進入造園公司或土木公司等，邊協助前輩或師傅工作，邊學習知識與技術。

⤴ ❶ 將負責的庭園打造成一個新宇宙的「創造力」。❷ 讓植物長成其該有模樣的「具遠見的修剪技術」。。

😄 因「庭園又活過來了」而歡喜時。

558【石材店職員】

📄 加工並販賣從岩石切割出來的「石材」。製作墓碑、石燈籠、紀念碑、石門、石牆、庭園石、石板、石階，乃至小擺飾、名牌等各種石製品。決定石頭的種類、尺寸、設計後，切割石材及打磨，雕刻圖案、文字等。有時也負責完成品的擺設工程。

✎ 進入石材店。先邊觀摩邊協助前輩，慢慢累積石材、工具、加工等相關知識及技術。

⤴ ❶ 無論製作什麼石製品，細部也絕不馬虎的「媲美岩石般堅硬意志」。❷ 由於石製品會使用很久，因此必須與客人達成百分百共識的「徹底溝通能力」。

😄 跟很懂得石頭價值的客人聊天時。

559【佛像雕刻師傅】

📄 使用木、石、金屬、黏土等材料，以傳統技法製作佛像，並負責銷售、修復等。接受寺院、佛具店或個人客戶的訂單後，開始畫草稿，然後根據草稿，使用鑿刀、鉈刀等工具在木頭或石頭上雕刻，先做出大致的形狀，再細細雕琢出佛像的表情、手、衣服的皺折等細節。

✎ 先當佛像雕刻師傅的徒弟，學習 10 年以上，或是在大學、專門學校學習雕刻或佛像製作後，再進入工坊磨練技術，直到實力獲得認可。

⤴ ❶ 將存在於木石中的佛祖，以無我無心的態度雕琢出來的「發掘能力」。❷ 為了能夠正確表現出佛祖的形象，或是修復舊佛像，必須具備一定程度佛學知識的「佛教魂」。

😣 雕刻了好多次，就是雕刻不出想像中的表情時。

560【寺廟建築師傅】

📄 興建或修繕神社、寺廟等日本傳統木造建築。完全不用鋼釘及任何金屬零件，而是利用「木構造工法」（將裁切好的木材像拼圖般正確組裝而成），打造出耐久耐用的建築，亦即用技術守護重要文化財等歷史建築。

✎ 進入需要寺廟佛閣建築師傅的工務店或建築公司，邊觀摩邊協助前輩及師傅，慢慢學習技術。

⤴ ❶ 體認到歷史的重要性，以自傲技術修繕的「大膽與細膩兼具能力」。❷ 除了建築，也將技術留給後世的「與千年後歷史連結的能力」。

😄 親手完美重現當時的建築技術時。

▶牧場、農田

562

獵人

子彈打到腰部的脊椎了。要趕快用刀子放血才行。可樂（獵犬名）真的很厲害呢！

566

桿弟

伊藤選手今天很專注，表現不錯。現在最好別多話……

球洞對面是下坡吧？

是的，那個地方注意一下就沒問題了。

561

酪農

花子的毛最近好有光澤喔！乳量也增加了，更重要的是看來健康狀況非常好，應該是飼料配方改變的關係吧。嗯，果然凡事都要多加嘗試！

564

職業高爾夫球手

好，接著打上果嶺，從旗桿前進攻的話，就能一桿進洞了，今天的手感真好！

563

騎手

這小子個性很穩定，很好騎呢。既然牠這麼聽話，肯定還有很大的進步空間。

好好好好，乖孩子！

嗯，牠精力充沛，是匹很棒的馬喔。

很棒喔！想必很能跑吧？

565

練馬師

不愧是田中，開始懂這小子的個性了。他一定能激發出牠的優點，彼此建立良好的信賴關係。

568 電力公司職員

喔，出狀況的風車就是這座啊！明明上次大規模檢查時都還好好的⋯⋯已經加強對打雷的防護措施了，但還得想想其他原因造成故障的解決對策。

572 自衛隊員

今天要做降落訓練，但做再多次都還是好可怕，不過覺得可怕不行，但習慣可怕也不行。就算做了幾千遍，也不能習慣這種可怕啊。

落地時，身體要整個縮成球狀，避免受傷。

570 鐵道檢查員

最近因為天氣熱，鐵道歪斜得很厲害。咦，那裡有三毫米左右的落差？得趕快做好搗固作業才行。

下班車還有10分鐘通過！

567 農夫

去年一直在下雨，撒農藥的時間晚了，所以都被害蟲吃光了。今年應該可以長得很好吧⋯⋯

能這麼快速的話，也用它來施肥好了。

交給我吧！

569 無人機飛行員

沒有障礙物也沒有風，很好飛啊⋯⋯喔，我得小心，千萬不能飛到隔壁那塊地去！

571 畜牧業者

這些孩子長好大了啊，差不多該斷奶了。跟媽媽分開容易感到壓力，我得多注意牠們。

561 【酪農】

📝 飼養乳牛等，生產並銷售鮮奶、乳製品。為了大量生產安全又美味的鮮奶，要打掃飼養場、餵食，每天都要擠奶。生出小牛後，還要照顧小牛，如果牧場面積廣大，還要負責牧草的栽培等。

✏️ 進入經營酪農的公司或牧場。大部分人是生長在酪農家庭，自幼協助相關工作，長大就成為酪農。

☄️ ❶ 觀察每一頭牛並且細心照顧，一切都是為了美味牛奶的能力」。❷ 從一大清早忙到深夜，全是為了讓牛群生活愉快的「善待牛群的能力」。

😣 每天細心照顧的牛，不幸因病死掉時。

562 【獵人】

📝 用獵槍或陷阱捕捉野生的鹿、山豬、野鴨，解體後賣給肉品加工公司或餐飲店。不能狩獵的期間，有時會去捕捉政府認定會侵襲農田的鳥類或野獸，以及闖入農村的野熊等危險動物。

✏️ 取得合法狩獵的「狩獵執照」，備齊狩獵工具，向想從事狩獵活動的當地政府提出「狩獵者登錄」申請。使用獵槍的話，須具備槍枝持有許可證。

☄️ ❶ 五感全開，敏銳的面對大自然，「不輸動物的野生五感」。❷ 對於奪取動物生命以維持生活的行為，而有著比其他人都「對人類作為的深刻感觸」。

😀 受到鳥害而苦惱的農家前來致謝時。

563 【騎手】

📝 騎乘賽馬參加比賽。接受賽馬主人（馬主）或調教師的委託，決定參賽後，就與調教師一起調整賽馬的狀態。比賽時，用韁繩及皮鞭控制約以時速 60 公里奔跑的馬匹，爭取奪冠。

✏️ 取得「騎手執照」國家資格。進入賽馬學校學習 2 或 3 年後，通過考試。

☄️ ❶ 與馬匹接受每日嚴格訓練，「不讓賽馬蒙羞的自我鍛鍊」。❷ 在關鍵時刻跑出最佳狀態的「不讓賽馬蒙羞的騎乘能力」。

😀 騎乘一直落敗的馬匹卻贏得勝利，博得馬主及許多人的喝彩時。

564 【職業高爾夫球手】

📝 主要分為 2 種，一種是比賽型球手，即以選手身分參加國內外高爾夫球場舉辦的巡迴賽，以奪冠為目標；另一種是教學型球手，即在高爾夫練習場等指導不同程度的學生打高爾夫球。

✏️ 以比賽型球手為例，需在業餘比賽中獲勝或通過職業測驗。男子職業測驗由「日本職業高爾夫球協會」舉辦，應考資格為 16 歲以上；女子組則由「日本女子高爾夫球協會」舉辦，應考資格為 18 歲以上。

☄️ ❶ 克服每一次擊球壓力的「不可撼動意志力」。❷ 看出每個人的動作習慣，做出最佳指導的「理論搭配個性的能力」。

😀 在大型比賽中戰至決賽，然後如願打出關鍵的一球時。

565 【練馬師】

📝 接受賽馬主人的委託，照顧賽馬並調教至能夠贏得比賽。經營專門飼養及管理馬匹的「賽馬訓練場」，思考馬主寄養的馬匹的訓練菜單，與調教助手一起訓練馬匹，除此之外，還要依馬的個性及能力而選擇適合的比賽。

✏️ 取得「練馬師執照」，成為賽馬學校的騎手，或是參加賽馬訓練場的「訓練員」培訓課程，然後以騎手或訓練員身分工作，再通過考試取得執照。年滿 28 歲即可參加考試。

☄️ ❶ 光看到馬的外表就知道個性、腳力及潛力的「審馬眼光」。❷ 因馬施教的「名馬育成力」。

😣 悉心照顧的馬，卻因受到嚴重傷害而被診斷為「癒後不佳」。

566 【桿弟】

📝 協助高爾夫球手。如果是與高爾夫球手簽約的「職業桿弟」，為了徹底發揮選手的能力，必須查探球道狀態、針對選手的狀況給予適當的建議。如果是在高爾夫球場工作，陪客人打球的「球場桿弟」，就要告知客人草皮狀態及風向、距離等。

✏️ 「職業桿弟」通常是由熟人介紹而與職業高爾夫球手簽約。「球場桿弟」則是參加招募活動後進入球場，再接受訓練。

☄️ ❶ 非常了解球道狀態，向球手提出能夠創下佳績戰略的「球道軍師能力」。❷ 幫助球手每打完一球都迅速調整心情的「心理重建能力」。

😀 比賽結束，與選手握手。

567 【農夫】

📋 栽種稻米、蔬菜、水果、花卉等再販售。配合農作物整地，播種後種植幼苗，然後視天候及農作物狀態而灑水及施肥，並清除雜草及害蟲，每天都要細心照顧。

🖋 具備栽培農作物所需的土地、知識及技術。有些人是在大學、高中學習農業，再進入經營農業的公司，有些人是出生於農家，有些人則是一邊工作一邊以農夫為副業。

⚡ ❶運用人類長達一萬年的智慧，大量栽種出美味農作物「運用人類歷史智慧的力量」。❷將對這農作物的感謝傳達給大眾的「讓生命發光能力」。

😄 採收前，站在農田中央，感覺被閃閃發亮的農作物包圍。

568 【電力公司職員】

📋 製造生活中不可欠缺的電力，然後穩定的供應給大眾。利用火力、水力、核能、風力、太陽光、生物質能等力量，在發電廠所做成電力，然後用電線輸送到工廠、大樓、鐵道設施、住宅等。有時也會進行新技術的開發、向個人及企業提出收費方案等。

🖋 進入電力公司。擔任技術職的話，可能需具備理工大學畢業學歷。

⚡ ❶停電，生活即停擺。因此須具備維持生活運作的意識而堅守崗位，「讓一切如常的能力」。❷必須能善用電力這項有限資源，「對環境的友善及遠見」。

😣 發生大規模停電。

569 【無人機飛行員】

📋 操控無人機來進行各種作業。接受委託，針對災區等禁止進入的危險場所，或是大型直升機無法飛行的場所，利用無人機進行拍攝、蒐集地形資料外，也負責從田地的上空噴灑農藥、載送物資等。

🖋 從專門學校、講習或是自學而學得操控無人機的相關知識與技術，取得民間團體認定的資格。

⚡ ❶即便從遠方也能想像無人機所看到的風景，擁有「成為無人機能力」。❷相信無人機將拓展出一番新世界而努力磨練技術的「未來投資能力」。

😣 因失誤而發生事故。

570 【鐵道檢查員】

📋 進行鐵道線路的檢查及維修，以確保行車安全的「鐵道守護神」。主要是在列車班數較少的深夜到清晨間，走在鐵道上巡視，檢查是否因天候、氣溫變化、列車重量及衝擊等造成歪斜或損壞，然後進行修理。

🖋 進入鐵道公司或專門進行鐵道檢查作業的公司。

⚡ ❶讓列車駕駛完全放心，「連一毫米都不放過的徹底管理能力」。❷守護乘客、同事及自己的人身安全，讓列車平安行駛，「確保鐵道全線暢通無阻的能力」。

😄 在眾人通力合作下，經過了幾年時間，順利完成災區的復原工程，終於看到載送乘客的列車在鐵道上馳騁。

571 【畜牧業者】

📋 飼養牛、豬、雞等，以生產肉品及雞蛋。每天從一早就要餵食、打掃農舍、進行溫度管理等，並且仔細觀察動物是否生病。有些農家為了動物的健康而在可供自由活動的遼闊場域內飼養。將牛和豬做成肉品時，會先送到「屠宰場」解體成「精肉」，再依部位分別銷售。

🖋 繼承家業，或是進入經營這些動物的公司、牧場。

⚡ ❶動物的生活沒有年節假日，所以須具備「全年不間斷的照顧能力」。❷不斷研究飼料配方及運動方法，製造出優質肉品，「用技術製造美味的能力」。

😣 看見不善待動物的同行。

572 【自衛隊員】

📋 隸屬「陸上自衛隊」或「海上自衛隊」或「航空自衛隊」，守護日本的和平安全。監視並防止他國非法入侵日本，並於發生災害時，負責救人、運送物資等救援活動。此外，也會前往他國協助救災行動。

🖋 依學歷、年齡、希望的職業類別而有各種不同條件。除了高中或大學畢業後通過任用考試外，也可以高中畢業後進入「陸上自衛隊高等工科學校」就讀，然後成為隊員。

⚡ ❶緊急時刻採取行動的「為因應緊急狀況的受訓能力」。❷隨時保持團隊行動的「信賴團隊行動的能力」。

😣 災害的復原作業進行到一半，卻不得不離開當地。

Q：如果能夠搭時光機與過去的自己見面，你會想遇到幾歲的自己？並且給予什麼建議呢？

眞實心聲④ ～聽聽工作人的想法～

系統工程師（32歲）

我想見到大學時代那個選擇當系統工程師的自己。我想對那時候的自己說：「謝謝你做了最棒的選擇，IT世界超好玩的！」

網路媒體企業經營者（42歲）

我國中、高中的時候，並沒有思考讀書對將來有什麼用處，所以沒有好好用功讀書。我想告訴過去的自己：「國語、英語、數學、歷史、科學、社會、美術……不論選擇什麼工作，這些科目都是有意義的。」

室內設計師、一級建築師（49歲）

我現在做的事情，和我當初想的雖然不是直接相關，但多少還是有一點關係。

電視新聞節目製作人（48歲）

當然可以從目前既有的工作中選擇，但創造一個前所有未有的新工作應該也很不錯！

御朱印寫手（60歲）

我想回到國中時代，告訴自己：「喜歡的事情要更加用心去做！」

空間設計師（37歲）

我不會提供建議，我應該會說：「你自己好好想清楚！」

幼兒園老師（51歲）

我想見到小學轉學後遭到霸凌的自己。與其說是給建議，我想我會爲當時堅強的自己加油打氣。

保險精算師（34歲）

我想回到高中時期，告訴自己要多讀書、多聽演講來想像將來的職業，再決定走哪條路。我目前的工作很愉快，但當時我曾想過當醫生，覺得走那條路也不錯。若要說後悔，就是高中時期沒有好好了解醫師這個職業就打消念頭。

影像編輯（36歲）

我想見到小學三年級時的自己，然後說：「學校教的只是人生的一小部分而已，自己想做的事要好好想清楚，並且勇於實現。」

搞笑藝人（39歲）

做什麼都好，請不要否定你自己的選擇。

哇，已經這麼晚了？一天就這麼結束了，我得回家了！

一天？哇布丁，你來到這裡已經是第四天了吧……？

啊，在我們星球，一天的長度換算成地球的時間是98小時，所以，我現在結束工作回家的話，剛好是晚餐時間。

你們的一天好長喔！宇宙人也有「晚餐」的概念嗎？

話說回來，你不是正在工作嗎？你這樣蹺班不會被罵嗎？

沒問題，我也算完成了新星球的研究工作，還蒐集到各種資料呢！所以，我可是有認真工作的喔！

哈哈，原來如此！

那你回去吧。啊，哇布丁……

啊，對了！既然來都來了，我們再去看最後一個地方吧！

咦？還要再去？哇哇哇──！

哇！

就是去看UFO原本的使用方式！！

273

573

宇宙飛行士（太空人）

好，螺絲孔已經清理乾淨，再把螺絲釘慢慢轉緊，重來一次……好，再加把勁！昨天進行得不太順利，今天非得搞定不可，畢竟這不是能常常來的地方。

574

航空宇宙醫師

心電圖、血氧濃度、二氧化碳濃度，全部正常！長時間在船外活動應該很緊張才對，但脈搏很正常，不愧是中村先生啊。

沒轉緊的話，請再重新來過。

575

JAXA（日本宇宙航空研究開發機構）職員

嗯，這工具是用船上既有的東西臨時快速做出來的，幸好一切都很順利，昨天熬夜是值得的。可是，明明都備妥解決對策了，卻完全超乎意料之外，果然這就是宇宙啊！

576

NO DATA

要開始了……上太空後，就是ELSA-d登場的時候了。雖然好緊張，但接下來的實驗一定要成功！

573 【宇宙飛行士（太空人）】

📝 從事只能在宇宙太空中進行的實驗及觀測、設施的檢查及修理等。主要駐紮在離地球約 400 公里的國際太空站。不上太空時，就在陸地從事實驗裝置的開發、協助其他宇宙飛行士、資訊的發布等工作，同時進行前往太空的各項訓練。

🔖 參加 JAXA 舉辦的「宇宙飛行士候選人選拔測驗」，通過嚴格的審查而成為候選人後，再接受為期兩年的各種訓練，學習必要的知識及技術。

✦ ❶ 在完全無法使用地球常識的絕對異常環境中，依然「不動搖的精神」。❷ 與高知性及高品性的同伴深度心靈相通，「超越人類智慧的信賴能力」。

😀 很簡單，就是從宇宙看地球的時候。

臺灣資訊請見291頁

574 【航空宇宙醫師】

📝 管理宇宙飛行士的健康，守護其人身安全的「宇宙醫師」。進行宇宙飛行士的選拔及檢查，當飛行士上太空時，隨時守護他們的健康狀態，每週一次與他們視訊，確認身心健康。當飛行士返回地球時，必須趕赴降落地點，然後進行為期 1 個月以上的復健運動。

🔖 取得「醫師執照」（124 頁）國家資格，具備宇宙航空領域的知識及英語能力後，通過 JAXA 的任用考試。

✦ ❶ 比宇宙飛行士本人更了解其身心狀況，協助其「維持健康的能力」。❷ 即便飛行士因為長時間待在宇宙中，身體已經忘記了重力，仍能順利幫他重返正常生活，「恢復成地球人的能力」。

😀 負責照顧的宇宙飛行士，活力充沛地從宇宙返回地球。

575 【JAXA（日本宇宙航空研究開發機構）職員】

📝 在進行宇宙相關各種研究、開發的國家機構「JAXA」工作，負責國際太空站的運用，並協助執行任務的宇宙飛行士。主要分為「技術類」工作：宇宙科學的研究、衛星與宇宙探測器的開發等；「事務類」工作：預算管理、宣傳活動，以及與協力機構、企業建立關係等。

🔖 通過 JAXA 的任用考試。技術類工作的話，須具備高階航空學、物理學、天文學等知識。

✦ ❶ 任何微小的工作都能當成正在與宇宙連結而不斷盡心挑戰的「嚮往宇宙的能力」。❷ 理解最新科學技術與資訊的「走在時代尖端的學習能力」。

😣 為計畫和預算而左右為難，傷透腦筋時。

一般公司能做哪些與宇宙相關的工作？

JAXA 以外的一般民間企業也能從事宇宙相關工作。以日本來說，有重工業廠商專門從事人造衛星的運用，有製造一般電器產品的公司在設計並製造火箭及人造衛星，還有些小工廠在做火箭及人造衛星用的零件及精密機械，換句話說，其實宇宙相關工作就在我們的日常生活中。今後，隨著宇宙開發的進步，宇宙相關工作將會越來越多。就像今天在國外一起工作很正常一樣，相信到宇宙各處工作變成理所當然的那一天，應該不會太遠才對。

工作開拓者

Astroscale 股份有限公司總經理。日本大學研究所航空宇宙工學畢業後，在最前線參與內閣研究開發支援計畫，負責2部超小型人造衛星「Hodoyoshi-3」、「Hodoyoshi-4」的熱構造設計及測試業務。之後，又負責外國留學生的衛星製造指導及開發支援業務，於2015年進入 Astroscale 日本 R&D，擔任總經理。除了負責工程師業務外，也參與宇宙垃圾清除衛星實證機「ELSA-d」的開發工作。

POINT 宇宙的「清理」× 世界首創的技術

NAME Astroscale　伊藤美樹

JOB 「清理」飄浮在宇宙中的舊火箭或人造衛星零件等「垃圾」，讓人們在宇宙間可以更安全的活動。

什麼是「宇宙垃圾問題」？

宇宙垃圾又稱太空垃圾，是指已經無法使用或因事故、故障而無法運作的火箭及人造衛星等的本體和零件。據說飄浮於地球周圍的宇宙垃圾已多到無以數計。而廣泛用於天氣預報、地圖應用程式等的人造衛星要是撞到這些宇宙垃圾，將對我們的生活造成極大的不便。

「清理」宇宙垃圾的方法

利用火箭將可以捕捉宇宙垃圾的衛星打上去。這種衛星上面搭載一種世界首創的新技術，能夠配合以各種速度旋轉的宇宙垃圾；而捕捉宇宙垃圾的方法有很多，例如「用磁鐵吸住」、「用機器手臂抓住」等，今後仍會繼續進行開發與實驗。

NEW DATA

喜歡這個工作的原因

國中時看了電影《ID4 星際終結者》，覺得裡面的太空船美極了，於是心想：「我也要自己造一艘太空船！」後來我進入理工大學，專攻航空宇宙領域。

最開心的事情

2021 年 3 月，我們為了實際測試清理宇宙垃圾而製造的人造衛星「ELSA-d」發射成功了。那一瞬間，我與籌備多時的公司同仁都開心的歡呼：「太棒了！」我們會利用「ELSA-d」繼續以磁鐵吸附宇宙垃圾的實驗，希望不久的將來，能像拖車一樣，把動不了的人造衛星拖引回來。

未來的夢想

為了讓人們將來可以在宇宙間活動，除了目前正在進行的宇宙垃圾清理工作外，也應設法不增加宇宙垃圾。為此，必須制定相關規範，希望我們公司也能與世界各國、機構、與宇宙相關的企業等，一起參與討論，提出意見。

童年時期……

很喜歡在美勞課上畫圖、做東西。也曾經嚮往當服裝設計師。

MESSAGE

宇宙將離我們越來越近。讓我們攜手打造一個能夠永續發展的宇宙世界吧！

伊藤美樹

我們真的去了一趟宇宙回來……

對了,你剛剛是不是要跟我說什麼?

啊,對對對。哇布丁,為什麼你常常出錯呀?

嗚嗚嗚……

常常出錯

嚓

啊,抱歉抱歉,不是啦!

哇布丁,為什麼你常常出錯卻還不討厭你的工作……

還好嗎?

那是什麼機關……

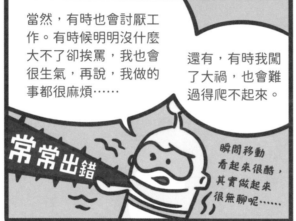

當然,有時也會討厭工作。有時候明明沒什麼大不了卻挨罵,我也會很生氣,再說,我做的事都很麻煩……

還有,有時我闖了大禍,也會難過得爬不起來。

常常出錯

瞬間移動看起來很酷,其實做起來很無聊呢……

既然這麼辛苦,為什麼還要做呢?

嗯……

啊,工作「偶爾」也會有開心到想掉眼淚的時候。

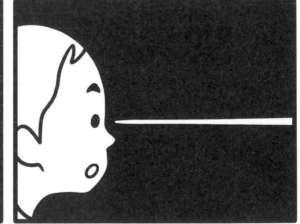

不是啦，唉喲，
這樣算是「偶爾」嗎？
一年一次……，
差一點的話，
兩年一次……

可是，如果
我不做這個工作……

我就不可能知道「有人因爲我而開心」
這種愉悅的感覺了。

好棒喔！
哇布丁！

我也能像你這樣，
做些什麼事
讓別人開心嗎……

我們看了這麼多工作，
可是，好像看得太多，
我反而更不知道
自己想做什麼了。

是喔，
說的也是！

星球名稱 ▶ Earth
職業數目 ▶ Infinity

其實，
我一開始利用觀測鏡
看地球的資料時，
看到工作數量寫「infinity」，
嚇死我了。

「infinity」……
意思是「無限」？

農學家
個案管理師
金經理人
運動訓練員
重型操
醫師
錄音工程師
麵包師傅
動漫編劇
造型師
字體設計師
小學老師
稅務律師

表示我們看這麼多
了，但還有很多是我
們沒看到的？

嗯，我們看到的工作，
只是地球上的一小部分而
已。而且這些工作原本的名
字更長，是爲了讓你容易了
解才寫得比較簡單。
其實……

嗯！

哇！！

為了達到客人的期望，
設法讓客人說出真心話：
「我想要這樣！」
打造出一間有個性又適合
居住的自宅房屋翻修設計師。

想清掉所有汙垢，
有時忍不住會把雇主不需
要打掃的部分都打掃得
亮晶晶的家事服務員。

追求高品質，腦中一直想
著「好還要更好、更好！」
而把彈珠汽水當大腦補品
狂喝的鋼鐵公司職員。

喜歡好玩的東西，
有人拜託做點小道具，
也會把它做得很好玩，
讓對方邊笑邊生氣說：
「你做得太超過了！」
的電視助理導播。

透過草皮向選手說聲「加油！」，內心有一個足球少年的球場維護員。

一天結束時，
輕輕撫摸車子，
悄悄對車子說聲
「謝謝你」的駕駛員。

因為太執著於小麥的品質，
接下來會乾脆轉換跑道
去小麥農家工作的麵包師傅。

詢問公司同仁，
每週提出一次改善方案，
為此，必須不怕得罪上司，
抓著上司實現改善方案，
可說是每天都在超級大作戰的行政人員。

第一次來的客人都能放鬆的
說出自己的希望，
算是還滿會製造氣氛的美髮師。

大家沒輒的故障也能一試就找到原因，
因此被大家稱呼
「大樓專家」的大樓維護人員。

從小就很喜歡探索各種知識，
現在大約每五分鐘就要展現一下
學問來討客人歡心的生態導覽員。

覺得學生會思考並發言這點
很重要，希望上課時能讓學
生多多發言的小學老師。

太喜歡電影而凡事都用電影來比喻，
又因為做了很多瘋狂的作品，
有時會給工作人員
帶來困擾的遊戲製作人。

比起選手的「動作」，更想拍到「發亮的眼神」，
因此得先讓自己的眼睛亮起來的運動攝影師。

為了解決沒人接班的問題，
開設一個宣傳水產業魅力的部落格
《魚兒五四三日記》的漁夫。

以「蒐集資料，發想笑話」為座右銘，
不斷看搞笑節目的觀光巴士導遊。

對喔……
那時候我也是想
從工作中選擇
自己的夢想。

夢想？

當有人問「你的夢想是什麼？」
時，通常都會回答「想當學校
老師」，可是，同樣都是「老
師」，每個人心目中的老師都是
不一樣的，所以……

夢想不是
「想做什麼工作」，
而是，
「想成為什麼樣的人」。

人民的幸福是什麼？該如何實現？總是認真思考這些問題，而被房間滿地書籍淹沒的政府官員。

喜歡書，而且不只喜歡自家的書，對別家的書也會聊得興高采烈的靈魂系出版社業務。

喜歡書，總是看著數字背後的「人」，相信書能讓世界更美好，每天都與數字打交道的真話系出版社業務。

在寫稿之前，認為起碼應該讀十本文獻的圖書館宅網路寫手。

忘不了自己曾經歷過痛苦的勞動問題，退休後為了將經驗分享出來而開業的社會保險勞務士。

諮商時，自己幾乎不說話就能讓對方敞開心扉的魔術師般的心理學家。

因為太愛拉吉魯特而從東格隆取出恩格，並且連續三次榮獲最佳 MGW 獎的摩天波克選手。

嚮往當一位傑出的木匠大師，又因為刨木材時的背影有模有樣，於是贏得「小大師」稱號的木匠（學徒）。

看著路上行人時，就會浮現很多化妝想法，而自己在腦中幫那個人化起妝來的美妝店員。

每天幫十歲的兒子洗澡時，會跟他說「我今天遇到一個人，他的工作好有趣喔」的報導節目電視製作人。

連假日都想「趕快坐上重型機具」的操控狂重型機具操作員。

雖然沒有習慣運動，卻因追求角色的各種動作而變成喜歡看運動節目的動漫畫家。

著迷於舞蹈這種表現方式，於是一旦進入角色世界，甚至會感受不到自己股的著魔型舞者。

熟悉如何親切的接待客人後，工作就會變得很輕鬆，也就能真誠展現笑容的銀行員。

聽到素材的呼喚，就會開始做起菜單上沒有的料理，並且獲得好評的小餐館主廚。

從宇宙回來，因上節目等而忙碌到不禁用宇宙人的眼光吶喊「地球真是忙碌啊！」的宇宙飛行士。

反正就是喜歡跳舞，追求連指尖、腳尖都能翩翩起舞的求道型舞者。

「一條線，一個人」。一筆一畫全都盡心盡力，在靜謐中默默注入熱情的插畫師。

向客人介紹葡萄酒時，將產地的風味甚至空氣等，都說得栩栩如生，宛如實際造訪過，但最後安慰客人「嗯，其實我也沒去過」的侍酒師。

老實說……
我現在也還不知道
我想成為什麼樣的人。

可是，總有一天，
我也能像他們那樣
工作才對。這麼一想，
就有點雀躍起來了。

所謂的「夢想」，
只要能對明天充滿期
待，應該什麼樣的夢
想都可以吧？

是啊，而且，
不管走哪條路，
你一定沒問題的！

咦？

因為……

地球上的工作不論哪一種，
都很有趣啊！

被你這個宇宙人
這樣說，
覺得挺開心的。

你不也是
宇宙人嗎？

就我來看，
地球就是宇宙中的
一顆星球啊。

說的也是！

哈哈哈哈哈

哈哈哈哈哈

哇布丁……

你還會再來
地球嗎？

放心，我會再過來的！
說是這麼說，可是
我的瞬間移動技術很容易出錯，
到底能不能再來，我也不知道。

哈哈哈哈！

唉

容易出錯
不是很好嗎？

咦？

就是因為很容易出錯，哇布丁才像哇布丁啊。所以說，你為什麼不善用你的這項特點？

你現在的工作是瞬間移動到一定的目的地，如果打著「一趟不知目的地的瞬移之旅」名號，大家應該會覺得「好有趣喔！」而來參加的。

哇，聽起來很好玩耶！

這是哪裡啊？好痛！可是好像會讓人玩上癮！糟了！跑到刺刺星來了！好可愛的刺蝟喔♥抓到海膽了♪

然後，你就不再只是「瞬移士」，而是叫做「神祕之旅瞬移士」之類的！

酷炫 工作檔案
神祕之旅瞬移士
神祕之旅瞬移士
哇布丁25號

那樣的話，表示出錯也沒關係……或者說，出錯反而更好玩，對嗎？

啊，可是，我怕會嚇到那個星球上的宇宙人，就像嚇到你一樣……

才不會呢，因為是你啊！

？

哇布丁，你突然跑來我們星球，我們雖然會嚇到，但其實很開心喔！

夢男……

你是……你媽媽嗎？

怎麼了？

從那天以後，我就再也沒見過哇布丁了。但是只要抬頭仰望天空，

我心裡總是會想：「他一定在這個宇宙的某個角落。」

018 【運動訓練師】
臺灣方面則是可取得「物理治療師」執照。

038 【社區公寓總幹事】
臺灣方面則需考取「公寓大廈事務管理人員證照」，內政部營建署於88年起規定須取得此證照才可執行公寓大廈管理維護事務。

039 【大樓維護保養人員】
臺灣方面則是需要取得「甲乙種電匠（室內配線技術士）」、「冷凍空調技術士證照」、「鍋爐操作技術士」等。

089 【計程車司機】
臺灣方面則是需要取得「小型車職業駕駛執照」。

090 【旅行社職員】
臺灣方面則是需要取得「遊程規劃師證照」。

093 【鐵路車輛駕駛員】
臺灣方面則是需要取得「國營鐵路客貨動力車駕駛執照」。

094 【臨床心理師】
臺灣方面則是需要主修臨床心理學研究所碩士，並實習至少一年，參與「專技高考臨床心理師考試」取得資格。

096 【公車司機】
臺灣方面則是需要考取「職業大客車駕照」。

097 【不動產銷售人員】
臺灣方面則是需要考取「不動產經紀人執照」

103 【專利師】
在臺灣除了專利師，也可由律師執行專利權的相關事務。

107 【會計師】
臺灣方面需具備的證照為高考會計師或乙丙級會計事務技術士證書等。

108 【理財專員】
臺灣方面，理專需要擁有「信託業務員」、「投信投顧營業員」、「人身保險業務員」、「投資型保險業務員」、「財產保險業務員」等其中幾項證照，才符合銷售金融商品資格。

109 【銀行辦事員】
臺灣方面則需要經過考取信託業業務人員信託業務專業測驗、銀行內部控制與內部稽核、人身保險業務員等證照。

112 【證券投資分析師】

臺灣方面，通常還需要「證券投資分析人員(CSIA)」、「期貨交易分析人員」、「期貨投資分析師」、「證券投資分析師」等證照資格。

117 【保險鑑定員】

臺灣沒有專門的「保險鑑定員」，通常都是由事主報警後取得筆錄再進行申請，由保險業務員會到現場幫忙查看。

118 【市議會議員】

在臺灣方面，年滿 23 歲，擁有我國國籍，並在各該選舉區繼續居住 4 個月以上，並繳納保證金 12 萬元。（直轄市則要繳納 20 萬元）即可參與市議員選舉。

120 【市長】

在臺灣方面，直轄市長和縣市長要年滿 30 歲，鄉鎮市長要年滿 26 歲，具有我國國籍，並在各該選舉區繼續居住 4 個月以上。繳納保證金 20 萬元（直轄市則須繳納 150 萬元），即可參加選舉。

127 【環境監測人員】

臺灣方面可就讀理工醫農或環境相關學科系畢業，並取得相關證照如：工礦衛生技師證書、化學性因子作業環境監測甲級技術士證照等。

157 【郵局職員】

報考郵局考試，郵局招募分 4 大類人員，包括營運職、專業職(一)、專業職(二)、專業職(二)外勤，報考資格營運職需要大學以上畢業，專業職(一)則須大專以上，而專業職(二)無論是內勤、或外勤只要高中畢學歷即可。

174 【警察】

臺灣的全國警察機關由內政部警政署統轄。派出所員警是最基層的警察，負責在責任區內保護民眾的安全。從警察專科學校或警察大學畢業，或者參加警察特考。

189 【安親課輔老師】

臺灣方面可在高中職選擇幼兒保育科就讀，而大學則可選擇教育相關科系，需考取幼稚園教師證或專業師訓證照。

193 【職棒選手】

報名「選秀會」並成功被選上，與加入中華職業棒球大聯盟（CPBL）的球團簽約，參加正式比賽，在一年內大約舉行 120 場正式比賽，並為球隊取得優勝。

196 【籃球選手】

臺灣方面男生可報名臺灣男子 SBL 籃球聯賽，女生則是報名女子超級籃球聯賽，讓球團在選秀會選中，即有機會資格進入球隊中比賽並成為職業選手。

201 【美甲師】

臺灣方面，高職或專科大學時期可選擇美容相關科系就讀，坊間也有許多教授藝術美甲的補習班，考取相關證照會更有利，如：TNA、美容丙級證照、丙級美容技術士。

206 【針灸師】

在臺灣，擁有中醫師執照的醫師可對病人施行針灸。

213 【家事調查官】

臺灣方面曾在公立或經立案之私立大學、獨立學院社會、社會工作、心理、教育、輔導、法律、犯罪防治、青少年兒童福利或其他與家事調查業務相關學系、研究所畢業，具有薦任職任用資格。

214 【少年保護官】

臺灣方面，要先通過「三等觀護人考試」，通過後再經過4個月的培訓。

226 【助產師】

領有護理師、護士或助產士證書，於公立或立案之私立大學、獨立學院（護理）助產研究所或符合教育部採認規定之國外大學、獨立學院（護理）助產研究所畢業，並經實習期滿成績及格，領有畢業證書者，即可報考助產師。

229 【衛教師】

在臺灣除了「糖尿病衛教師」需另外考取證照，其他衛教師皆是具備「護理師」資格，除了在醫院服務，也有人在地區衛生所、學校、長照機構或企業等服務。

234 【兒童社工員】

臺灣方面，則是屬於社工師的領域，先具備社工師資格，再進入兒童福利機構任職。

238 【病歷管理師】

「醫務管理」等相關科系大學或專門學校在校生或畢業生，皆可考取「病歷資料管理師」證照。成為「病歷資料管理師」五年後，還可以參加「高階病歷資料管利師」考試。

242 【醫療器材臨床工程師】

畢業於「醫學工程」相關學系並通過國家考試，並具備臨床經驗或醫療器材相關知識背景。

245 【醫療軟體工程師】

畢業於專科、高中或大學以上的「資訊工程」相關科系，因為要涉略醫學領域，也需要培養英文能力。

（246）**【器官移植協調師】**
臺灣方面，除了醫師跟護理師外，也可以先取得社工師資格，再完成 12 堂「器官捐贈基礎核心課程」並考取資格。

（249）**【視覺復健師】**
完成相關醫學系、眼科學系等大學以上學歷。在臺灣沒有專門的「視覺復健師」，而是由眼科醫生、視光師等組成醫療團隊。

（250）**【語言治療師】**
取得語言治療學大學、研究所學位，並實習滿六個月後通過國家考試取得執照。

（253）**【義肢裝具師】**
在日本與歐美國家有專門學系與證照，但在臺灣則只要去相關公司應徵即可。現在也有大學開設相關課程提供選修。

（255）**【救護技術員】**
參加各級救護員訓練後並取得資格。

（302）**【毒品取締官】**
臺灣的毒品相關取締作業，大多是由刑警或專案警察來執行任務。

（350）**【國稅專員】**
需要通過「稅務特考」。三等為稅務人員，四等為稅務助理。

（367）**【氣象預報員】**
就讀公立或私立專科以上學校的大氣科學、海洋科學相關科、系、所畢業者，考取「氣象預報證照」，並曾從事氣象或海象預報相關技術工作滿三年以上等。

（379）**【印刷師傅】**
臺灣方面則需要考取「平版／網版印刷技術士」資格。

（385）**【內閣總理大臣（首相）】**
臺灣的國家元首稱為「總統」，對外代表國家行使職權，對內則則負政治上的最高責任。

394 【檢察官】
年滿 18 歲以上，大學以上學歷畢業，即可參加「三等檢察事務官」考試，通過後還需要通過體能檢查。考取資格後還需經過三期培訓，才能正式上任。

398 【法官】
大學畢業於法學相關學系，年滿 18 歲以上、55 歲以下，通過每年考選部舉辦的「司法特考」，通過測驗筆試、申論題筆試與面試而取得資格。經驗豐富的律師、公設辯護人、檢察官等也可以轉任法官。

400 【律師】
畢業於法學相關科系的大學或研究所，並要通過國家考試取得「律師執照」。有的人會進入法律事務所執業，也有人會自己開業或接案。非法律系畢業的人想要成為律師，也需要先修習「法律在職專班」取得足夠法律學分才能參加考試。

410 【圖書管理員】
年滿 18 歲，並通過「初等考圖書資訊管理」國家考試並取得資格。具有圖書管學系、資訊管理等學科背景更有利。

424 【民宿主人】
在臺灣經營民宿經應向各地方政府申請「民宿登記證」及「專用標識牌」始得營業。

426 【山岳救難隊員】
根據內政部消防署提供的資料顯示，訓練中心的山訓課程，由山域搜救領域專家學者及實務經驗資深人員組成教材編輯委員會，進行教材編撰及訓練課程設計，課程內容主要包含裝備介紹、地圖判讀、山域導航技術演練等。

429 【森林護管員】
在臺灣要通過各林區管理處的森林護管員甄試，必須畢業於相關科系，65 歲以下，還要有普通重型機車駕照。

443 【航空管制員】
要通過民航人員考試 (民航特考)，並受訓 11 個月後才開始上線工作。

444 【海關職員】
通過「關務特考」，並經訓練後分發到各單位，實際任職 3 年內不得轉調其他機關。